beck'sche reihe





bsr

Jiddische Wörter sind heutzutage ein kleiner, aber sehr farbiger und wirkungsmächtiger Bestandteil der deutschen Sprache. In Presse und Öffentlichkeit kommen einige sehr häufig vor, andere hört man dagegen kaum noch. Früher waren sie weitbekannt und oft genug eine sprachliche Zutat, die einer ganzen Formulierung das Aroma gab. Ihr einzigartiger sozial- und kulturgeschichtlicher Hintergrund umgibt jedes Wort mit einer besonderen Aura. Hans Peter Althaus erzählt ebenso prägnant wie unterhaltsam mehr als hundert Wortgeschichten von Ausdrücken wie *Reibach* und *Pleite, Massel* und *Schlamassel, Macke* und *Maloche, Schtetl* und *Schul.* Er erläutert, was diese Ausdrücke im Jiddischen bedeuteten, welchen Nebensinn man oft aus ihnen heraushörte und wie sie Eingang in die deutsche Sprache gefunden haben. Dabei zeigen sich oftmals Polemik und Diffamierung, mehr noch aber überlegener Witz und feine Ironie.

*Hans Peter Althaus* ist Professor für Germanistische Linguistik an der Universität Trier und einer der führenden Experten für den jiddischen Lehnwortschatz im Deutschen. Bei C. H. Beck erschienen bereits *Zocker, Zoff & Zores. Jiddische Wörter im Deutschen* (2. Aufl. 2003) und ein *Kleines Lexikon deutscher Wörter jiddischer Herkunft* (2003).

Hans Peter Althaus

# Chuzpe, Schmus & Tacheles

## Jiddische Wortgeschichten

Verlag C. H. Beck

Originalausgabe


Satz: Fotosatz Reinhard Amann, Aichstetten
Druck und Bindung: Druckerei C. H. Beck, Nördlingen
Umschlagentwurf: +malsy, Bremen
Printed in Germany
ISBN 3 406 51065 5

*www.beck.de*

Inhalt

# Vorwort

Jiddische Wörter sind heutzutage ein kleiner, aber sehr farbiger und wirkungsmächtiger Bestandteil der deutschen Sprache. In Presse und Öffentlichkeit kommen sie so häufig vor, daß manche wie *Zocker* oder *Zoff* als Kennwörter der Epoche gelten können. Andere wie *Mezie* oder *mechulle* hört man dagegen kaum noch. Dabei waren sie früher weit bekannt und oft genug eine sprachliche Zutat, die einer ganzen Formulierung das Aroma gab. Das »Kleine Lexikon deutscher Wörter jiddischer Herkunft« (Beck'sche Reihe 1518) macht den Reichtum und die Vielfalt dieser Sprachmittel an mehr als elfhundert verschiedenen Vokabeln deutlich. Ihre heutige Verwendung ist im Band »Zocker, Zoff & Zores. Jiddische Wörter im Deutschen« (Beck'sche Reihe 1476) exemplarisch nachgezeichnet.

In diesem Buch soll der einzigartige sozial- und kulturgeschichtliche Hintergrund der jiddischen Wörter in der deutschen Sprache erhellt werden. Er ist in jedem Ausdruck gegenwärtig und umgibt ihn mit einer besonderen Aura. An markanten Beispielen wird aufgezeigt, was diese Ausdrücke im Jiddischen und in der Familiensprache deutscher Juden bedeutet haben und welchen Nebensinn man oft aus ihnen heraushörte. Es wird dargelegt, welche beruflichen und gesellschaftlichen Zusammenhänge bewußt oder unbewußt mit den Wörtern ausgedrückt wurden. Es wird gezeigt, wie sich Bauern und Handwerker der Ausdrücke bemächtigt und sie nach ihren Bedürfnissen zugerichtet haben. Einzelne gesellschaftliche Gruppen von den Intellektuellen bis zu den Landstreichern haben das jiddische Wort zu allen Zeiten geschätzt. Schriftsteller wie Gottfried August Bürger haben Wörter jiddischer Herkunft zu Lieblingsausdrücken erkoren. Andere wie Karl Kraus waren ihnen in einer Art Haßliebe verbunden. In neun Kapiteln sollen die geschichtlichen und kulturellen Niederschläge im jiddischen Deutsch sichtbar gemacht werden. Dabei zeigen sich Witz und Ironie, aber auch Polemik und Diffamierung. Vor allem zeigen sich Empfindungen und Gefühle, Sorgen und Not ebenso wie Gelassenheit und Humor.

Die behandelten Wörter wie auch Beispiele für ihren Gebrauch werden in den Wortgeschichten dieses Bandes *kursiv* wiedergegeben. Bedeutungen sind durch kleine spitze ›Klammern‹ gekennzeichnet. Die Herkunft von Zitaten und Belegen wird in den Anmerkungen nachgewiesen. Gedruckte Quellen sind im Literaturverzeichnis erfaßt. Zusätzliche Hinweise zu einzelnen Stellen bieten die Anmerkungen. Hörbelege und Belege aus dem Internet werden zitiert, können aber nicht ausführlich dokumentiert werden. Wortvorkommen in Presse und Literatur werden mit ihrem Fundort nachgewiesen. Da weder die jiddische Sprache der vergangenen Jahrhunderte noch die deutschen Mundarten oder Sondersprachen wie das Rotwelsche normiert waren, haben sich von einzelnen Wörtern im mündlichen Gebrauch viele verschiedene Lautformen herausgebildet. Auch die Schreibungen sind nicht normiert. Darum findet man in diesem Buch unterschiedliche Formen nebeneinander. Von allem kann nur eine knappe Auswahl genannt werden. In der Regel wird die Erörterung auf die Form beschränkt, die im Deutschen am bekanntesten geworden ist. Weitere Angaben und ergänzende Hinweise zur Herkunft einzelner Ausdrücke finden sich im »Kleinen Lexikon deutscher Wörter jiddischer Herkunft«. Die behandelten Wörter sind nach Sachgruppen zusammengefaßt, die wichtigsten im Inhaltsverzeichnis aufgeführt. Alle in den Wortgeschichten erläuterten Ausdrücke sind zusätzlich durch das alphabetische Register erschlossen.

# 1. Unerwartetes

Wer den jiddischen Wörtern im Deutschen nachspüren will, muß sie in der Fülle des deutschen Wortschatzes erst einmal auffinden. Das ist nicht mehr so leicht wie früher, als das Wissen um diese Ausdrücke weit verbreitet war und sie von Juden und Christen gebraucht wurden. Bei deutschen Juden gehörten sie zum sprachlichen Erbe. Kindern, die sich ihrer jüdischen Herkunft kaum bewußt waren, erschienen sie als Familienwörter, die nicht einmal das Personal verstand.[1] Mit ihnen konnte man eine Aussage besonders betonen, aber auch die Verwandtschaft provozieren wie mit dirty words.[2] Manche Juden schämten sich dieser Wörter und suchten sie deshalb konsequent zu vermeiden.[3] Andererseits ließen sie sich zu mancherlei Zwecken einsetzen, von der internen Kommunikation bis zu besonderen Effekten in der öffentlichen Rede oder in der Presse.[4] Vor allem aber durfte man sich durch Kenntnis und Verwendung dieser Ausdrücke dem Judentum zugehörig fühlen, selbst wenn man sie wie Karl Kraus für »Ekelworte« hielt.[5]

Bereits mit einem einzigen Wort ließ sich das Jüdische im ganzen aufrufen. Stefan Zweig wählte daher in seinem Lebensrückblick »Die Welt von Gestern« mit *Golus* anstelle von *Exil* oder *Diaspora* einen jüdischen Ausdruck, der für Juden mit der Konnotation einer zweitausendjährigen Leidensgeschichte besetzt ist und den Wissenden im Jahr 1941 die Situation des jüdischen Volkes eindringlich vor Augen führte.[6] Er wird von Stefan Zweig in seiner Autobiographie nicht erklärt, dürfte aber heute kaum noch verstanden, geschweige denn in seinem vollen geschichtlichen, religiösen und kulturellen Gehalt gewürdigt werden.[7]

Daß Wörter aus dem Jiddischen, die von Juden in ihrer Alltagsrede verwendet wurden, mehr zur Sprache brachten, als es der Sonderwortschatz einer kleinen Bevölkerungsgruppe sonst vermocht hätte, war schon jüdischen Kindern klar. Ludwig Greve schreibt dazu in seinen Erinnerungen an die Kindheit: »Allemal schien es sich um so verwickelte Zustände zu handeln, daß die normalen Wörter nicht griffen. Vor den Gojim, das versteht sich, wurde nie so geredet, da genügte die Alltagssprache.«[8] Die *Gojim* waren in der jüdischen Ausdrucksweise die Nichtjuden, von denen man sich durch Herkunft und Schicksal, aber auch durch den Sonderwortschatz unterschied.

Das spiegelt sich auch in einer Anekdote, die Hans Ostwald 1928 noch einmal neu erzählt hat. Auf die Frage, ob sie sogenannte jüdische Ausdrücke noch kenne, antwortet eine assimilierte Jüdin: »Gar nicht, höchstens noch nebbich und melancholisch.«[9] Mit dieser Antwort wird darauf angespielt, daß die deutschen Juden den jüdischen Wortschatz am Ende der Weimarer Republik öffentlich kaum noch gebrauchten und ihn auch im privaten Verkehr mehr und mehr vermieden. Angesichts des wachsenden Antisemitismus gibt *melancholisch* die Stimmung unter den Juden so treffend wieder, daß es als jüdischer Ausdruck angesehen wird. Und schließlich vermag die Frau nicht zwischen eigentlich jüdischen Ausdrücken wie *nebbich*[10] und anderen Wörtern zu unterscheiden.

Christen war der jüdische Wortschatz weithin auch deshalb ein Buch mit sieben Siegeln, weil sie seine Bestandteile manchmal gar nicht als jüdisch erkannten. Das ist heute noch mehr der Fall, weil selbst Gebildete ein Wort wie *Mauscheln* nicht mit dem jidd. Personennamen *Mausche* ›Moses‹ in Verbindung bringen und deshalb die jahrhundertelange Geschichte dieses Wortes in der deutschen Sprache nicht angemessen beurteilen können.[11] Sonst wäre man nach 1945 mit der Wiederbelebung eines tabuisierten Ausdrucks vielleicht sensibler umgegangen. Ein Wort wie *Zoff*, das heute in aller Munde ist, wird eher der für Comics typischen Lautmalerei zugerechnet als aus dem Jiddischen hergeleitet.[12]

## *Pseudolateinisches*

Bei Wörtern wie *Bonum, Golus, Mores* oder *stikum* denkt mancher vielleicht zunächst an eine Herkunft aus dem Lateinischen, wie es die Endungen nahelegen. Dabei handelt es sich keineswegs um eine Maskierung der Ausdrücke, sondern um Lautformen, die sich im Laufe der Zeit herausgebildet haben. *Golus* ›Exil‹ ist eine jidd. Form des sephard. hebr. *galut*, das wörtl. ›Wegführung ins Exil‹ bedeutet und auch die Exilanten bezeichnet. Von den Veränderungen, die das Wort auf dem Weg vom Hebräischen ins Jiddische erfahren hat, sind der Vokalwechsel *a* > *o* und der Konsonantenwechsel *th* > *s* in der Umschrift mit Lateinbuchstaben ausgedrückt. Die germanische Akzentverlagerung von der Endsilbe auf die Stammsilbe muß man sich hinzudenken. Als Stefan Zweig das Wort 1941 niederschrieb, war die Lautform *Golus* schon veraltet und mußte als traditionell gelten. Statt dessen wurde bereits im 19. Jh. die Form *Goles* verwendet, wie es dem gesprochenen Jiddisch entspricht. Ob der Autor, der im ganzen Buch sonst kein Wort jidd. Herkunft gebraucht, den Ausdruck bewußt in einer Form benutzte, die auch für lateinisch gehalten werden kann, muß offenbleiben.

**Golus**

Daß es sich bei der scheinbaren Latinisierung der Wortendung nicht um eine bewußte Verschleierung der Herkunft handelt, sondern um einen Vorgang, in dem sich die geschichtliche Entwicklung des Wortes zeigt, verdeutlicht das Beispiel *Bonum* ›Gesicht‹. Aus sephard. hebr. *paním* wird jidd. *pónim, púnim*, mit Abschwächung des Vokals *ponem, punem*. Als *Ponem* ›Gesicht, Aussehen‹ wird das Wort von deutschen Juden verwendet, immer mit einem *p* im Anlaut.[13] In den deutschen Mundarten ist es dagegen unter den Einfluß einer deutschen Konsonantenveränderung geraten und wird meist *Bonem, Bunem* ausgesprochen, in einigen Mundarten auch *Bonum*.[14] In Frankfurt am Main sagte man: *Der mecht e bees Bonum* ›macht ein böses Gesicht‹ und *mach doch so kein mieß Bonum*.[15]

**Bonum**

Diese Lautform ließ einen Sprachforscher im 19. Jh. an frz. *bonne mine* ›gute Miene‹ denken.[16] Das war zu einer Zeit, als die Wissenschaft die jidd. Wörter in der deutschen Sprache noch nicht systematisch beobachtet hatte. Sonst hätte man schon gewußt, daß *Ponem* bei deutschen Juden zumindest in Zusammensetzungen wie *Chutzpeponem* ›freche Person‹[17] oder *Schlamasselponem* ›Pechvogel‹[18] metonymisch nicht das Gesicht, sondern den ganzen Menschen meint.

*Stikum* und *Mores* sind zwei weitere Beispiele dafür, daß ein jidd. Wort wie ein lateinisches erscheinen kann. Während *stikum* wegen seiner Endung pseudolateinisch wirkt, ist *Mores* ein lat.

Wort, dem allerdings ein lautgleicher jidd. Ausdruck zur Seite steht. *Stikum* ›stille‹ gehört zu jidd. *schtiko* ›Stillschweigen, Ruhen, ruhiges Verhalten‹ und wird im Rotwelschen, der historischen deutschen Gaunersprache, erstmals 1755 bezeugt.[19] Hier wie in den deutschen Mundarten zeigen verschiedene Lautformen von *schtike* über *stieke* und *stigem* bis zu *stekkum* und *stikum*,[20] **stikum** daß das scheinbar lat. Wort nur eine Spielart des Ausdrucks unter mehreren ist. Eher zufällig ist die Form *stiekum* ›ganz heimlich, leise‹ als Wort der deutschen Umgangssprache festgeschrieben worden, das nun auch in der Presse und der Literatur seinen Platz gefunden hat.[21]

*Mores* ›Sitten, Anstand‹, Mehrzahl von lat. *mos, moris* ›Sitte, Gebrauch‹, ist als Fachwort der mittelalterlichen Schulsprache ins Deutsche gekommen.[22] Das lat. Wort ist in der Wendung *Mores lehren* ›jemanden zurechtweisen‹ seit dem 16. Jh. gebräuchlich; *Mores lernen* sagte man in der Verkehrssprache bis zum Ende des **Mores** 18. Jh.s. Die teils rotwelschen, teils mundartlichen Fügungen *Mores haben, führen* und *kriegen*, die ›Angst haben‹ bedeuten, haben mit dem lat. Wort nichts zu tun.[23] Dieses *Mores* geht auf den Plural des jidd. *more* ›Furcht‹ zurück, das westjidd. auch *maure*, ostjidd. *mojre* lautet. Studentensprachlich war die Wendung *More haben* ›Furcht haben‹, in der der Singular des jidd. Wortes erscheint.[24] In Frankfurt am Main ging *Mores lernen* nicht auf das lateinische, sondern auf das lautgleiche jidd. Wort *mores* zurück und bedeutete ›Angst einjagen‹.[25] Dort wurden das lat. und das jidd. Wort im Ausdruck *Mores machen* ›Reverenz erweisen, klein beigeben‹ miteinander verbunden.[26] *Jud, mach Mores* war eine derbe Aufforderung christlicher Burschen an Juden, den Hut zu ziehen. Wenn sie nicht befolgt wurde, war eine Tracht Prügel fällig. Das erklärt, warum hier im lat. *Mores* ›Anstand‹ eine gehörige Portion des jidd. *Mores* ›Angst‹ mitschwingt.

## *Rückentlehnungen*

Am wenigsten an das Jiddische denkt man gewiß bei Wörtern, die aus dessen deutscher Komponente stammen und von Juden in der dort üblichen Gebrauchsweise in die deutsche Verkehrssprache übernommen worden sind.[27] Alfred Kerr bezeichnete das osteuropäische Jiddisch gerade wegen dieser Bestandteile 1921 als »mittelalterliches Deutsch«, das halbwegs verstehen könne, wer des Mittelhochdeutschen mächtig sei.[28] Allerdings haben die deutschen Ausdrücke des Jiddischen, wenn sie von Juden als sprachliches Erbe im Deutschen weitergebraucht wurden, oftmals eine Bedeutung, die sich von der heute sonst üblichen unterscheidet. Das kann eine bewahrte mittelalterliche Gebrauchsweise sein oder eine Bedeutung, die das Wort erst im Jiddischen erhalten hat.

*Hoch* bedeutete im mittelalterlichen Deutsch auch ›groß, stark, laut, vornehm, stolz‹.[29] Westjidd. *hech*, ostjidd. *hojch* heißt neben ›hoch‹ und ›groß‹ auch ›laut‹. Hieran ist zu sehen, was Friedrich Gundolf meinte, als er Jiddisch ein stehengebliebenes Deutsch nannte.[30] Daß *hoch* in der jidd. Bedeutung des Wortes gemeint ist, wenn ein Schriftsteller bei der Schilderung des jüdischen Lebens im 19. Jh. den Satz »Red nicht so hoch« niederschreibt, läßt sich nicht ohne weiteres erkennen und aus dem Zusammenhang allenfalls erahnen. Denn *hoch* könnte ja auf die Tonhöhe der Stimme bezogen sein, meint hier aber eindeutig ›laut‹.[31] »Red hecher und tu mir nichts verschweigen. Meinst du denn, ich fürcht' mich vor deinem Vater?«, heißt es und macht damit deutlich, daß es um die Lautstärke und nicht um die Tonhöhe geht.[32]

**hoch**

Jüdische Wohnquartiere werden im Jiddischen mit zwei deutschen Wörtern bezeichnet, *gas*, Gasse, und *schtetl*, Städtchen.[33] *Ojf der jidischer gas* ist im Jiddischen eine feste Fügung. Im Deutschen bedeutet *Gasse* ›kleine, enge Straße‹ und ›Bewohner einer Gasse‹. Dabei kommt das Wort *Gasse* im Süden des Sprachgebiets häufiger vor als im Norden. In Österreich und ganz besonders in Wien ist es das gebräuchlichste Wort für ›Straße‹.[34] Bei deutschen Juden meinte *Gasse* aber nicht nur ein Sträßchen und dessen Bewohner, sondern das ganze jüdische Wohnquartier und die jüdische Bevölkerung eines Ortes. Der Ausdruck wurde also eher soziologisch als topographisch aufgefaßt. Das hängt mit der Geschichte der Judenviertel zusammen, in die Juden seit dem 13. Jh. immer mehr abgedrängt wurden. Auch als sich deren Tore seit dem 18. Jh. öffneten, hielten die deutschen Juden am Wort *Gasse* fest. Mit der Formulierung *nach einem alten*

**Gasse**

*Brauche in der Gasse* drückte ein jüdischer Schriftsteller im 19. Jh. aus, daß etwas in jüdischen Kreisen üblich war.[35]

Anders als *Gasse* ist *Schtetl* erst in jüngster Zeit aus dem Jiddischen ins Deutsche rückentlehnt worden. Dazu trägt vielleicht bei, daß *shtetl* ins amerikanische Englisch Eingang gefunden hat. *Städtel* ist eine Diminutivform zu *Stadt*, wie sie aus dem Volkslied *Muß i denn zum Städtele hinaus* bekannt ist. Im Mittelhochdeutschen sind *stetelin*, *stetlin* und *stetel* Verkleinerungsformen zu *stat*. Sie stehen für ›kleiner Ort, Platz, Städtchen‹.[36] Bereits im 19. Jh. war *Städtel* ein Fachterminus der Historiker zur Bezeichnung einer schlesischen Kleinstadt.[37] Das Wort ist ein typisches Beispiel für die von Arno Schmidt beklagte Neigung der Schlesier zur Bildung von Verkleinerungsformen,[38] wie sie ganz ähnlich auch bei jiddischen Namen zu beobachten ist. Während das schlesische Wort kaum noch bekannt ist, ist das jiddische inzwischen Gemeingut.

**Schtetl**

Die Schreibung des jidd. Wortes war im Deutschen anfangs nicht fest. *Stetl* und das amerikan.-engl. *Shtetl* konkurrierten bis in die 1980er Jahre mit *Schtetl*, in dem das Jiddische für deutsche Leser am deutlichsten zum Vorschein kommt. Wer den Ausdruck aus der deutschen Sprache ableitete, sprach wie Michael Degen vom *Städtel*: »Man brüllte also vor Lachen über Kafka, Tolstoi, Turgenjew, Mark Twain und machte sich keine Gedanken darüber, daß diese Autoren samt und sonders vom ›Städtel‹ und ihren [sic] jüdischen Einwohnern erzählten und daß zum Beispiel Mark Twain den jüdischen Witz so gut handhaben konnte.«[39] Wer die Bezeichnung wie Robert Menasse auf das Jiddische bezog, schrieb *Schtetl*: »während dies geschah, erschienen Denkschriften in Metropolen genauso wie in Schtetln im Osten«.[40] Die früher gebrauchten Anführungszeichen, die in einer Überschrift wie *Leben und Treiben im »Schtetl«*[41] das Wort als fremdsprachiges Zitat erscheinen lassen sollen, sind mit zunehmender Integration entfallen. Seit 1994 ist es darum auch lexikographisch als Ausdruck der deutschen Sprache anerkannt.[42] Daß *Schtetl* aber keineswegs eine ostjüdische Kleinstadt, sondern das jüdische Wohnquartier bezeichnet, macht ein Buchtitel deutlich: »Das Leben im Schtetl. Ein jüdisches Dorf in 80 Bildern.«[43] Um bei beiden Ausdrücken richtig verstanden zu werden, benutzte Karl Emil Franzos für christliche Leser die Wörter *Judengasse* und *Judenstadt*.[44]

Nicht nur die aus dem Deutschen stammenden jidd. Wörter sind bei einer Rückentlehnung nicht leicht zu erkennen. Auch Hebraismen des Jiddischen werden durch Beugung und Wortbildung so ins Deutsche integriert, daß sie nur schwer auszumachen sind. Neben Wörtern wie *abgeblockt, angedockt* und *hingehockt* wirkt das Modewort *abgezockt* keineswegs fremd. Daß sich im zugrundeliegenden *zocken* ein jidd. Wort hebr. Herkunft verbirgt, wird ein Deutschsprachiger in der Regel nicht vermuten. Hier stammt nur noch die Wortwurzel aus dem Jiddischen, während von der sprachlichen Ausformung bis zur Bedeutung neuere Entwicklungen des Deutschen zum Ausdruck kommen.[45]

## *Doppelgänger*

Noch mehr als die Rückentlehnungen sind jene Wörter jidd. Herkunft im deutschen Wortschatz versteckt, zu denen lautgleiche deutsche Ausdrücke wie *Egel, Mitte, Moos* oder *Schote* existieren. Unterschiede im grammatischen Geschlecht geben einen ersten Hinweis darauf, daß nur mit lautgleichen, nicht mit identischen Ausdrücken zu rechnen ist. Allerdings kommen Genusunterschiede auch in deutschen Dialekten vor, wenn es *der Bach* oder *die Bach, der Trapp* oder *die Treppe* heißt. Daß ein *Egelchen* bei Juden kein blutsaugender Ringelwurm war, sondern ein Kälbchen, wußten die Sprachkundigen sofort. Die anderen mußten stutzig werden, wenn es nicht *der Egel*, sondern *das Egel* hieß. Man verstand den Ausdruck auch in Gaunerkreisen. In eingeschränktem Maße war er der bäuerlichen Bevölkerung geläufig. Das jidd. Wort *egel*, Plural *agolim*, stammt aus dem Hebräischen und gehörte in Deutschland als *Eigel, Egel* besonders zum Wortschatz jüdischer Viehhändler.[46]

**Egel**

Weit auseinander liegen auch *die Schote* und *der Schote*. Das deutsche Wort *die Schote* bezeichnet wie bei Erbsen oder Ginster eine längliche Fruchtkapsel, wird aber auch übertragen für eine ›zum Spaß erfundene Geschichte‹ gebraucht.[47] Das aus dem Jiddischen stammende Wort *der Schote*, westjidd. *schaute*, ostjidd.

*schojte*, bedeutet dagegen ›Narr, Dummkopf‹. Als *Schote, Schoute* oder *Schaute* wird es in deutschen Mundarten, im Rotwelschen und in der Umgangssprache gebraucht, auch mit Ableitungen wie *schautig* und vielen Zusammensetzungen wie *Fastnachtsschaute* und *Schautensack* ›Witzbold‹.[48] Von Schillers Ballade »Der Ring des Polykrates« haben jüdische Verehrer des Dichters besonders den Anfang geschätzt: »Er stand auf seines Daches Zinnen, / Er schaute mit vergnügten Sinnen / auf das beherrschte Samos hin.« Ließ sich daraus doch die Wortfolge *Schaute mit vergnügten Sinnen*[49] zitieren, wenn man jemanden als ›heiteren Dummkopf‹ verspotten wollte.

**Schote**

Bei *Mitte* wissen nur wenige, daß es im Deutschen neben dem auf den germanischen Erbwortschatz zurückgehenden Wort für einen Aspekt der räumlichen Dimension auch einen lautgleichen Ausdruck jidd. Herkunft gegeben hat. Er fand sich in Äußerungen wie *jemandem die Mitte machen* und bedeutete in der jüdischen Handelssprache ›durch Preisnachlaß ein Geschäft anbahnen‹.[50] Die Formulierung nutzt ein Wort, mit dem jidd. *mitto, mitte* ›Lager, Bett, Polster, Tragbett, Totenlager, Bahre‹ mit der eingeschränkten Bedeutung ›Bett‹ in der jüdischen Familiensprache am Leben erhalten worden ist. Noch 1766 hatte ein Gelegenheitsdichter gereimt, daß der Bräutigam seine Braut nach der Hochzeit *in sein Mitta* nehme.[51]

**Mitte**

Während hier das Bett noch *das Mitta* genannt wurde, war später auch der Ausdruck *die Mitte* gebräuchlich, so daß es zwischen dem jidd. Lehnwort und dem germ. Erbwort lautlich und grammatisch keinen Unterschied mehr gab. Die Sprachwissenschaftler sprechen in solchen Fällen von Homonymie, die von der Sprachgemeinschaft beseitigt wird, wenn sie die Kommunikation behindert. Hier traten aber deshalb keine Störungen auf, weil das Wort jidd. Herkunft nur in einem enger umgrenzten Kommunikationsbereich verwendet wurde. Außer den Juden, die ein historisches Recht auf diesen Ausdruck besaßen, hatten sich auch die Gauner seiner bemächtigt und ihn seit dem frühen 18. Jh. in verschiedenen Lautformen als *Mitte, Mette, Mötti* für ›Bett, Lager‹ gebraucht.[52] In den deutschen Mundarten ist er dagegen nur wenig bekannt gewesen.[53] Das lag daran, daß für eine Wortdublette zur Bezeichnung des nächtlichen Lagers kein Bedarf bestand und der Ausdruck als handelssprachliches Fachwort jüdischen Kreisen vorbehalten blieb.

Juden waren sich nicht sicher, wie das Wort *Mitte* zu erklären ist.[54] Wenn man einem Geschäftspartner *die Mitte machte*, bedeutete das, ihm beim Preis entgegenzukommen. Nach der Aufhebung des Rabattgesetzes gewinnt diese Praxis, die nicht nur im Automobilhandel schon lange existiert, auch in Deutschland an Bedeutung. Bei Juden sagte man, daß der Käufer *sich in die Mitte legt*, was Weinberg mit der metaphorischen Formulierung umschrieb, er habe sich ›ins gemachte Bett‹ begeben.[55] Manche aber glaubten, mit *Mitte* werde der Punkt bezeichnet, der genau zwischen den Preisvorstellungen der Handelspartner liegt. Sie verstanden den Ausdruck darum so, als sei das deutsche, nicht das jidd. Wort verwendet.

**Moos**

Im Gegensatz zu *Mitte* mit der Bedeutung ›Bett‹ ist *Moos* mit der Bedeutung ›Geld‹ allgemein bekannt. Die gereimte Formulierung *ohne Moos nix los* gehört mittlerweile zum deutschen Sentenzenschatz, ohne daß man sich der Herkunft des Ausdrucks dabei immer voll bewußt wäre. Noch vor wenigen Jahren haben Lexikographen bei *Moos* die Pflanze, den Sumpf und das Geld linguistisch in einen Topf geworfen.[56] Dabei gehört die Pflanzenbezeichnung zum germanischen Erbwortschatz.[57] Das Wort für ›Geld‹ geht jedoch auf jidd. *moos*, ostjidd. *moes* ›Geld‹, *moos mesummen* ›bares Geld‹, zurück.[58] Es war ein Ausdruck der jüdischen Familiensprache und der Sprache des jüdischen Handels, ist in Stadtdialekten und ländlichen Mundarten bekannt und wird heute von jedermann geschätzt. Besonders die Gauner, die stets das Geld anderer Leute reizt, haben das Wort in ihre Geheimsprache aufgenommen und es dabei seit 1490 in vielfältigen Lautformen als *Moos, Moes, Mees, Mäß, Maas* und *Mus* ausgesprochen.[59] Ob der umgangssprachliche Ausdruck *Mäuse* ›Geld‹ auch auf das jiddische Wort zurückgeht, ist nicht bewiesen, aber wahrscheinlich.[60] Er wäre dann das Ergebnis einer volksetymologischen Umdeutung, mit der sich die Sprecher unverständliche Ausdrücke zurechtlegen. Denn daß Geld für den Menschen so schwer zu erhaschen ist wie Mäuse, leuchtet unmittelbar ein.

Zur Umdeutung laden Wörter aus dem Jiddischen auch sonst ein. *Naß* bezeichnet im Deutschen den Gegensatz zu *trocken*. Im Berlinischen bedeutet *naß* aber bereits im 19. Jh. auch ›ohne Geld‹.[61] *Nasser Kober* wurde in Berliner Bordellen bereits 1846 ein Besucher genannt, der nicht zahlen konnte oder wollte.[62] Da er fi-

**naß**

nanziell auf dem Trockenen saß, war das solange paradox, wie man nicht wußte, daß mit *naß* hier ein Ausdruck anderer Herkunft verwendet wird. Er ist aus dem Jiddischen in die Gaunersprache gekommen und wurde aus dem Milieu ins Berlinische übernommen. Jidd. *nossnen, nossen* ›geben‹ blieb als *nausnen, nausen* ein Wort der jüd. Familiensprache. Im Rotwelschen lautete der Ausdruck meist *nassenen, nassen*.[63] Eine Leistung umsonst zu bekommen, hieß in Berlin *for naß*, also *für naß*, oder *per naß*. Wer umsonst reisen wollte, sah zu, daß er *per naß fahren* konnte.[64] Bereits im 16. Jh. stand *naß* für ›liederlich, ohne Geld‹ und ›gerieben, verschlagen‹. Thomas Murner und Hans Sachs sprechen in diesem Sinne von *nassen Knaben*. 1799 werden Spielverderber *nasse Prinzen* genannt. Ob das Jiddische über das Rotwelsche auch in dieser Wortwendung Spuren hinterlassen hat, bleibt jedoch ungewiß.[65]

Der sprachgeschichtliche Zusammenhang war bei *naß* so wenig klar wie bei *lau*, wenn das Wort in der Formulierung *für lau* oder *per lau* gebraucht wurde. Auch hier geht in die Irre, wer sich die Bedeutung ›gratis‹ aus der Bedeutung ›mäßig warm‹ erklärt, die das germ. Erbwort *lau* im Deutschen besitzt. Als Ausdruck der Verneinung ist jidd. *lo, lau* auch bei deutschen Juden gebraucht

**lau**

worden. Der Satz *wenn er sagt jo, sagt sie loo* ›wenn er ja sagt, sagt sie nein‹ war sogar sprichwörtlich.[66] Er gibt allerdings einen Grundsatz wieder, der nicht nur bei Juden zum Erfahrungsschatz gehört. In den Mundarten Südwestdeutschlands ist das Wort so bekannt, daß nicht nur die in jüdischen Ausdrücken sehr bewanderten Frankfurter, sondern auch die hessische und pfälzische Landbevölkerung wußte, was gemeint ist.[67] Sogar die heutigen Trierer Studenten haben es gern, wenn etwas *für lau* zu haben ist.[68] Sie haben das Wort aus dem trierischen Stadtdialekt aufgenommen, nicht aus dem Rotwelschen, wo *lau*, seltener *lo*, für

›nein, nicht, nichts‹ seit dem frühen 18. Jh. nachgewiesen ist.[69] Durch die jüdische Bedeutung des *lo, lau* erklären sich auch Ausdrücke wie *Lowein* und *Lobier* als Gratisgetränke sowie *Laumänner* und *Laumeier* als Nichtsnutze.[70] Jüdische Viehhändler verstanden unter einem *Laumann* indessen auch ein ›Pferd, das nicht ziehen will‹.[71]

## Namen

Bei der Erklärung von Ausdrücken, die auf Namen zurückzugehen scheinen, konkurrieren oft mehrere Deutungen miteinander. Unter *mosern* versteht man heute ›nörgelnd sprechen, unzufrieden sein‹ und denkt dabei an den österreichischen Schauspieler *Hans Moser*, der diese Haltung mit einzigartiger Meisterschaft verkörpert hat. Das Wort ist aber älter und wird bereits im 18. Jh. von Spitzbuben für ›verraten‹ und ›schwatzen‹ gebraucht.[72] Neben *mosern* begegnen im Rotwelschen auch andere Formen wie *mossern, massern, masern* sowie *mosser sein* und *moser sein*. Sie führen zu jidd. *mosser sein, massren* mit der Bedeutung ›verraten, anschwärzen‹. Als Ausdruck für ›verraten‹ war das Wort auch noch bei deutschen Juden bekannt. In den deutschen Bauernmundarten wurde die Bedeutung weiterentwickelt, so daß *massern, mosern* dort schließlich für ›schwätzen, quengeln, schimpfen‹ stand.[73]

**Moser**

*Moser* mit den Nebenformen *Mauser* und *Moserer* geht auf jidd. *mosser* ›Schwätzer, Angeber, Verräter‹ zurück und bedeutete in der familiären Ausdrucksweise deutscher Juden neben ›Verräter‹ auch ›Denunziant‹. Im Rotwelschen ist das Wort ebenfalls seit dem frühen 18. Jh. belegt. Als *Hans Moser*, der in jungen Jahren auf der jüdischen Possenbühne in Wien als Chargenspieler für die Christenrollen engagiert war, das *Mosern* auf der Bühne kultivierte, stand das Verbum *mosern* schon bereit. Im heutigen Ausdruck *herummosern* hat sich mehr von der Art des Schauspielers als vom jidd. oder rotwelschen Wort niedergeschlagen. Im ganzen aber dürfte es sich um eine Verschmelzung des Namens mit dem Wort jidd. Herkunft handeln, ein Vorgang, den die Sprachwissenschaft als Kontamination bezeichnet.

Das Wort *Nassauer* für ›Schmarotzer‹ hat man früher mit Anekdoten zu erklären versucht. Daß die Bedeutung mit dem Freitisch der nassauischen Studenten in Göttingen zusammenhängt, an denen Unberechtigte *nassauerten*, gilt inzwischen als unwahrscheinlich.[74] Wolfgang Stammler vermutete den Ursprung des Ausdrucks in einer Klangähnlichkeit von *naß* und *Nassau*.[75] Scherzhaft nannte man in Hessen auch einen Regenguß *Nassauer*. Als ein Berliner Physiker Studenten, die sich das Kolleggeld sparen wollten und deshalb im hintersten Winkel des Hörsaals Platz genommen hatten, bei einem physikalischen Experiment bespritzte und dabei ausrief, der Strahl reiche *von Berlin bis Nassau*, soll er an Nässe und Schmarotzertum zugleich gedacht haben. Heute wird *Nassauer* ›Schmarotzer‹ und das zugehörige *nassauern* so erklärt, daß der Ausdruck auf den Orts- und Gebietsnamen *Nassau* anspielt, die Bedeutung sich aber an rotwelsch *naß* ›ohne Geld, gratis, umsonst‹ orientiert.[76] Wie schon erwähnt, ist dieses Wort aus dem Jiddischen abgeleitet.

**Nassauer**

Daß auch der Name der an der Mosel gelegenen Stadt *Cochem* Assoziationen zu einem jidd. Wort aufruft und die Schreibung des Ortsnamens vielleicht gerade deshalb wieder das *C* am Anfang enthält, wissen heute wohl nicht einmal die Cochemer. Wie *Cassel, Coblenz* und *Cöln* wurde auch *Cochem* jahrhundertelang mit *C* geschrieben.[77] Daneben gab es aber auch schon die Schreibung mit *K*, die seit dem 19. Jh. verstärkt propagiert und schließlich 1935 angeordnet wurde. Der Wechsel von *C* zu *K* sollte einer stärkeren Integration des Ortsnamens in die deutsche Sprache dienen. Da sich Kaiser Wilhelm II. gegen eine Änderung sperrte, wurden Ortsnamen wie *Cassel* oder *Cöln* erst nach dem Ende des Kaiserreichs orthographisch modernisiert.

**Cochem**

Bei *Cochem* dauerte es etwas länger, doch hatten sich manche Autoren und Verlage bereits im 19. Jh. für eine Schreibung mit *K* entschieden. In der Presse wurde noch Mitte der 1920er Jahre um die Ortsnamenorthographie gerungen.[78] Als nach dem Ende des Zweiten Weltkriegs die französische Verwaltung zur Schreibung mit *C* zurückkehrte und der Stadtrat die Änderung 1950 noch einmal bekräftigte, wurde das mit einer Wiederherstellung der früheren Schreibung begründet.[79] Daß es noch andere, sehr triftige Gründe gab, scheint niemand öffentlich ausgesprochen zu haben.

Dabei liegt auf der Hand, daß der Ortsname *Kochem* lautlich dem Rotwelschwort *kochem* ähnelt, das mit verschiedener Schreibung seit dem 18. Jh. belegt ist und unter Gaunern ›klug, gescheit, eingeweiht, mit allem Gaunerischen vertraut‹ bedeutet.[80] Es geht auf jidd. *chochem* ›klug‹ zurück und kommt außer in der Gaunersprache auch in deutschen Dialekten und in der Umgangssprache vor. Schlimmer noch als dieses Wort war für die Bevölkerung von *Kochem*, daß als *Kochemer* im Rotwelschen zweierlei bezeichnet wurde: erstens aus der Sicht des Gauners ein ›Kluger, Vertrauter, Eingeweihter‹, also einer, der mit den Gaunerpraktiken vertraut ist, und zweitens aus der Sicht des Nichtgauners ein ›Gauner, Dieb, Spitzbube, Einbrecher‹.[81] In deutschen Mundarten wurde unter einem *Kochemer* ein ›schlauer Mensch, Spitzbube‹ oder ›Geizhals‹ verstanden.[82]

Das war für die *Kochemer* aus der malerischen Moselstadt *Kochem* alles andere als vorteilhaft. Denn im Rotwelschen war *Kochemerbais* die ›Gaunerherberge‹, *Kochemerspies* hieß ›Gaunerwirt‹. *Kochemer Penne* war kein Schülerausdruck, sondern ebenfalls ein Wort für die ›Unterkunft der Spitzbuben‹. Als *Kochemer schmusen* wurde das Reden in der Gaunersprache bezeichnet.[83] Ein *betuchter Kochemer* war ein Dieb, der einbricht, ohne Lärm zu machen.[84] Meyers Konversationslexikon hat die Gaunersprache mit dem Rotwelschausdruck *Kochemer Loschen* benannt und sie 1893 direkt hinter dem Ortsnamen *Kochem* abgehandelt.[85] Angesichts solcher Assoziationen mußte jeder Kenner einem *Kochemer Wein* zwangsläufig mit Skepsis begegnen.

Vor Ort war man von Zweifeln dieser Art jedoch weitgehend frei. Ein Autor, der 1924 über einen *Kochemer Kirchendiebstahl* im Jahr 1770 berichtete und dabei den Gauneraspekt in der Formulierung offenbar unwissentlich zum Ausdruck brachte, belehrte seine Leser 1926 über einen *Kochemer Kirchen-Visitationsbericht* von 1593, nicht ahnend, welche Unterstellungen er mit seinem Titel machte.[86] Daß die Aufzählung ehrenwerter *Kochemer Namen* durch die Orthographie unterminiert wurde, fiel den vom Streit um die Schreibung erhitzten Journalisten nicht weiter auf.[87] Seitdem jedoch das Intermezzo mit dem Ortsnamen *Kochem* Vergangenheit ist, sind auch die *Cochemer* von derartigen Mißdeutungen wieder befreit.

Wörter aus dem Jiddischen wurden auch benutzt, wenn eine Mitteilung aus guten Gründen verschlüsselt werden sollte. Dann konnte mit einem Ausdruck, der auf den ersten Blick harmlos wirkt, etwas Heikles mitgeteilt werden, ohne daß Uneingeweihte

**Bonames**

dies mitbekamen. So riefen junge Juden in einem Dorf bei Marburg vorübergehenden Frauen, die ein mürrisches Gesicht machten, die Bemerkung *Die ist von Bonames* nach.[88] Was dazu Anlaß gab, eine Herkunft aus dem heutigen Frankfurter Stadtteil zu behaupten, blieb der hessischen Landbevölkerung unbekannt. Man wußte allenfalls, daß *Bonames* zu den Ortsnamen gehört, die gerne scherzhaft-ironisch verwendet werden, um andere, besonders Neugierige zu foppen oder zu belügen.[89] Für die jüdischen Sprecher klangen beim Ortsnamen *Bonames* die aus dem Jiddischen stammenden Wörter *Bonem* ›Gesicht‹ und *mies* mit.

In ähnlicher Weise wurde auch *Levkoie*, der Name der Zierpflanze Matthiola, von Juden als Geheimausdruck verwendet.[90] Er verdeckt das Kompositum *Levgoie*, das aus den jidd. Wörtern

**Levkoie**

*lew* ›Herz‹ und *goje* ›Nichtjüdin‹ gebildet ist. Die Bedeutung wurde schonungsvoll als ›Herz einer Christenfrau‹ umschrieben. Tatsächlich war es ein Geheimwort für ›weibliche Scham‹, das sehr dezent behandelt wurde. Darum war es der christlichen Landbevölkerung nur mit Bedeutungen wie ›Mund, Maul, Gesicht‹ und ›Frau‹ bekannt.[91]

Wenn man dies weiß, erscheint die folgende Strophe des Gedichts »Radio« von Gottfried Benn in einem anderen Licht: »Da muß man doch Zweifel hegen, / ob das Ersatz ist für Levkoien, / für warmes Leben, Zungenkuß, Seitensprünge, / alles, was das Dasein ein bißchen üppig macht / und es soll doch alles zusammengehören!«[92] Das Gedicht ist zur Jahreswende 1952/53 entstanden und sollte in dem Band »Destillationen« gedruckt werden, wurde aber vom Autor wieder gestrichen. Vielleicht erschien es als zu privat, vor allem dann, wenn das Wort *Levkoien* auch hier mit seiner Geheimbedeutung zu verstehen ist. Der Kontext läßt kaum eine andere Deutung zu. Dann aber gäbe das

Gedicht einen Hinweis darauf, daß der jüdische Geheimausdruck nicht nur bei der hessischen Landbevölkerung bekannt war, sondern auch anderswo und zwar in ganz eindeutigem Sinn.

## *Abkürzungen*

Geheimausdrücke gab es auch im jüdischen Handelsleben. Die Abkürzung *G.m.b.H.* für die 1892 eingeführte Rechtsform einer Gesellschaft mit beschränkter Haftung wurde von Juden auf zweierlei Weise interpretiert.[93] *Geht mechulle bis Herbst* bedeutete, daß man die Firma als Pleiteunternehmen einschätzte, das über kurz oder lang zahlungsunfähig sein würde. *Gannew' mit beide Händ* unterstellte, daß die Firma *gannewen* ›stehlen‹, also ihre Kunden betrügen werde. In Frankfurt kannte man den Satz als *Ganft mit baade Hänn.*[94] *Mechulle* ist das jüdische Wort für ›bankrott‹; jidd. *mechulle werden* heißt ›zugrundegehen, verderben‹. *Gannewen* ist die jidd. Form des Wortes, das als *ganfen* oder *genfen* im Rotwelschen und Deutschen bekannt ist und mit *Ganeff* und *Ganove* eine Wortfamilie bildet. Mit dem Ausdruck *D. L. G.-Ware* konnte sich das jüdische Ladenpersonal untereinander warnen und zur Aufmerksamkeit anhalten, ohne daß ein Kunde oder eine Kundin dessen gewahr wurde. *D. L. G.* stand nämlich nicht für Deutsche Landwirtschafts-Gesellschaft, sondern für *Das Luder gannewt.*[95]

**G.m.b.H.**

**D. L. G.**

Mit einem Geheimausdruck konnte man sich auch gegenüber Nationalsozialisten Luft machen. Die Abkürzung *Pg.* für Parteigenosse wurde bei Mitgliedern der NSDAP dem Personennamen wie ein Ehrentitel vorangestellt.[96] Juden lasen *Pg.* jedoch als *Pege*, was in der jüdischen Familiensprache ›unangenehmer Kerl‹ bedeutete und auf *Pegra, Pegera* verwies. Dieser Ausdruck gehört zu jidd. *pega ra* ›böser Zufall‹ und stand bei deutschen Juden ebenfalls für ›üble Person‹.[97] Daß dies bereits 1930 im Jüdischen Lexikon zu lesen war, dürfte den Nazis entgangen sein.[98]

**Pg.**

Die bekannteste Abkürzung dieses Musters bei Juden war jedoch *G. N.*, was als *Gojim naches, Goiennaches* gelesen wurde und in der jüdischen Familiensprache soviel wie ›unjüdisches, d. h. zweifelhaftes Vergnügen‹ bedeutete. In diesem Ausdruck sind jidd. *gojim*

›Nichtjuden‹ und *naches* ›Ruhe, Erquickung‹ enthalten.[99] Auch mit Kleinbuchstaben stand *g. n.* für *Gojim naches*, wurde aber mündlich als *ganz nett* aufgelöst.[100] Auf diese Weise konnte man ironische Einschätzungen äußern, ohne jemanden zu beleidigen, der den Stellvertreterausdruck nicht kannte. Eine briefliche Äußerung der Mutter Gershom Scholems bestätigt, daß die Abkürzung *G. N.* zum familiären Grundwissen gehörte: »Unsere Pension ist in Magenwirtschaft u. Unterkunft vorzüglich, aber die Belegschaft ist ein G. N. sondergleichen.«[101] Victor Klemperer benutzte sie im Tagebuch, um eine Abendgesellschaft christlicher Gastgeber, bei der es vor allem ums Essen ging, naserümpfend als Schweineschlachtfest zu charakterisieren: »O Gojim naches, oh wenig Witz u. viel Vergnügen der Gojim.«[102] Sonst war *Gojim-Naches* für ihn der jüdische Ausdruck, mit dem er überflüssige Anstrengungen relativierte: »Das Reisevergnügen ist heute nur in Vätersprache zu benennen: Gojim-Naches.«[103] Ob Theodor W. Adornos Mitteilung in einem Brief an seine Mutter in diesen Zusammenhang gehört, ist nicht ganz sicher, aber wahrscheinlich: »Gestern abend mit Horkheimers in der Eis-Revue, ganz nett.«[104]

**G. N.**

Den Charakter des *Gojim naches* hat Leo Slezak mit einer Anekdote verdeutlicht. Beim Besuch Kaiser Wilhelms II. bei Kaiser Franz Joseph in Wien harrt eine unübersehbare Menschenmenge, die sich zur Begrüßung der beiden Monarchen versammelt hat, ab sechs Uhr morgens bei Wind und Wetter aus. Wegen Schneeverwehung trifft der Zug erst mit vierstündiger Verspätung ein. Ein geschlossener Wagen rast vorüber. Man sieht vier weiße Handschuhe und schreit »hoch«. *Das ist Gojim naches!*[105] Der Großvater Günter Kunerts litt »an einer speziellen Art von Gojim naches«: er sammelte »Schmetterlinge, Käfer, überhaupt Insekten jeglicher Sorte«.[106] Auch Kunerts Mutter bediente sich der Abkürzung, wenn sie die Spiele nichtjüdischer Kinder abtun wollte: »Deren Treiben ist ›Gojim naches‹, wie meine Mutter dergleichen Unfug nennt, oder noch kürzer und verächtlicher: ›GN.‹[107] Eine erschöpfende Erklärung des Ausdrucks hat der Schriftsteller Robert Neumann geliefert. Auch er bestätigt die Abkürzung G. N., ordnet sie unter die Geheimausdrücke ein und bietet drei verschiedene Auflösungen an: *Gojim Naches, Gaudium Nazarenum und Germanische Narretei.*[108]

# 2. Religiöses

Der religiöse Wortschatz der deutschen Juden ist im wesentlichen von hebräischen Ausdrücken bestimmt.[1] Er enthält aber auch einige Elemente romanischer Herkunft und etliche deutsche Wörter. Dieses sehr umfangreiche Vokabular wurde in ganz unterschiedlichem Maße beherrscht, von religiös orientierten und sprachlich gebildeten Juden anders als von solchen, die sich für religiöse Belange nur wenig interessierten. Zu Beginn des 20. Jh.s standen sich im Judentum verschiedene Richtungen gegenüber, Bewahrer und Neuerer, Orthodoxe und Liberale. Manche traten für eine stärkere Hinwendung zum Deutschen ein, was als Abkehr vom Hebräischen und den Resten des Jiddischen verstanden wurde. Das hatte Folgen für die Kenntnis der hebr. Sprache und den Gebrauch einzelner Floskeln, die von dort ins Jiddische entlehnt worden waren und sich nun als sprachliches Erbe bei den deutschen Juden wiederfanden.

## *Hebräischkenntnisse*

Im frühen 20. Jh. beherrschten manche Juden das Hebräische nur noch mangelhaft. Bezeichnend ist ein Gespräch, das Victor Klemperer, Sohn eines Reformrabbiners, im August 1944 mit einem jüdischen Leidensgenossen in Dresden führte: »Was ich vom ›Jüdischen‹ wüßte? Ich sagte, leider hätte ich keine hebräischen Kenntnisse. – ›Aber doch Worte wie eine Broche eine Mitzwa?‹ Ich bestand zur Genüge.«[2] In diesem Fall waren wichtige Ausdrücke des religiösen Vokabulars bekannt, so mit *Broche* das Wort für ›Segen‹ und mit *Mitzwa* die Bezeichnung für ›Gebot, religiöse Verrichtung‹ und ›gute Tat‹.[3]

Die Abkehr vom Hebräischen bedeutete, daß vertraute Formeln und Floskeln im Alltag nicht mehr verwendet wurden. Betty Scholem berichtete 1925: »Als Heinz sich verabschiedete, kam

Reinhold grade u. Heinz begrüßte ihn mit ›Gut Pessach!‹ Reinhold antwortete freundlich: ›Guten Tag!‹«[4] Die Briefschreiberin teilte ihrerseits 1935 mit, daß eine *Barmitzwa*, die Feier der Volljährigkeit jüdischer Knaben in religiösen Angelegenheiten, über mehrere *Schabbatim* [›Samstage‹] verteilt werden müsse und fragte dabei ihren gelehrten Sohn Gershom Scholem: »ist die Form richtig?«[5] Sie war es nicht, wie Itta Shedletzky anmerkt: »Der Plural von *Schabbat* lautet *Schabbatot*, jedoch wird im Jiddischen die maskuline Form *Schabbossim* gebraucht.«[6] Im aschkenasischen Hebräisch gab es beide Formen, die feminine *schabosaus* und die maskuline *schabosim*.[7] *Schabbatim* war eine hebr. Mischform aus femininer und maskuliner Pluralbildung und aus aschkenasischer und sephardischer Aussprache.

**Gut Pessach**

Mit der Verschlechterung der politischen Lage in den 1920er Jahren besannen sich manche Juden auf die traditionellen Werte. Dazu gehörten auch ausreichende Kenntnisse des Hebräischen. Gershom Scholem schrieb seiner Mutter im September 1928: »alles Gute für das neue Jahr und überhaupt!« und fügte in hebr. Schrift die traditionelle Grußformel bei: *leschaná towá tikatéwu* ›ihr möget für ein gutes Jahr eingeschrieben werden‹.[8] Sie wird hier in der sephard. Lautung zitiert. Betty Scholem antwortete: »ich danke für Euere Glückwünsche! Das Leschono tauwo konnte ich sogar lesen.«[9] Von dem Gruß des Sohnes hatte sie zwei der drei Ausdrücke in lat. Schrift und nach der aschkenas. Aussprache wiedergegeben. Vollständig lautet er in aschkenas. Lautung, wie sie in der lateinschriftlichen Wiedergabe anklang: *leschono tauwo tikosëiwu*.[10] Von diesem Gruß, der auch auf gedruckten Neujahrskarten stand, wurde oft nur die Kurzfassung *leschono tauwo* ›für ein gutes Jahr‹ benutzt. Sie enthob den Sprecher der Mühe, zwischen den verschiedenen Formen zu wählen, die für Mann und Frau, für Männer, für Frauen und für Paare zu benutzen waren.[11]

**leschono tauwo**

Bekanntlich heißt es scherzhaft, Hebräisch sei die einzige Muttersprache, die Mütter als Einwanderer von ihren Kindern gelernt hätten. Ähnliches hätte sich über Väter sagen lassen, die in Deutschland das Hebräische von ihren Söhnen lernen mußten. So notierte Betty Scholem 1925: »Reinhold lernt jetzt den Freitagabend-Kiddusch [›Weihesegen‹], weil er es als blamabel empfindet, daß er keine Broche machen kann.«[12] Und wenig später: »Auf seinem Freitagabend machte Reinhold als Balbost [›Hausherr‹] den ganzen inzwischen gelernten Kiddisch, sogar mit richtigem Nigan [›Melodie‹]«.[13]

Von der *Chanukkafeier* 1934 berichtete Betty Scholem, die Jungen hätten »sich redlich mit der schweren hebräischen Sprache« gequält. Ein Vater, der vom Judentum nie eine Vorstellung gehabt habe, gehe nun an jedem Freitagabend mit seinem zwölfjährigen Sohn in die Synagoge. Der Junge verlange das und habe »dem Vater auf Deutsch die Broche aufgeschrieben, damit er sie ablesen« könne.[14] Am letzten Freitag, als dieser »die Broche schon etwas weniger stotterte«, habe man auf dem *Kiddischbecher* unter der hebr. Inschrift die folgende Gravur entdeckt: »Weihnachten 1921.«[15] Deutlicher konnte die Anpassung an den christlichen Kalender nicht zum Ausdruck kommen.

## *Gleichsetzungen*

Religiös begründete kulturelle Unterschiede zwischen Juden und Christen wurden nach dem Ersten Weltkrieg tendenziell von beiden Seiten aus eingeebnet. Günter Kunert beschreibt, wie angesichts der nationalsozialistischen Bedrohung von einer vorwiegend jüdischen Familie alles mitgenommen wurde, was Ablenkung versprach: »Weihnachten und Chanukka, Silvester und jüdisches Neujahr, Purim und Fastnacht.«[16] In Frankfurt am Main hatten Christen schon im 19. Jh. die sprachlichen Gewohnheiten der Juden angenommen, wenn sie mit ihnen Umgang pflegten.[17] 1914 bestätigte ein Sprachforscher, daß Christen ihre jüdischen Bekannten mit deren Floskeln beglückwünschten: *massel und broche der ganzen Mischboge* ›Glück und Segen der ganzen Gesellschaft‹.[18] Der jüdische Ausdruck *Brissmile* ›Beschneidung‹, hebr. in aschkenas. Aussprache und jidd. *brissmilo, brissmile*,[19] war Christen überall da geläufig, wo sie entsprechende Kontakte zu Juden hatten.[20] Für die Verhältnisse in einem hessischen Dorf wurde das noch 1962 ausdrücklich bestätigt.[21] Bei vertrautem Umgang konnte die Bezeichnung auch auf die christliche Entsprechung gemünzt werden. In Frankfurt nannten Juden des-

**Brismile**

halb die christl. Kindtaufe eine *Bresmile*.[22] Ob dies eine gewöhnliche Übertragung des Ausdrucks auf einen anderen Sachverhalt darstellte oder scherzhaft gemeint war, läßt sich heute nicht mehr feststellen. Ironisch war dagegen die Bemerkung zu verstehen, die 1936 in Berlin als Kommentar zu einer erneuten Hinwendung erwachsener Männer zum Judentum fiel: »Theo sagte ›Aufnahme‹ ins Judentum, worauf Erich meinte, also gewissermaßen eine Bris Milo.«[23] Die Redensart *eine Brischmile von sich geben* für ›angeben‹,[24] die aus Hessen belegt ist, kann auf den Stolz zurückzuführen sein, mit dem Väter die Geburt und Beschneidung ihres Sohnes feiern. »So fröhlich und ausgelassen habe ich Mama und Papa selten gesehen«, heißt es in Erinnerungen an eine Brismile.[25]

**Barmizwe**

Die *Barmizwe* genannte Feier, mit der ein dreizehnjähriger Knabe als Mitglied in die Gemeinschaft jüdischer Männer aufgenommen wird, ist in ähnlicher Weise wie die Brismile zu Vergleichen und Gleichsetzungen herangezogen worden. Sie wurde von Juden auch als *Einsegnung*[26] oder *jüdische Konfirmation*[27] bezeichnet. In einer nationalsozialistischen Agitationsschrift hieß es zum *Barmizwohfest*: »entspricht bei den Juden der christlichen Konfirmation«.[28] Der Bezeichnung der *Barmizwe* als *Einsegnung* oder *Konfirmation*, mit der auch eine Vergleichbarkeit unterstellt wird, wurde bereits 1927 widersprochen.[29] Abgesehen von der sprachlichen Festlegung des Ausdrucks auf ein christliches Zeremoniell, sind auch die Inhalte nicht vergleichbar. Während die Konfirmation ein Treuegelöbnis zum Glauben darstellt, ist die Barmizwe der erste öffentliche Aufruf eines Knaben zur Tora.

Die Gleichsetzung von Konfirmation und Barmizwe geht auf die von der preußischen Obrigkeit verordnete Schulabschlußprüfung zurück, für die jüdische Schüler ein der Konfirmationsbescheinigung evangelischer Kinder vergleichbares Zeugnis beibringen mußten. In den jüdischen Gemeinden, die den Zielen des Reformjudentums aufgeschlossen gegenüberstanden, wurde der staatlich verordnete Abschluß freiwillig weiter ausgestaltet und dabei den evangelischen Bräuchen angenähert.[30] Obwohl der preußische Staat, der die Gleichberechtigung seiner Bürger mit solchen Anordnungen von Amts wegen erreichen wollte, seit mehr als einem halben Jahrhundert aufgelöst ist, hat sich die dadurch propagierte Gleichsetzung als Gedanke erhalten. »Der nächste Schritt zur Männlichkeit war die Bar-Mitzwe oder Einsegnung«, schreibt der Autor eines autobiographischen Berichts, der »Wo gehörte ich hin?« überschrieben ist.[31] In einem autobiographischen Roman wird die *Barmitzwe* im Gespräch erklärt, als ein Vater sagt: »›Ich muß die Barmitzwa meines Sohnes erleben.‹ ›Was heißt das?‹ ›Nennen wir es die jüdische Konfirmation.‹«[32]

In einem im deutsch-israelischen Milieu spielenden Roman ist zu lesen: »Ron ging unmittelbar vom ›Café Kuba‹ ins Reisebüro und buchte einen Flug nach Israel. Danach fuhr er nach Hause, packte einige Habseligkeiten ein, darunter seine Bibel. Sie war ein Geschenk von Rabbi Gimpel zu Rons Bar Mitzwa, seiner Konfirmation.«[33] Während hier ein Ereignis im jüdischen Leben mit der Prüfung der Festigkeit im Glauben, wie christliche Konfessionsgemeinschaften sie vornehmen, verglichen wird, wurde ein weltliches Ereignis von Juden im religiösen Sinne als Einsegnung umgedeutet. Das Abitur eines Jungen und eines Mädchens war 1930 im Familienkreis *wie eine Barmitzwa* begangen worden.[34]

**Chanukka**

Für die Tendenz zur Gleichsetzung von *Chanukka* und Weihnachten kam der Anstoß von den Kindern, denen der unterschiedliche Sinngehalt beider Feste nicht einsichtig war. Vor allem war ihnen nicht verständlich, warum es bei christlichen Mitschülern einen Weihnachtsbaum gab, während beim Fest der Tempelweihe nur der *Chanukkaleuchter* mit seinen acht Kerzen, je eine für den Vorabend und die sieben Tage des Festes, nach und nach entzündet wurde. Dazu wurde eine weitere Kerze benötigt, die *Schammes* ›Diener‹ hieß.[35] In ärmeren Familien wurde anstelle eines kostbaren Chanukkaleuchters das *Chanje-Eisen* benutzt.[36] Selbst Juden, die die Speisegesetze nicht befolgten, runzelten die Stirn, wenn andere Juden nicht *Chanukka*, sondern einige Tage später Weihnachten feierten und dazu einen Weihnachtsbaum aufstellten.[37] In der christlichen Bevölkerung galt *Chanukka* in Frankfurt als *jüdische Weihnachten*; die mundartliche Bezeichnung *Chanje* wurde 1941 mit *Makkabäerfest oder Weihnachten* umschrieben.[38] Jüdische Kinder sprachen in Berlin von *den Weihnachts-, vielmehr Chanukkaferien*.[39]

Als man sich auch in liberal gesinnten Familien nach dem Ersten Weltkrieg wieder mehr auf das Judentum besann, sah sich mancher Vater gezwungen, seinen Kindern zu erklären, warum man Weihnachten nicht mehr feiern könne: »Ja, Kinder, wir sind nun mal keine Christen. Aber wir haben zur selben Zeit unser eigenes Fest, es heißt Chanukka und wird sogar acht Tage lang gefeiert.«.[40] Ein von solcher Änderung betroffener jüdischer Junge, dessen Cousine Weihnachten feierte, erfand deshalb als Kompromiß und Einigung auf halbem Wege die für beide Feste gültige Bezeichnung *Weihnukka*.[41] Daß er diese Erfindung aber nicht zum Patent anmelden konnte, wußte er nicht. Denn auch andere Juden entzündeten längst einen *Weihnukkabaum*.[42] Aus der Sicht des jüdischen Knaben, der sich die Bezeichnung *Weihnukka* ausgedacht hatte, erschien der Unterschied zwischen *Chanukka* und Weihnachten nicht mehr als jüdischer, sondern als christlicher Mangel, und er dachte voller Bedauern: »Mimi kann doch dieses ... Chanukka nicht feiern. Die ist doch Christin.«[43]

**Weihnukka**

Auch der jüdische Festtag *Purim*, der zur Erinnerung an die Errettung der Juden in Persien mit Verkleidungen gefeiert wird, ist auf die von Christen ähnlich begangenen Fastnachtstage bezogen worden. Daß *Fastnacht* auf heidnische Reinigungsbräuche verweist, die von Christen übernommen und mit anderem Sinngehalt gefüllt wurden,[44] war denjenigen, die *Purim* damit gleichsetzten, sicherlich nicht bewußt. 1877 bot Mosenthal den Lesern seiner jüdischen Alltagsgeschichten die Bezeichnung *jüdischer Fasching* als Verständnishilfe für den Ausdruck *Purimfest* an.[45] 1998 war aus der Verständnishilfe eine Gleichsetzung geworden: »Heute war Purim, jüdischer Karneval.«[46] Wie Fastnacht von Christen wurde *Purim* von deutschen Juden nicht überall gleich gefeiert. Betty Scholem erinnerte sich, daß jüdische Kinder sich in Schlesien verkleideten. In Berlin merke man 1925 davon nichts.[47] In Frankfurt war Purim in einer nicht religiös eingestellten Familie *das lärmende Fest der Kinder*.[48] Gaben und Geld wurden mit einem Purimliedchen erbeten: »Gut Purim! Ihr lieben Leut'! / Wißt Ihr, was ›gut Purim‹ bedeut't? / ›Gut Purim‹ bedeutet in der ganzen Welt: / ›Seid so gut und gebt mir Purim-Geld!‹«[49]

**Purim**

Sprachlich hat sich Purim in Sprichwörtern und Redensarten niedergeschlagen, die bei deutschen Juden im Umlauf waren. Mit dem Satz *Purim ist kein Jontef* ›(richtiger) Feiertag‹ *und Kedaches*

›(richtige) Krankheit‹ *ist keine Kränk*[50] wurde auf den Ausnahmecharakter des jüdischen Feiertags verwiesen, an dem das Arbeits- und Kochverbot nicht gilt. *Ich bin so satt, wie vun der Purim-Sude* ›Purim-Mahl‹,[51] sagte man nach einer Mahlzeit, wenn man sein Behagen zum Ausdruck bringen wollte. Mit dem ironischen Satz *Bleibst an der Purim-Sude sitze'*[52] wollte man jemanden zum Aufstehen veranlassen. *Das ganze Johr schikker* ›betrunken‹ *un am Purim nüchtern*[53] bedeutete, daß jemand nicht das Richtige zum richtigen Zeitpunkt tut. *Du wirst dich Purim nicht maskieren* drückte Zweifel an der Verwirklichung von Plänen aus.[54] Die nichtjüdische Bevölkerung sah an *Purim* vor allem das Äußerliche, die Heiterkeit, das lebhafte Treiben und das Durcheinander, und sie bemerkte den dazu nötigen Aufwand.[55] In der Pfalz erfand man aufgrund solcher Erfahrungen einen eigenen Ausdruck. *Gepurims* hieß dort ›reger Betrieb‹.[56]

## *Haartracht*

Die Tracht jüdischer Männer und Frauen ist im Verlaufe der Geschichte teils selbst gewählt, teils aufgezwungen worden.[57] Bei der traditionellen männlichen Haartracht werden, einer religiösen Vorschrift folgend, die Seitenhaare am Kopf belassen. Diese Schläfenlocken, auch Zwickel- und Backenbart, werden mit einem hebr. Wort bezeichnet, das ursprünglich ›Ecke (des Feldes)‹ bedeutete.[58] In aschkenas. Aussprache lautete es *pëio, pëie,* wurde aber meist im Plural gebraucht und *pëiaus, pëi(j)es* oder *pai(j)es* ausgesprochen.[59] Als jidd. Reliktwort wurde es nach dem Sprachwechsel von Juden im Deutschen weiterverwendet. Mit *Paijeslocken* gab es daneben auch ein Kompositum aus einem deutschen und einem jidd. Bestandteil. Die übliche deutsche Bezeichnung ist *Schläfenlocken. Hängelöcklein* und *Schmachtlöcklein* sind literarische Umschreibungen.

**Pejes, Pajes**

In Deutschland galt die jüdische Tracht bereits im 19. Jh. als Zeichen überwundener Verhältnisse. Modisch gehörten die Schläfenlocken eher ins Rokoko als ins beginnende Maschinenzeitalter. Jüdische Mädchen lenkten ihre Blicke auf die jungen Herren, die beim Spaziergang »keinen Kaftan, keine Hängelöcklein«

mehr trugen.[60] Einer, der sie noch tragen mußte, fühlte sich darin sichtlich unwohl: »Er besuchte die Klosterschule als Jude mit Kaftan und Schmachtlöcklein. Was er um dieser Tracht willen litt, war entsetzlich.«[61] Immerhin spricht Karl Emil Franzos von *Schmachtlöcklein* und nicht von *Peijes*. Diejenigen aber, die der Tradition folgten, versuchten das Erscheinungsbild zu verbessern und ringelten »die zierlichen Schmachtlöcklein noch zierlicher«.[62] Roman J. Cycowski, aus Polen stammender Sänger der Comedian Harmonists, erinnerte sich, daß er in seiner Jugend zu Anfang des 20. Jh.s die Tracht noch getragen hatte: »Ich war anders gekleidet als die anderen Jungs, nicht europäisch, mehr orientalisch [...]. Und ich hab' lange Locken gehabt, Paijeslocken.«[63] Heute werden die Schläfenlocken der orthodoxen Juden wieder mit dem jidd. Ausdruck *Pejes, Pajes* bezeichnet.[64] Wenn die Haartracht orthodoxer Schuljungen in Jerusalem als *Peyeslocken vor dem Ohr* bezeichnet wird, ist der alte Ausdruck unter den Einfluß der engl. Schreibung geraten.[65]

Bei orthodoxen Juden ist es Brauch, daß Frauen nach der Verheiratung ihr Haar nicht öffentlich zeigen. Darum wurde ihnen vor der Trauung in einer *Bedecken* genannten Zeremonie eine Spitzenhaube aufgesetzt.[66] Sie symbolisiert, daß die verheiratete Frau die Blicke anderer Männer nicht mehr auf sich lenken will.

**Scheitel**

Normalerweise wurde eine *Scheitel* genannte Perücke getragen. Um seinen Lesern das Wort richtig zu vermitteln, wählte Leopold Kompert 1862 ein sprechendes Kompositum: »Selde ist in diesem einen Jahre vollständig alt geworden, ihre Stimme, ihre Haltung ist gebrochen, und zwischen dem ›Haarscheitel‹ aus fremden Haaren, wovon ihre Stirne halb verdeckt ist, drängen sich verräterische weiße Löckchen hervor.«[67] Den Zwiespalt zwischen dem Aufbegehren gegen die Tradition und dem Befolgen der Sitte hat Karl Emil Franzos aufgezeigt: Eine Frau »lebt ganz wie die andern, wagt nicht, ihr eigenes Haar zu tragen«.[68] Im 20. Jh. ging man souveräner mit dem Problem um, indem die Sitte in einer fast frivolen Weise interpretiert wurde: »Frauen etwa aus jenen Kreisen setzten sich, um ›anderen Männern nicht zu gefallen‹, Perücken auf, aber nicht etwa jene braven glatten Scheitel, mit welchen sich die galizischen Jüdinnen verunzieren, sondern mit allen Künsten raffinierter Schönheitssalons und Pariser Coiffeure hergestellte entzückende Arrangements, die herrlich zu den üppigen Dekolletes paßten.«[69]

Bis heute ist *Scheitel* das jidd. Wort für ›Perücke‹. Außer der ›Stelle, wo die Haare sich scheiden‹, konnte *Scheitel* im älteren Deutsch auch das ›Haar‹ bezeichnen.[70] Diese Bedeutung ist im Jiddischen bewahrt. Das Kompositum *Haarscheitel* gehört zu den Wortprägungen, mit denen die jüdischen Ausdrücke im 19. Jh. einem nichtjüdischen Lesepublikum vermittelt wurden.

### *Gebetsmantel und Gebetsriemen*

Zum Gebet legen Juden einen großen oder kleinen Gebetsmantel an.[71] Der große Gebetsmantel ist ein Obergewand, der kleine ein Untergewand, das zwischen Ober- und Unterbekleidung getragen wird. Das Umlegen des Gebetsmantels empfinden fromme Juden als »Hingabe an den göttlichen Willen«.[72] Die hebr. Bezeichnung wird sephard. *tallit*, aschkenas. *tallis*, *talles* ausgesprochen. Jidd. *tallis* umschrieb Avé-Lallemant mit ›Oberkleid, Mantel‹ sowie ›Decke mit den Schaufäden, die während des Gebets über den Kopf gezogen wird‹.[73] Von deutschen Juden wurde der Gebetsmantel *Talles, Tallis* genannt. Zur Barmitzwa wurde ein Junge, der zum ersten Mal zur Tora aufgerufen war, in den Talles gewickelt. Der Feier wohnte »die ganze männliche Gemeinde« bei, »viele in den Talles gehüllt«.[74] Von orthodoxen Juden wurde er auseinandergefaltet, von liberalen Juden zusammengelegt benutzt. Zum Transport von der Wohnung zur Synagoge diente ein *Tallisbeutel*. Man konnte wohl öfter »in früher Stunde zwei Männer, jeder den Tallisbeutel unter dem Arm, in tiefem Gespräche begriffen« beobachten.[75] Eine sprichwörtliche Redensart lautete: *Er hot das Talles noch über'm Kopp!*[76] Sie besagt, daß man jemanden, der seine Karten noch nicht aufgedeckt hat, vorerst nicht einschätzen kann.

**Tallis, Talles**

Das *Arbekanfes* ist ein kleines viereckiges Untergewand, das mit vier Schaufäden besetzt ist. Die sephard. hebr. Bezeichnung *arba kanfot* ›vier Ecken‹ wurde aschkenas. *arbakanfaus, arbakanfes, arbekanfes* ausgesprochen.[77] Die Schaufäden heißen sephard. hebr. *zizit*, aschkenas. *zitzis*. Jidd.

**Arbekanfes**

*zizis* bedeutet ›Vorderhaar, Quaste, Troddel, Schaufäden, Denkfäden am viereckigen Brusttuch‹,[78] *zizis benschen* ›den Segen über die Schaufäden beten‹. Nach dem Tod seines Besitzers wurde ein Gebetsmantel von der Witwe wie eine Reliquie verwahrt.[79] Er wurde oft auf den Enkel vererbt. Wenn ein Knabe das Gewand

**Zizzes**

nicht pflegte, war die Enttäuschung groß. Als eine Großmutter ihren verunglückten Enkel entkleidete, erlebte sie eine Überraschung: »Sie war bis aufs Hemd des Knaben gekommen, über dem er sein ›Arbeh Kanfes‹ trug. Aber in welch vernachlässigtem Zustand! Die ›Zizes‹ [...] hingen aufgelöst aus den Endlöchern; an dem einen Loche fehlte die ›Zizeh‹ ganz und gar.«[80] Die Großmutter jammerte aber nicht nur über »eine Zeit, wo die Kinder so schlecht geworden, daß sie ›schlechte Zizehs‹ [...] tragen«, sondern schuf dadurch Abhilfe, daß sie ihm das *Arbeh Kanfes* seines Großvaters anlegte.[81]

Neben Tracht, *Talles* und *Arbekanfes* mit *Zizzes* waren die Gebetsriemen das auffälligste äußere Merkmal, das einen frommen Juden von den Angehörigen anderer Religionsgemeinschaften unterschied. Darum wurde in der antisemitischen Hetze das Au-

**Tefillen**

genmerk auf sie gelenkt, wenn Andersartigkeit und fremdes Wesen der Juden behauptet werden sollten.[82] Das hebr. und jidd. Wort *tephillim* ›Gebetsriemen‹[83] gehörte in der Form *Tefillin, Tefillen* zum religiösen Wortschatz der deutschen Juden. Ein frommer Vorsatz hätte lauten können: *alle Tag Tefillin legen.*[84] Wenn die Bezeichnung in deutschem Kontext als *Teffilim* oder *Tfillim* erschien, wurde sie als hebr. Fremdwort zitiert.[85]

Für fromme Juden ist der Gebrauch der Gebetsriemen von großer Bedeutung. »Was hab' ich davon, daß mein Eugen kann französisch reden mit der Gouvernante, wenn er nicht wissen wird, wie er sich die ›Tefillin‹ [...] soll um die Hände und den Kopf legen?«, ließ Kompert eine Mutter sich fragen.[86] Joseph Roth führte seine *Tefillen* lebenslang als Talisman mit sich.[87] Aversionen ihrer deutschen Glaubensbrüder gegen die Ostjuden nahm Louis Böhm 1910 aufs Korn und warb um Verständnis für den Juden auf Wanderschaft: »Taschen voll mit allerhand, / Talles, Tephilin, Büchel, / Und sein ganzer Proviant / Ruht im Taschentüchel.«[88]

Die Verköstigung eines Juden aus dem Osten als *Schabbesgast*, mit der man seiner Pflicht zur Mildtätigkeit nachkam, erfolgte bereits im Kaiserreich teilweise nicht mehr Freitag abends und samstags, sondern aus Gründen des Arbeitsablaufs am Sonntag. Die Vorurteile der Gastgeber und ihrer Angehörigen hat Erich Blumenfeld im Rückblick mit satirischer Übertreibung festgehalten: »Sonntags durfte er sich bei uns sattfressen, wobei man ihn bei jedem Happen schmecken ließ, wieviel feiner wir Berliner Juden waren als die dreckigen Tefillenträger aus dem Osten (er trug gar keine Tefillen)«.[89] Auch in der Bemerkung Georg Hermanns aus dem Jahr 1936, orthodoxe Siedler in Palästina würden die dicksten Apfelsinen züchten und »neue Rekorde im Tefillinlegen« schaffen, schwang eine gehörige Portion Kritik mit.[90] Im jüdischen Witz, den Robert Neumann 1968 noch einmal beschwor, war der Blick in eine andere Richtung gelenkt, als der kleine Moritz fragte, wozu ein Nichtjude einen Kopf brauche: »Denken tut er nicht – Tefillim legt er nicht – also nur zum Grüßen?«[91]

## *Sabbat*

Den tiefsten Einblick in das jüdische Familienleben bekam die nichtjüdische Bevölkerung am Sabbat. Für diesen wöchentlichen Ruhetag bedürfen fromme Juden der Hilfe, weil das Ruhegebot sorgfältig beachtet werden muß und Tätigkeiten, die als Arbeit angesehen werden können, ausgeschlossen sind. Deshalb besorgten nichtjüdische Hilfskräfte die häuslichen Arbeiten. Auf diese Weise kamen auf dem Lande nichtjüdische Nachbarn regelmäßig in die jüdischen Haushalte.

Für den Wochentag gibt es verschiedene Bezeichnungen, in denen sich religiöse und geschichtliche Entwicklungen spiegeln. Die hebr. Bezeichnung lautet in der sephard. Aussprache *schabbat*. Aschkenasisch wurde das hebr. Wort *schabbos, schabbes* ausgesprochen.[92] So kam es auch ins Jiddische, für das es 1862 noch in traditioneller Lautung als *schabbos* mit der Bedeutung ›Ruhe, Ruhetag‹ notiert wurde.[93] Es wurde aber in der Volkssprache auch wohl damals schon *Schabbes* ausgesprochen. Nur für das Gebiet um Frankfurt am Main ist Einfluß der binnendeutschen Konsonantenschwächung festgestellt worden, durch die der Verschlußlaut *b* im Wortinneren zum Reibelaut

**Schabbes**

*w* wurde.[94] Darum sagte man in Frankfurt *Schawwes*. Sprachen deutsche Juden untereinander über den Ruhetag, gebrauchten sie den jüdischen Wochentagsnamen, wenn sie ihre Verbundenheit mit dem Judentum zum Ausdruck bringen wollten.

Außer in der Form *Schabbes* ist das bibl.-hebr. *schabbat* auch im Wochentagsnamen *Samstag* ins Deutsche gelangt.[95] Im südlichen Sprachgebiet ist *Samstag* gebräuchlich, im nördlichen *Sonnabend. Saterdag* wird nur in einem kleinen Gebiet im Nordwesten des deutschen Sprachgebiets gesagt. Das Wort ist mit engl. *Saturday* verwandt. In althochdeutscher Zeit lautete der Wochentagsname *sambaztag, samiztag*.[96] Er ist aus lat. *sabbatum* entlehnt, einer Übernahme des griech. *sábbaton*, das seinerseits wieder auf *schabbat* zurückgeht. Das *m* in *sambaztag* wird als Nasalierung erklärt. *Saterdag* geht auf die lat. Bezeichnung *Saturni dies* ›Tag des Saturn‹ zurück. Die Bezeichnung *Sonnabend* ist im 9. Jh. als *sunnun aband* ›Vorabend des Sonntags‹ gebildet worden. Der *Sonntag* ist aus althochdeutsch *sunnuntag* entstanden, einer Übersetzung von lat. *dies solis*.[97]

Als Übernahme der jüdischen Bezeichnung *Schabbat* ist im Deutschen seit dem 13. Jh. *Sabbat* üblich, das aus lat. *sabbatum* abgeleitet wurde.[98] Hebr. *schabbat* ist also dreimal ins Deutsche entlehnt worden, zunächst als Wort der Mission, die vom Balkan aus gewirkt hat, dann zur Abbildung des hebr. Wortes in seiner lat. Gestalt und schließlich noch einmal als hebr. Wort in aschkenas. Aussprache, wie es im Jiddischen und in der Alltagssprache deutscher Juden verwendet wurde. Bei ihnen war *Schabbes* die übliche Bezeichnung für den Ruhetag. Den authentischen Sprachgebrauch bewahren Tagebücher und Briefe, die im jüdischen Familien- oder Freundeskreis gewechselt wurden. 1936 schrieb Gershom Scholem aus Palästina an seine Mutter in Berlin: »Ich wollte an meinem Geburtstag heiraten, aber der fällt auf Schabbes, und so haben wir vordatiert.«[99] *Schabbes* war die einzige Form, die er für diesen Zweck benutzen konnte. Mit *Schabbat* hätte er ein unangemessen fremdes Element in den sehr persönlichen Briefwechsel gebracht, mit *Schabbos* zu stark auf das aschkenas. Hebräisch abgehoben. *Samstag* kam für einen Berliner nicht in Frage, das norddeutsche Synonym *Sonnabend* war zu stark christlich konnotiert, ebenso *Sabbat* als Umschreibung des hebr. Wortes.

Authentisch erscheint *Schabbes* auch als Redezitat in den Werken deutsch-jüdischer Schriftsteller, zum Beispiel in dem Ausruf *Es ist ja Schabbes*, den Leopold Kompert mehrfach anführt.[100] Weniger authentisch klingt es, wenn der Versuch gemacht wird, die jüdische Redeweise in richtiges Hochdeutsch zu übersetzen. Den Satz »Dann wünschte er dem Vetter einen guten Schabbes«[101] kann man nur als Erzähltext gelten lassen, weil der Gruß *Gut Schabbes* lautete und nicht *Guten Schabbes* wie *Guten Tag*.[102] Der Gegengruß war *Gut Schabbes un gut Johr*.[103] Dem Verständnis christlicher Leser sollte es dienen, wenn *Sabbat* im Erzähltext stand und direkt danach *Schabbes* im Redezitat vorkam.[104] Heute wird ein gleichzeitiges Schreiben auf zwei Sprachebenen als Mittel angesehen, um sprachliches Kolorit zu geben und doch den Text verständlich bleiben zu lassen. »Eigentlich hätten wir schon am Samstag kommen können, aber das durften wir nicht, weil Juden am Schabbes nicht fahren«, schreibt Stefanie Zweig.[105] Das Wissen, daß der Schabbes von Sonnenuntergang bis Sonnenuntergang reicht, ist nötig, um Erwin Blumenfelds Gleichsetzung *Freitagabend (Schabbes)* zu verstehen.[106]

**Gut Schabbes**

Erfahrungen mit dem Ruhetag sind in Redensarten und Sprichwörter eingeflossen. *Könnt' mer den Schabbes anbinde'*, war ein Wunsch, der dem »Verweile doch, du bist so schön« entspricht.[107] *Mein Schabbes allaan, mein Jontev* ›Feiertag‹ *allaan* entsprach dem rabbinischen Spruch, man solle nicht Freude mit Freude vermischen.[108] Auf deutsch könnte man auch sagen: Alles zu seiner Zeit. *E Loch in den Schabbes mache'*, bedeutete ›den Sabbat verletzen‹.[109] Diese Redensart bezog sich darauf, daß es eine Übertretung des Ruhegebots darstellte, wenn man in den Schabbes hinein arbeitete oder reiste. Der Satz *Du host aach e Loch in den Schabbes gemacht* war dann durchaus als Vorwurf zu verstehen. *Das is e Goj! kaan Jontev* ›Feiertag‹ *un kaan Schabbes!* hieß, daß es sich um einen Nichtjuden handelte oder um einen Juden, der die religiösen Vorschriften nicht befolgt.[110] In diesem Fall war der Ausspruch ebenfalls als Vorwurf gemeint.

**Könnt man den Schabbes anbinden**

Der Satz *Der hot früh Schabbes gemacht* ›hat sein Geschäft früh geschlossen‹ besagte eigentlich, daß jemand kurz nach Geschäftseröffnung pleite gegangen war.[111] *Das haaßt mer: Mechallel Schab-*

*bes umsunst!* ›das nennt man, den Sabbat umsonst entweiht‹ wurde in Fällen gesagt, in denen etwas keinen oder nur geringen Nutzen brachte.[112] Den Satz *Es reicht nicht zu Schabbes und nicht zu Hawdole* ›Scheidesegen am Ausgang des Sabbats‹ verwendete man so wie die deutsche Wendung ›es reicht vorne und hinten nicht‹.[113] Eine verächtliche Zurückweisung eines Geschenks war die Aufforderung *Heb' Dir's uf Schabbes uf!*[114] Wenn jemand ein wirklich böser Mensch war, konnte man sagen: *Bei dem hot der Rosche im Gehnem* ›in der Hölle‹ *am Schabbes kaan Ruh!*[115] Jidd. *roscho* hieß ›der Böse, Schuldige, Boshafte, Übeltäter, Bösewicht‹.[116] Die deutschen Juden verwendeten das Wort *Rosche* vor allem als Bezeichnung für einen Antisemiten.

Die Redewendung *mach Schabbes davon* bedeutete 1860, ›laß es dir die Kosten einbringen, welche ein Sabbat erfordert‹.[117] Nach Tendlau wurde sie gesagt, wenn das in Rede Stehende vollkommen uninteressant war. Weinberg hat die Wendung daher als Ausruf der Geringschätzung bezeichnet, der ›nun wenn schon! was kann ich damit anfangen!‹ bedeutete.[118] Das Verständnis einer derartigen Wendung erschließt sich oftmals richtig erst im Kontext. Friedrich Gundolf schrieb 1917 an Stefan George über dessen Antikriegsgedicht »Der Krieg«, es »würde sich das feindliche Ausland einen Schabbes draus machen und es als antideutsche Propagandaschrift lesen und verwerten«.[119] *Einen Schabbes draus machen* heißt hier, ›sich einen Festtag machen‹ oder ›sich das nicht entgehen lassen‹. Karl Kraus hat der Öffentlichkeit einen Scherzbrief des Sängers Leo Slezak unterbreitet, der sich auch als Humorist einen Namen gemacht hatte. Darin heißt es: »Als Abonnent Deines Bilderbuches kann ich nicht umhin, Dir meine Verehrung zu zollen. Mache Schabbes davon, Liebling!«[120] Kraus kritisiert den Gebrauch jüdischer Floskeln durch den nichtjüdischen Sänger als unangemessen und potentiell antisemitisch. Die Ironie war Kraus im Feuer der kritischen Auseinandersetzung wohl entgangen.

**Mach Schabbes davon**

Die Sitte, den Kopf mit einer Mütze oder einem Hut zu bedecken, wurde im 19. Jh. nicht mehr so streng befolgt wie zuvor. Fromme Juden setzten bei häuslichen Gebeten ein Käppchen auf. Mitglieder liberaler Gemeinden trugen eine Kopfbedeckung aus religiösen Gründen nur noch beim Besuch der Synagoge. Dazu hielt man einen besonderen Hut bereit, z. B. einen schwarzen Filzhut oder für hohe Feiertage einen Zylinder. Knaben bekamen eine Mütze.[121] Auf dem Lande war der *Sabbathut* ein in Ehren gehaltenes Kleidungsstück.[122] Andernorts galt ein flacher Hut als *Schabbesdeckel.*[123] In Frankfurt am Main wurde der *Schabbesdeckel* samt seiner Bezeichnung bereits im frühen 18. Jh. beschrieben. Es handelte sich um ein Barett, das Juden außerhalb der Judengasse verboten war. Darum entfernten sie den Drahtring, mit dem das Barett gespannt wurde, so daß die Kopfbedeckung flach auf dem Kopf auflag. Das erklärt die Bezeichnung, aber auch die spätere Bedeutungsentwicklung.[124] Aus seiner Funktion ergab sich die Bedeutung ›eleganter Hut, wie ihn Juden am Sabbat tragen‹.[125] Aus seiner Beschaffenheit resultierte die Bedeutung ›schäbiger, abgetragener Hut‹, die in vielen Mundarten üblich war.[126]

**Schabbesdeckel**

In die Vorträge des jüdischen Alleinunterhalters Louis Böhm schlichen sich bereits 1910 kritische Untertöne ein. In einer Satire auf den fortschrittsgläubigen Reformjuden hieß es: »Seit auf Unfall und auf Leben / Sich versichert hat Reb Schmuel, / Ist ein Freigeist er geworden, / Geht kein' Schabbes mehr in Schul.«[127] Solche Freigeister beachteten die rituellen Vorschriften nicht mehr, gingen nicht in die Synagoge und waren gegenüber orthodoxen Juden äußerst kritisch eingestellt.

Victor Klemperer ereiferte sich 1924 über einen von ihnen, der sich in der säkularen Gesellschaft schwertat. Ihm mißfiel vor allem, daß dieser Mann die traditionellen Ausdrücke noch immer in die deutsche Rede einflocht. Er spreche »in hebräischen Ausdrücken« und berichte, in Frankfurt hätten Rabbiner herausgefunden, »wieweit man am ›Schabbes‹ gehen dürfe«. Klemperer setzte das Wort *Schabbes* in Anführungszeichen, als wenn er es mit der Kneifzange anfassen wolle. So weit reichte die Distanzierung deutscher Juden vom sprachlichen Erbe damals schon.[128] Auf diesem Hintergrund bekommt die Neufassung eines Berliner Theaterwitzes durch Karl Kraus im Jahr 1930 ungeachtet aller kritischen Seitenhiebe einen tiefen Sinn:

»›Wann gehen wir entgegen bessern Tagen?‹
so fragte einer, der es wissen kann;
und wies den Weg: ›Wenn einst statt ›Weekend‹ man
wird wieder einfach Schabbes sagen.‹«[129]

Kraus beschwört den Geist der Toleranz, geißelt aber im weiteren, hier nicht abgedruckten Text das Mediokre, das zum Modischen gehöre, wie es der Gebrauch jiddischer Ausdrücke darstelle.

## *Synagoge*

Die Synagoge heißt im Jiddischen mit einem deutschen Wort *schul.* Es geht auf lat. *schola* ›Schule‹ zurück und lautet als Lehnwort im Althochdeutschen *scuola*, im Mittelhochdeutschen *schuole* und *schuol.* Bei Juden bezeichnet *Schul* die Versammlungsstätte der Gemeinde, im engeren Sinne das Bethaus. Daneben gab es schon im Mittelalter den Ausdruck *Judenschule* für ›Synagoge‹. Er lautete 1385 in Hildesheim *jodenschole.*[130] 1930 galt *Schul* bei den deutschen Juden als rezenter jüdischer Ausdruck.[131] 1994 wurde er als altmodisch bezeichnet.[132]

**Schul**

*Schul* hatte bei deutschen Juden zwei verschiedene Bedeutungen. Es stand für ›Synagoge‹ und für ›Gottesdienst‹. Ohne Artikel bezeichnete *Schul* meist die religiöse Verrichtung, mit Artikel dagegen das Gebäude. Mit dem Satz *Warum kommt keiner in die Schul'* wird gefragt, warum sich niemand in die Synagoge begibt.[133] Dagegen meint *in Schul* ›zum Gottesdienst‹, wenn der Kontext folgendermaßen lautet: »Es traf sich gut, daß diesem Vorgange durch den auf der Gasse erschallenden Ruf ›in Schul'‹ ein Ende gemacht ward.«[134] Wie Leopold Kompert erzählt, machten sich die so gerufenen Männer sogleich zum Abendgebet auf den Weg. Auch *nach Schul* konnte in zweifacher Weise verstanden werden, im räumlichen Sinne als ›zum Synagogengebäude hin‹ und im zeitlichen als ›nach dem Gottesdienst‹. Es kam also immer auf die Situation und den Kontext an, wie eine Formulierung aufzufassen war. Louis Böhm benutzte das Wort in seinen Vortragsstücken in beiden Bedeutungen. In der Strophe »An die Scheiben klatscht der Regen, / Jeinkel sehe ich und Schmul, / Ohne Schirme sich bewegen, / Im Zylinder nach der Schul'«[135] meint *nach der Schul* ›zur Synagoge hin‹. Dagegen können in den Versen »Der Schabbesrock hängt auf dem Stuhl, / Ich zieh mich an und geh' in Schul«[136] beide Bedeutungen zugleich aufgerufen sein, ›in die Synagoge‹ und ›zum Gottesdienst‹.

Was das Schulgehen in den Augen einer liberalen Berliner Familie 1924 implizierte, geht aus der folgenden Briefstelle hervor: »alle diese Leute sind überaus orthodox, in einem Grade, den wir in Berlin garnicht kennen, sie haben koschere Milch u. koscheren Wein u. koschere Kekse, gehen früh in Schul u. sagen nach jeder Mahlzeit das Tischgebet«.[137] Daß der Erfahrungssatz *Mit die Juden ist gut nach Schul zu gehn*, den Betty Scholem 1928 zitierte, ironisch gemeint ist, geht aus dem Kontext hervor.[138] Die Äußerung fiel hier als Kommentar zur Verweigerung einer Gegenleistung, nachdem erhebliche Vorleistungen erbracht worden waren. Sie besagt, daß man mit jemandem gut auskommen kann, wenn ihm keine Lasten abverlangt werden. Das ist am Sabbat wegen des Ruhegebots stets der Fall.

**Mit die Juden ist gut nach Schul zu gehn**

Von den festen Fügungen bedeutete *in Schul rufen* ›zum Gottesdienst rufen‹.[139] Der Ausdruck *in Schul klopfen*[140] war wörtlich zu nehmen. Der Synagogendiener lief mit einem Hammer durch die Gassen und klopfte damit an die Fensterläden. *Schul halten* bedeutete ›in der Synagoge den Wochenabschnitt vorlesen‹.[141] Schließlich hieß *in Schul führen*, nach der Hochzeit die Ehefrau zum erstenmal feierlich zum Gottesdienst zu führen.[142] *Schulklopfer* hieß nicht der Hammer, sondern der Mann, der die Funktion ausübte.

**Schulklopfer**

In der Synagoge bezeichnete man den Teil, der den Männern vorbehalten war, als *Männerschul*, von der eine *Weiberschul* baulich getrennt war, meist als Empore.[143] Als *Betschul* im Gegensatz zur Lernschule hat Franzos die Bezeichnung für eine breitere Leserschaft erhalten wollen.[144] Auch den belasteten Ausdruck *Judenschule* hat er ohne negativen Beigeschmack für ›Synagoge‹ verwendet.[145] Die Wendung *hier geht's zu wie in 'ner Judenschul* deutet auf Lärm und Durcheinander. In dieser Ausdrucksweise spiegelt sich das Unverständnis der Christen für die religiösen Sitten und Gebräuche der Juden. Weil alle Männer in der Synagoge laut beten, dabei aber nicht im Chor sprechen, hat sich der Eindruck eines ungeordneten Geschreis ergeben.[146] Daß dies positiv empfunden wird, geht aus der folgenden Textstelle hervor: »Wenn ich Euch am Jom Kippur [›Versöhnungstag‹] mit nüchternem Magen habe so gewaltig schreien hören, daß die ganze Schul' gezittert hat, da ist mir das Herz vor Freude aufgegangen.«[147] Den Vergleich hat auch Gottfried August Bürger in dem satirischen Gedicht »Der Hechelträger« benutzt. Die vierte Strophe lautet:

**Judenschul**

»Als man den Nachtisch aufgesetzt,
Erhob sich viel Spektakel.
Vernunft und Sitte ward zerfetzt,
Durch Zoten und Gekakel.
Hier Kakel grob, dort Kikel fein,
Auf welsch, französisch und Latein,
Glich einer Judenschule.«[148]

Den aus dem 19. und 20. Jh. belasteten Ausdruck hat Robert Menasse 2003 wieder ohne die Konnotationen im mittelalterlichen Sinn zur Bezeichnung der Synagoge verwendet: »in der Judenschul betete der spätere Rabbi«.[149] Dagegen hat Rafael Seligmann ihn einem Juden in den Mund gelegt und dabei gerade auf die negativ konnotierte Bedeutung anspielen lassen: »Wir sind hier in den Räumen der jüdischen Gemeinde, nicht in der Judenschul!«[150]

Daß im lebendigen Ostjiddisch, das er von den Schauspielern des Moskauer Jüdischen Theaters bei deren Gastspiel in Berlin gehört hatte, die Synagoge »mit bewahrtem deutschem Wort« *Schul* genannt wurde, war Alfred Kerr im Jahr 1928 eine besondere Bemerkung wert.[151] Diese Beobachtung bestätigte seine schon zuvor gewonnene Auffassung, daß »in Deutschland Juden längst heimisch waren, längst deutsch redeten, als die Ahnherrn preußischer Hakenkreuzschnäbel noch dunkle Slawendialekte piepsten«.[152]

## 3. Geschäftliches

Wenn man die Fachwörter für einzelne Warenbereiche außer acht läßt, die nur für den Vieh- und Pferdehandel in nennenswertem Umfang überliefert sind,[1] bleiben kaum mehr als zwölf Dutzend jüdische Grundwörter für Handelsgeschäfte übrig. Sie umfassen Ausdrücke für Handelspartner und Geschäftsvorgänge, für Kauf und Verkauf, Ware, Qualität, Garantie und Beanstandung, für Preisgestaltung, Rechnungsstellung, Kreditgewährung und Bezahlung, für Grundkapital, Ertrag, Gewinn und Verlust, kurzum für alles, was den Handel ausmacht. Daß Preisangaben intern mit jidd. Zahlen angegeben wurden, war nichtjüdischen Geschäftspartnern oft ein Dorn im Auge.[2] Was von diesen Ausdrücken im Deutschen wirklich bekannt ist, kann man an den Fingern abzählen.

Über den jüdischen Wortschatz lassen sich noch heute Einblicke in Usancen des jüdischen Handels gewinnen. In vielem unterscheiden sie sich nicht von denen christlicher Handelsunternehmen. Ein Satz wie *Der Keren läßt keinen Reibach zu* ›der Einkaufspreis ermöglicht keinen großen Gewinn‹[3] erlaubt Rückschlüsse auf die Kalkulationsbasis. Unverkäufliche Ware belastete auch jüdische Geschäftsleute, die ihre Ladenhüter wie alle Händler *pattern* ›loswerden‹ wollten. Dabei handelten sie nach dem Grundsatz *Pattern ist Geld wert*,[4] der jüdischen Fassung der ehernen Kaufmannsregel *Fort mit Schaden*. Erfahrungen aus dem Kaufmannsleben sind auch in die folgenden Merksprüche eingeflossen: *Chauwes* ›Schulden‹ *laufen nicht weg* und *Ein Chillef ist ein Challef* ›ein Wechsel ist ein Messer‹.[5]

Auf besondere Geschäftspraktiken deuten Ausdrücke hin, die das Maklergeschäft betreffen. Bei der Anbahnung und beim Abschluß von Geschäften wirkten Personen mit, die als *Sasserer, Zasserer* freie Makler waren oder als *Balzasser* im Auftrag ihres Arbeitgebers tätig wurden.[6] Bei Reisen in fremde Länder kann man diesem Typ des Geschäftsvermittlers heute noch begegnen. Daß sie von Schleppern auf den Haken

**Sasserer**

genommen werden, bemerken oft nur die erfahreneren Reisenden. Die anderen gehen heutigen Nachfolgern der *Sasserer* und *Balzasser* auf den Leim, wenn nicht gerade Ratgeber den Ausschlag geben, die den *Zuschmusern* des früheren jüdischen Handels entsprechen. Das waren Personen, die im Dienst des Verkäufers standen und potentiellen Kunden gut zuredeten, bis das Geschäft unter Dach und Fach war.[7] Das Entgelt für die Maklertätigkeit hieß *Sasseres* und wurde auch als *Sassergeld, Sassermesummen* oder *Sassermoos* bezeichnet.[8] Die ganze Wortfamilie einschließlich des Verbums *sasseren, zasseren* ›vermitteln‹ gehört zu jidd. *sarsur, sarser* ›Unterhändler, Zubringer, Kuppler‹.

Daß es im jüdischen Handel zuging wie anderswo auch, belegen wiederum Ausdrücke der jüdischen Handelssprache. Da ist die Rede vom *Kinnesinnemann*, dem Neidhammel, der einem fleißigen Geschäftsmann keinen Erfolg gönnt.[9] Bei ihm mußte man darauf gefaßt sein, daß er *Kalljes* ›Schwierigkeiten‹ *machen* konnte, was oft darauf hinauslief, daß ein Geschäft vereitelt wurde. Ein Kaufmann war dann gut beraten, einen Handel abzuschließen, ehe es sich der Kunde anders überlegt hatte. Das geschah durch das *Einmakeimen* ›Einschlagen‹, mit dem ein Geschäft durch Handschlag besiegelt wurde.[10]

**Peschore**

Kaufmännische Klugheit zeigte sich im Grundsatz *peschore machen.*[11] Jidd. *peschore* ›Vergleich‹ wurde von jüdischen Händlern kaufmännisch aufgefaßt und bedeutete dann ›Vergleich im Geschäft oder in Streitfällen‹. Man handelte klug und verfuhr nach dem Grundsatz: *mach peschore, melochen es aus, lau mischpeten* ›schließe einen Vergleich, führe ihn durch, verzichte auf einen Rechtsstreit‹.[12] Bei Gaunern, die ihr Interesse nicht auf ehrenwerte Geschäfte richteten, bedeutete *Bschora machen*, einen Vergleich durch Aussöhnung herbeizuführen.[13] In den deutschen Bauernmundarten ist die friedfertige Art jüdischer Kaufleute, *peschore zu machen*, wenig bekannt. Nur aus Südhessen wird berichtet, daß dort *Beschore machen* hieß, ›einen Streitfall (beim Handel) durch Vergleich beenden, sich gütlich einigen‹.[14] Anderswo verstand man unter *Beschores machen* ›beim Handeln viel Geld verdienen, etwas auf unehrliche Weise für sich behalten, übervorteilen‹ und vor allem ›betrügen‹.[15] Das jüd. Wort *Peschore* ›Vergleich‹ wurde in den Mundarten zusätzlich für ›Geschäft‹ und

›Profit‹ gebraucht, stand aber in erster Linie für ›betrügerischen Gewinn‹.[16] Bei genauerer Betrachtung dieses wortgeschichtlichen Befundes fällt der oft gegen Juden erhobene Vorwurf, sich unredlicher Handelspraktiken bedient zu haben, in diesem Fall daher auf die christlichen Urheber selbst zurück.

## *Handel und Händler*

**Massematten**

Von den Ausdrücken der jüdischen Handelssprache sind nur wenige in der deutschen Verkehrssprache gebräuchlich. Die meisten sind über den engeren Kreis der deutschen Juden nicht hinausgedrungen. Allenfalls das Rotwelsche, die deutschen Händlersprachen und die Bauerndialekte haben das eine oder andere Wort der jüdischen Handelssprache aufgenommen, meist aber in ihrem Sinne umgedeutet. Das Wort *Massematten* ›Handel‹ hat einige Aufmerksamkeit auf sich gezogen, seitdem eine Forschergruppe der Universität Münster die so bezeichnete Geheimsprache ortsansässiger Händler und Arbeiter erforscht.[17] Das Feuilleton wurde aber erst aufmerksam, als sich der Leiter dieser Gruppe in dem Professor eines Kriminalromans wiedererkannte, dessen Forschungsgebiet die Geheimsprache *Masematte* ist.[18] Als er sich vor Gericht dagegen wehrte, schuf das einige Aufregung um *Masematte-Klaus*. Eine Glosse zu diesem Rechtsstreit trug sogar den Titel *Masematte*.[19]

Die Bedeutungen, die dem Wort in deutschen Mundarten zugewiesen wurden, lassen erkennen, wie Bauern den jüdischen Handelsmann wahrgenommen haben. *Massematten* steht außer für ›Geschäfte‹ und ›Handel‹ auch für ›Tausch‹.[20] Das unterstreicht, daß jüdische Kleinhändler nicht nur Waren lieferten, sondern auch ankauften oder tauschten. Manche übernahmen daneben andere Aufträge, erledigten Besorgungen, überbrachten Briefe oder versuchten sich als Heiratsvermittler. Das geringe Ansehen der *Massematten* bei Bauern zeigt sich darin, daß der Ausdruck dort auch schlechte, undurchsichtige, betrügerische und sogar illegale Geschäfte bezeichnet.[21] Außer Handelsgeschäften wie bei Juden galten manchen Bauern sogar Streiche, Ausreden, Ränke, Machenschaften und Schikanen als *Massematten*.[22] Neutral im jüdischen

Sinn wurde der Ausdruck vor allem in Frankfurt am Main gebraucht, wo die Frage *wie gehn die Massematte* im 19. Jh. normalerweise keinen abfälligen Unterton hatte.[23] Das Negative zeigt sich jedoch auch schon hier, wenn *schlechte, böse* oder *schofele Massematten* zur Sprache kommen. Ironisch wird von *schönen* oder *sauberen Massematten* gesprochen.

Die negative Einschätzung der *Massematten* rührt nicht vom jüdischen Handelsleben, sondern vom Gaunertum her. Denn in diesem Milieu wird unter *Massematten* das ›Gaunergeschäft‹, die ›gaunerische Tätigkeit‹ im allgemeinen, verstanden,[24] was fast ausschließlich ›Diebstahl‹ und besonders ›Einbruchsdiebstahl‹ bedeutet.[25] Ein Kenner des Gaunertums und seiner Sprache hielt 1862 fest, *einen Massematten baldowern* stehe im Rotwelschen für ›eine Diebstahlsgelegenheit auskundschaften‹, *einen Massematten stehen haben* bedeute, ›die Diebsgelegenheit ausgekundschaftet und vorbereitet haben‹, und *einen Massematten handeln* ›einen Diebstahl ausführen‹.[26] Einen Widerschein des Gaunertums bewahrt die Frankfurter Mundart mit dem Ausdruck *betuchter Massematten* für ›Diebstahl ohne Lärm‹, in dem auch *betucht* in der rotwelschen Bedeutung ›still‹ aufscheint.[27]

Für den Händler hatten die deutschen Juden verschiedene Bezeichnungen, die meisten sind aber im Deutschen nicht weiter bekannt geworden. *Massematter* sagte man auch im Westfälischen.[28] *Massemätter* hieß der ›Handelsmann‹ ganz ähnlich im Jenischen, der Geheimsprache christlicher Händler.[29] Vom jüdischen *Maucher, Mocher* ›Verkäufer, Geschäftsmann‹[30] hatte man wenigstens in Frankfurt am Main schon einmal gehört.[31] Der *Maucher Tewue* oder *Tewuehändler* handelte mit Getreide, wie es jidd. *tewua* ›Getreide, Korn‹ angibt,[32] der *Sechorehändler* mit Manufakturwaren, obwohl jidd. *sechoro* allgemein ›Ware‹ heißt.[33] Viehhändler hießen *Beheimeshändler* oder *Beheimesmassematter*[34] und standen im Geschäftsverkehr mit Bauern, denen die wichtigsten jüdischen Ausdrücke für Vieh wie *Pore* ›Kuh‹, *Egel* ›Kalb‹, *Chasser* ›Schwein‹ und das für alle gültige Wort *Beheime* ›Vieh‹ meist bekannt waren. Arme Schlucker unter den Händlern, die hart ums Überleben kämpfen mußten, waren *Dalleskrämer*.[35]

Ein *Medinegeier* war kein Symboltier wie der *Pleitegeier*, sondern der jüdische Ausdruck für den ›Landhausierer‹,[36] der oftmals die ganze Woche über in der *Medine*, der ›Gegend‹, als *Geier* ›Fußgänger‹ unterwegs war. Weil das Hausiergeschäft oft nur eine Erwerbstätigkeit am Rande der Existenz darstellte, war *Medinegeier* mancherorts gleichbedeutend mit Bettler. Die mühsame und demütigende Art, Geschäfte anzubahnen, kommt in der doppelten Bedeutung des Wortes deutlich zum Ausdruck. Leopold Kompert hat den Ausdruck in seinen Geschichten aus dem jüdischen Gemeindeleben in einer Lehnübersetzung als *Dorfgeher* nachgebildet.[37] Wie nicht anders zu erwarten, hatte das Wort *Medinegeier* im Rotwelschen den üblichen Beigeschmack und bezeichnete neben dem ›Landhausierer‹ auch Kleinkriminelle, die Diebstähle auf dem Lande begehen.[38]

**Medinegeier**

Die wichtigste jüdische Bezeichnung für den Kaufmann lautete *Saucher* oder *Socher*, die auch als *Zaucher, Zocher* und *Sacher* ausgesprochen wurde.[39] Sie läßt sich bis ins bibl. Hebräisch zurückverfolgen und gehört als *sojcher* noch zum Standardjiddischen der Gegenwart.[40] In deutschen Mundarten war das Wort in dieser Form jedoch kaum bekannt, eher noch im Rotwelschen und in Händlersprachen.[41] Das liegt daran, daß der Wortstamm bereits in der frühen Neuzeit als *Schacher* ins Deutsche entlehnt worden ist. 1691 vermerkte Stieler, daß die Juden *Schachern* als *Sachern* aussprächen.[42] Der Unterschied zwischen der jüdischen und christlichen Aussprache war aufmerksamen Beobachtern also schon im Barockzeitalter bekannt. Zu dieser Zeit bedeutete *Schacherer* im Deutschen ›Kaufmann‹, *Schacherey* ›Handel‹. Daß damit im 17. Jh. Kauf- und Tauschhandel gemeint waren, geht aus den Wörtern *Abschachern, Verschachern* und *Hin- und Wiederschachern* deutlich hervor. Für bevorzugte Handelsgegenstände gab es besondere Ausdrücke. *Lumpenschacherey* war Handel mit gebrauchter Kleidung, *Pferdschacherey* Pferdehandel.

**Schacher**

Hundert Jahre später hielt Adelung 1798 fest, daß *schachern* »nur im gemeinen Leben üblich« sei.[43] So beschrieb man damals den Gebrauch der Alltagssprache. *Schachern* bedeutet in der Goethezeit ›Kauf- oder Tauschhandel treiben‹, wird nur auf Kleinhandelsformen bezogen und drückt immer zugleich aus, daß der Händler auf maximalen Profit bedacht ist. Adelung schreibt, das Wort sei »ohne Zweifel von den Juden entlehnet«. Sie führten den

Ausdruck bei ihren Handelsgeschäften ständig im Munde. Deshalb werde er im Deutschen nur gebraucht, wenn man eine jüdische, gewinnsüchtige Art des Handels bezeichnen wolle. Campe bestätigt diese Angaben 1810 und fügt hinzu, daß Christen die Ausdrücke *Schacher* und *Schachern* in der Regel nur im Hinblick auf Juden und in verächtlicher Weise gebrauchten.[44] Mit dieser Nebenbedeutung dürfe es auch »in der guten Schreibart«, also in der Hochsprache, verwendet werden. Im Ausdruck *Schacherjude* läßt sich bereits 1810 der pejorative Ton wahrnehmen, der die Einschätzung des jüdischen Kleinhandels in der Folgezeit bestimmt und aus dem sich ein Vorurteil ableitet, das später in der antisemitischen Agitation benutzt wird.

Heute sind die Ausdrücke der Wortfamilie *Schachern* zwar noch bekannt, werden aber im Wörterbuch ohne jeden Bezug auf die jüdische Herkunft und den Mißbrauch, der in der Vergangenheit mit ihnen getrieben wurde, nur noch in gereinigter Form aufgeführt. Das Wort *Schacher* gilt nach wie vor als abwertend und steht für ›Handel, bei dem sehr gefeilscht wird‹ und für ›unsauberen Handel, mit dem man großen Gewinn erzielen will‹.[45] Von der Geschichte des Ausdrucks ist heute wieder so wenig bekannt, daß behauptet wird, er sei vom Jiddischen über das Rotwelsche ins Deutsche gekommen.[46] Da hätten dann die Christen, die das Wort Tag für Tag von jüdischen Handelsleuten gehört haben, alles vergessen und darauf warten müssen, daß die auf Geheimhaltung ihrer Sprache bedachten Gauner ihnen ihr Rotwelsch bereitwillig erläutern. Daß es anders gewesen sein muß, lehrt die Lebenserfahrung und bestätigen die Beobachter aus der Zeit um 1800. *Schacher* ist die christliche Lautform des jüdischen Ausdrucks *Sacher*, *Socher*, *Saucher*. Daß das jidd. Wort mit einem stimmlosen *s* ausgesprochen wurde und nicht mit einem stimmhaften, wie es der deutschen Sprache entspräche, nahmen die Deutschen als fremdartig wahr und ahmten es mit stimmlosem *sch* nach.

Eine weitere Eigenart des jüdischen Handels, die aus der Sprache abgelesen werden kann, ist die Neigung zum Kompagniegeschäft, also zum Aufbau eines Geschäfts mit Partnern und Teilhabern. In der jüdischen Handelssprache gab es dafür verschiedene Bezeichnungen. Ein *Schuttef*, auch *Meschuttef*, war ein ›Partner‹ oder ›Sozius‹.[47] *Schittef* hieß ›Partnerschaft‹ und wurde auch als

Bezeichnung für ›Handelspartner‹ gebraucht, ebenso *Schuttfes*, was auch ›Teilhaber‹ bedeutete.[48] Im Jiddischen des 19. Jh.s stand *schuttoph, meschuttoph* allgemein für ›Kamerad‹, speziell für ›Handelskompagnon‹, *schittuph* entsprechend für ›Gesellschaft‹ und für ›Kompagnie‹.[49] Darunter wurde die Handelsgesellschaft verstanden, nicht der militärische Truppenteil. Diese Ausdrücke sind weder in die deutschen Mundarten noch ins Rotwelsche entlehnt worden, waren aber als Fachwörter der jüdischen Handelssprache unter Juden bis ins 20. Jh. geläufig.

**Schuttef**

Anders verhält es sich mit weiteren Ausdrücken, die die Teilhaberschaft im Handel betreffen. Im Jiddischen des 19. Jh.s bedeutet *chawer* ›Verbündeter, Gesellschafter, Kompagnon, Teilhaber‹ und ›Kamerad‹.[50] Bei deutschen Juden ist der *Chawwer* ein ›Freund‹ und ›Partner‹ und das auch in geschäftlicher Hinsicht. Noch mehr drückt dies das Wort *Kippechawwer* aus. Die Herkunft des bei deutschen Juden ganz geläufigen Ausdrucks *Kippe* ›Teilhaberschaft‹[51] ist nicht ganz geklärt. Wahrscheinlich gehört es zu jidd. *kuppo, kippo, kippe*, mit dem ein ›Kramladen‹ oder ›Handelsgewölbe‹ benannt wurde. In der jüdischen Handelssprache hieß *Kippe machen* eine ›Partnerschaft eingehen‹, was gleichbedeutend mit der Teilung des Gewinns war.[52]

**Chawwer**

In dieser Bedeutung war die Wendung in Frankfurt am Main allgemein bekannt. Eine *Kippe* waren dort auch Leute, die etwas zusammen unternahmen, also ganz allgemein eine ›Gesellschaft‹ und spezieller eine Gemeinschaft, die sich einem bestimmten Unternehmen verschrieben hatte.[53] Das konnte eine Handelsgemeinschaft sein, aber auch ein Verein, eine Schülergruppe oder eine etwas verrufene Gesellschaft. Im Rotwelschen haben die Ausdrücke die üblichen gaunerischen Färbungen angenommen. *Kippe* bezeichnet vielfältige Formen von Behältnissen und außerdem Menschen, die sich als Gruppe zusammengefunden haben. Darunter wird besonders die ›Diebsgesellschaft‹ verstanden. *Kippe machen* heißt ›zu gleichen Stücken teilen‹, was wiederum im Gaunersinn in erster Linie als Teilen der Beute verstanden wird.[54] Wenn ein Wochenmagazin, das sich mit gesuchtem sprachlichen Ausdruck einen eigenen Stil geschaffen hat, 1976 davon spricht, man müsse »immer damit rechnen, daß zwei Kippe machen«,[55] dann ist kaum davon auszugehen, daß die Wen-

**Kippe**

dung direkt aus der jüdischen Handelssprache entlehnt worden ist. Dagegen ist das reichhaltige Vorkommen des Wortes in südhessischen Mundarten beiderseits des Rheins auf den unmittelbaren Kontakt der christlichen mit der jüdischen Bevölkerung zurückzuführen.[56]

## *Gute und schlechte Ware*

Das jidd. Wort für die Handelsware gehört zum selben Wortstamm wie jenes für den Händler und lautete im 19. Jh. in traditioneller Aussprache *sechoro*. Die deutschen Juden sprachen es mit dem Ach-Laut *ch* als *Sechore* oder *S'chore* aus, auch als *Sechaure* und *S'chaure*. Lautlich noch stärker ins Deutsche integriert lautete es

**Schore**

*Schore* und *Schaure*.[57] Lumpen hießen *Kinnemschore*, was wörtlich ›Läuseware‹ bedeutet, schlechte Ware war *schofele Sechore*, Unverkäufliches wurde als *Bowelsechore* bezeichnet.[58] Ob *Bafel* und *Pofel* als deutsche Ausdrücke für minderwertige Ware sprachlich hiermit zusammenhängen, ist umstritten. Für schlechte Ware hatten jüdische Händler als klug rechnende Kaufleute gleich eine ganze Reihe von Ausdrücken zur Verfügung.

Mit schlechter Ware lassen sich bekanntlich auf Dauer keine guten Geschäfte machen. Sie wurde daher variantenreich, aber immer ziemlich drastisch als *Mauschew*, *Seiwel* oder *Tinnef* bezeichnet, was übereinstimmend ›Dreck‹ oder ›Mist‹ bedeutete. Dabei waren die Händler in der Wahl ihrer Ausdrücke einfallsreich. Jidd. *moschow* hieß ›Wohnung‹ oder ›Sitz‹, wurde dann auf den ›Abtritt‹ bezogen und noch weiter auf das dort hinterlassene Produkt.[59] Wenn deutsche Juden von *Seiwel* sprachen, dachten sie an jidd. *sewel* ›Mist‹. Auch jidd. *tineph* ist ein Wort für ›Unflat‹. Unter *Macke* verstanden deutsche Juden auch eine ›teure Ware‹.[60] Dagegen war eine *Mezie*, jidd. *mezio* ›Fund, Rarität‹, eine ›preiswerte Ware‹, vor allem ein Schnäppchen, dann aber auch etwas ›Wertloses‹, als das sich die günstige Gelegenheit im Nachhinein ja oft entpuppt.[61] Von diesen Ausdrücken haben *Mezie*, *Macke* und *Tineff* im Deutschen Karriere gemacht. Es ist bezeichnend, daß Mangelhaftes und Schlechtes die sprachliche Phantasie dabei mehr beflügelt hat als Hochwertiges und Qualitätvolles. Wie nicht anders zu erwarten, kommen die Ausdrücke mit ihren handelssprachlichen Bedeutungen in der Gaunersprache so gut wie gar nicht vor.

Von den drei Ausdrücken ist *Mezie* in Mundarten und Verkehrssprache am wenigsten bekannt, dafür aber ein Wort der jüdischen Alltagssprache. Anders als in Berlin oder Frankfurt gehört es in Wien jedoch zum allgemeinen Sprachgebrauch. Den jüdischen Umgang mit dem Wort hat auch der Photograph Erwin Blumenfeld überliefert. Danach ist oft ein süffisanter Unterton mit im Spiel, wenn das Wort außerhalb der Kaufmannssphäre gebraucht wird. Betrachtet ein Käufer den Erwerb eines veralteten Gegenstandes für 25 Dollar als *große Mezzie*, wird die Berechtigung dieser Einschätzung bereits durch das Wort in Frage gestellt.[62] Wendet eine Dame, die sich in zweiter Ehe einem pleite gegangenen Backgammonspieler verheiratet hat und dies als *große Mezzie* empfindet, den Ausdruck auf den Ehestand an, geht der Erzähler dazu auf kritische Distanz.[63]

**Mezie**

Das Ironische, das in der Regel mit dem Wort verbunden ist und ins Heitere, sogar ins Unernste umschlagen kann, zeigt sich im Künstlerjargon, mit dem der Tenor und Humorist Leo Slezak seine Leser unterhalten wollte.[64] Werden der Erwerb eines Käsestücks oder der Kauf eines Lüsters zu einem Spottpreis als *Mezie* bezeichnet, wird der banale Vorgang durch den Stilbruch mit einem jüdischen Ausdruck belebt. Bühnenjargon ist es, wenn eine Vorstellung, deren Reingewinn einem Sänger zusätzlich zur Gage ausgezahlt wird, *eine Mezzie allerererster Ordnung* heißt. Dagegen ist Slezaks Plauderei im Radio, daß *Glücksfall – lateinisch – Mezzie* heiße, ein Gag auf der Ebene des Nonsens. Er konnte allerdings nur von denen genossen werden, die es anders wußten.

Karl Kraus hat jüdische Wörter beobachtet und ihre Verwendung im Deutschen getadelt, sich ihrer aber als Mittel des polemischen Ausdrucks gern bedient. Jedoch unterschied er zwischen dem Gebrauch der »jüdischen Ekelworte«, besonders in einem vermuteten antisemitischen Sinne, und seiner Anprangerung dieser Haltung, die sie mit ihren »eigenen Farben« malt.[65] Als in einer Wiener Immobilienannonce ein Stadthaus nahe dem Stephansplatz als *Mezie* angepriesen wurde, die spottbillig zu verkaufen sei, reagierte Kraus mit einer ironischen Glosse. Jüdische Wörter als Ausdruck einer bloß auf den wirtschaftlichen Gewinn gerichteten Gesinnung seien nun nicht mehr nur im redaktionellen Teil des Blattes zu finden, sondern auch in den Anzeigen. Kein Leser frage, *was denn eigentlich eine »Mezie« sei.* Darum könne man feststellen, daß *das Wort »Mezie«* in einer Zeitung, die von Kraus ironisch »Organ der Deutschen in Österreich« genannt wird, »Bürgerrechte erworben« habe.[66] Als etwas »zu einem sehr billigen Preise« gehandelt wird, fügt Kraus kommentierend hinzu: »gleichsam als ›Occasion‹ oder auf deutsch gesagt: als ›Mezzie‹«.[67]

Darunter verstand Kraus eine günstige Gelegenheit auf vielen Gebieten, nicht nur ein preisgünstiges Warenangebot. Beispielsweise bezeichnete er als *Mezzie* das letzte Wort in einer Sache,[68] eine Nachricht, die man nicht erbeten hat,[69] ein Spektakel[70] und sogar die Volksseele.[71] Wie der Polemiker mit dem Wort eine Pointe schaffen konnte, sei an einem Beispiel verdeutlicht. Aus den Zeitungsmeldungen zum Tode Kaiser Franz Josephs hat Kraus auch jene herausgefischt, in der von einem merkwürdigen Zufall berichtet wird. Der Pianist Eugen d'Albert spielte in einem Konzert gerade in dem Moment, da der Kaiser starb, den »Totentanz« von Liszt. Daran knüpfte die Presse die folgende Betrachtung: »Anhänger des Spiritismus werden dem geschilderten Vorfall gewiß mehr Bedeutung zubilligen, als nur ein bloßes Zusammentreffen«. Der Kommentar von Kraus bestand nur aus einem einzigen Satz: »Anhänger der Reklame werden es als Mezzie preisen.«[72]

Was bei Menschen oder Waren eine *Macke* ist, weiß heute jeder. Merkwürdigerweise ist das Wort in der Verkehrssprache jedoch ganz jung. Im Rotwelschen fehlt es in dieser Form und Bedeutung völlig. Nur die Mundarten haben es und beweisen abermals, daß sie die jüdischen Ausdrücke nicht von den Gaunern bezogen, sondern aus dem direkten Kontakt mit Juden entlehnt haben. Im Jid-

**Macke**

dischen hatte *makko*, Plural *makkos*, ursprünglich eine andere Bedeutung und hieß ›Schlag, Stoß, Hieb‹. Bei den deutschen Juden wurde die Bedeutung zusätzlich metonymisch vom Vorgang auf das Ergebnis ausgedehnt, also vom Schlagen auf die Kerbe, die der Schlag verursacht hat. Eine *Macke* war darum auch ein ›Fehler‹ oder ein ›Gebrechen‹. Hatte der Preis einen Fehler, war er nicht zu niedrig, sondern zu hoch. In der jüdischen Kaufmannssprache war *Macke* darum eine ›teure Ware‹.[73]

In der Familiensprache deutscher Juden hatte das Wort für die Mehrzahl zwei verschiedene Formen. Die erste lautete wie im Jiddischen *Mackes* und bedeutete ›Schläge, Prügel‹ und ›Unglück‹. Die zweite, dem Deutschen angenäherte, war *Macken*. Sie wurde benutzt, wenn Fehler oder Schäden gemeint waren. In der jidd. Form und Bedeutung war das Wort bei Gaunern, die Prügel und körperliche Strafen fürchten mußten, sehr bekannt.[74] Sprachen jüdische Viehhändler davon, eine Kuh habe eine *miese Macke*, hieß das, sie habe einen Fehler, der ihren Handelswert herabsetzt. Hieß es jedoch, sie sei eine *Macke*, bedeutete das, daß sie für den Viehhändler ein Unglück war, weil man sie schlecht verkaufen konnte und deshalb im Preis heruntergehen mußte.[75]

Dieser Sprachgebrauch jüdischer Händler hat sich in den Mundarten niedergeschlagen. Dort steht *Macke* für einen Schaden sowohl bei Tieren und Menschen als auch bei Sachen. Bei Mensch und Tier kann die *Macke* körperlich oder geistig sein.[76] In der heutigen Verkehrssprache haben sich zwei Wortbedeutungen herausgebildet. *Macke* heißt demnach bei einem Gegenstand, besonders bei einer Ware, ›Mangel‹ oder ›Defekt‹, bei einem Menschen, seltener bei einem Tier, ›Tick‹ oder ›abnormes Verhalten‹. Dieser Befund wird vom allgegenwärtigen Vorkommen des Ausdrucks bestätigt. In der Produktkritik technischer Geräte gehört *Macke* zur sprachlichen Grundausstattung. Bei einem Test zum Nachrüsten von Autos mit Sonnendächern lautete das Ergebnis: *Keines war ohne »Macken«*.[77]

Auch bei der Partnerwahl findet man das Wort, wenn eigene Schwächen relativiert oder die Eigenheiten des anderen benannt werden sollen. *Hat mein Mann 'ne Sex-Macke*, fragte beispielsweise eine besorgte Ehefrau den Ratgeber einer Tageszeitung.[78] Jedoch besteht bei *Macken* Hoffnung, wie biomedizinische Einsichten glauben machen: »Am Rande der Norm siedeln als unfreiwillige Nachbarn das Besondere, das Seltene, die Macke und der krankhafte Defekt dicht beieinander.«[79] Vielleicht erklärt dies, warum sich ein Bundesminister im Sommer 2001 hinreißen ließ, einem anderen Bundesminister der eigenen Partei nach einigen Eskapaden öffentlich nachzusagen, er habe *eine Macke*.[80] Die Presse fragte dann: *Hat Rudi 'ne Macke?*[81] Der Kollege, der von einer *Macke* gesprochen hatte, nahm das Wort wenig später zurück, aber die Öffentlichkeit vergaß es nicht, und der Stern des Gescholtenen war im Sinken. Es ist eben so, wie es das jiddische Sprichwort derb, aber zutreffend ausdrückt: *A wort ün a forz ken men nit züriknemen.*[82]

Mit der Bedeutung, die *Tinnef* bei Juden und besonders in der jüdischen Handelssprache besaß, wird der Ausdruck von Kurt Tucholsky zur Wiedergabe von Tonfällen aus dem Berlin der 1920er Jahre gebraucht. 1921 läßt er die Freundin eines Berliner Schiebers ihren Schmuck so einschätzen: *Der Stein is Tineff!*[83]

**Tinnef**

1930 greift er zu dem Wort, um den Talmi eines Tombolagewinns auf dem Presseball zu charakterisieren: *einen Bowlenpokal aus Tineff.*[84] Drei Generationen später läßt der Autor eines jüdischen Romans in deutscher Sprache eine Großmutter sich Kleidung für die Enkel wünschen, aber *keinen Tinnef!*[85] Waren, Gegenstände und Angebote werden nun mit dem Ausdruck als geringwertig eingeschätzt. Es gibt den *Jeans-Tinnef* der Schnäppchen-Boutiquen,[86] den *Musical-Tinnef*, der die Besucher mit Ohrwürmern infiziert,[87] und *Blechsarg-Tinnef* in der Wiener Kapuzinergruft.[88] Daß auch ein Mensch mit dem Wort beschimpft werden kann, hat sich Karl Kraus für sein Drama »Die letzten Tage der Menschheit« ausgedacht. In einer furchtbaren Auseinandersetzung schleudert die jüdische Hofrätin Schwarz-Gelber ihrem Gatten den Satz entgegen: »Ohne mich bist du ein Tineff für die Gesellschaft«.[89] In Mundarten und Umgangssprache wird das Wort für ›wertloses Zeug‹[90] und noch genauer für ›minderwertige Ware‹[91] benutzt. Die Gauner haben die jüdische Ursprungsbedeutung ›Unflat‹ in ihrem Rotwelsch bewahrt,[92] Bauern ist sie kaum noch bekannt.[93] Im übertragenen Sinn heißt *Tinnef* in Mundarten und Umgangssprache, aber nicht im Rotwelschen, ›Unsinn‹.[94]

## *Gewinn und Verlust*

Auch von den jidd. Ausdrücken der Gewinn- und Verlustrechnung sind nur wenige ins Deutsche gelangt. Vor allem *Mesummen* und *Moos* für ›Geld‹, *Rebbes* und *Reibach* für ›Gewinn‹ sowie *Pleite* für ›Verlust‹ und ›Konkurs‹ wurden übernommen, wenn auch nicht alle davon in der Verkehrssprache gebraucht werden.

Die jüdische Handelssprache konnte auf diesem Gebiet natürlich mehr benennen, als es die wenigen Zeichen angeben. Beispielsweise war *Chillef* die ›Schuldverschreibung‹, *Hessek* stand für ›Schaden‹ und war ein anderes Wort für ›Verlust‹, *Tauwes* waren ›Guthaben‹, *Chauwes* ›Schulden‹. *Mehr Chauwes wie Tauwes* war eine stehende Redensart, ebenso *er hat Chauwes wie 'n Gerichtsvollzieher.*[95] Eine Kaufmannsregel lautete: *E Soocher* ›ein Kaufmann‹ *ohne Verstand, da liegt der Hessik* ›Verlust‹ *uf der Hand.*[96]

Unermeßlich ist der Wunsch, Geld wortmagisch herbeizwingen zu können. Darum kommen immer wieder neue Ausdrücke auf, die jeweils andere Aspekte der Flüchtigkeit und Unerreichbarkeit des Geldes im Wort festhalten.[97] Mit Anklängen an die Tierwelt heißt es *Eier, Mäuse, Mücken* oder *Kröten.* In *Pulver, Kies* und *Kohle* zeigt sich die unbelebte Natur. *Moneten* ist lateinischen Ursprungs, *Mammon* ist über das Griechische aus dem Aramäischen gekommen, *Zaster* stammt aus dem Zigeunerischen. Das nach dem Muster von *Fuffis* ›Fünfzigmarkscheine‹ und *Hunnis* ›Hundertmarkscheine‹ gebildete jugendsprachliche *Monnis* ist von engl. *money* abgeleitet.[98]

**Mesummen**

In diesem durch zahlreiche Ausdrücke ausgestalteten Wortfeld sind die aus dem Jiddischen stammenden Wörter *Moos* und *Mesummen* eine willkommene Bereicherung. *Moos is die Seele vons Buttageschäft* lautete in einem Berliner Unternehmen der Damenkonfektion der gute Rat, den ein Lehrling 1913 erhielt.[99] In der grotesken Karikatur, mit der die nationalsozialistischen Demagogen ihre Ziele erreichen wollten, wurden Juden Äußerungen wie die folgende in den Mund gelegt: »Bin ich ä Jud – wo werd ich nich haben Moos«.[100] Im Jiddischen ist *moos, mous* der Plural von *moo* ›Pfennig‹; *mesumman* heißt ›bar‹, *moos mesummonim* ›bares Geld‹.[101] In der jüdischen Familiensprache wurde *Moos* auch zweisilbig als *Mo-es* und *Mei-es* ausgesprochen, *Mesummen* mit der Bedeutung ›Bares‹ auch allein für ›Geld‹ gebraucht.[102] In den deutschen Mundarten sind beide Ausdrücke bekannt,[103] ebenso im Rotwelschen,[104] während in die Umgangssprache nur *Moos* übernommen worden ist. Der volksetymologischen Umdeutung von *Moos, Mei-es* zu *Mäuse* entspricht eine ebenso klanglich motivierte Herleitung des Wortes *Mesummen*, das von Juden gelegentlich auch mit dem aus dem Lateinischen entlehnten Fachwort *Summe* in Verbindung gebracht wurde.[105]

*Rebbes* gilt in der Verkehrssprache mittlerweile als veraltetes Synonym zu *Reibach*, für das die Lexikographen als Bedeutung angeben: ›unverhältnismäßig hoher Gewinn bei einem Geschäft, der auch durch Manipulation erzielt worden sein kann‹.[106] In dieser Umschreibung zeigen sich die Vorurteile gegen jüdische Geschäftstätigkeit, wie sie auch in antisemitischen Schriften durch das Wort aufgerufen wurden.[107] Im Jiddischen war *ribbis* ein Wort für ›Interesse, Zins, übermäßiger Zins, Wucher‹. In der jüdischen Familiensprache stand die Einzahl *Rebbes* für ›Interesse‹. Die Mehrzahl *Rebusem, Ribusem* bedeutete in der Handelssprache ›Zinsen‹.[108] Bei den deutschen Bauern, die mit jüdischen Händlern besonders intensiven Kontakt hatten, wurde das Wort meist ohne den antisemitischen Unterton als Bezeichnung von ›Gewinn, Profit‹ verstanden.[109] Im Rheinland wußte man, daß es aus der jüdischen Händlersprache stammt. Dort zeigt sich die Herkunft auch noch in der Bedeutungsangabe ›Profittchen‹, mit der das einerseits Spielerische und andererseits Geringwertige des erzielten Vorteils erkennbar wird.[110] Ein betrügerischer Gewinn hat eine andere Größenordnung als ein Profittchen. *Rebbes machen* war den Bauern als Wendung für ›Gewinn erzielen‹ bekannt, wird aber aus Luxemburg auch für ›unredlichen Gewinn einstecken‹ und aus der Rheinpfalz für ›unterschlagen‹ gemeldet.[111] Das deutet darauf hin, daß der Vorwurf der Unredlichkeit des *Rebbes* zumindest unterschwellig weiter verbreitet war, als es die Wörterbücher haben festhalten können.

**Rebbes**

Von dem bekanntesten jidd. Wort für ›Vorteil‹ und ›Gewinn‹ gibt es im Deutschen verschiedene Formen. Neben *Reibach* war früher die Form *Rebbach* bekannt, die heute noch in Wien als *Rebach* und *Rewach* gebräuchlich ist.[112] *Rewach* und *Reiwach* werden offenbar als mundartlich empfunden wie *hawwe* statt *haben* oder *Schawwes* statt *Schabbes. Rebbach* und *Reibach* mit *-b-* sind hyperkorrekte Formen, mit denen die Sprecher die vermeintlich mundartliche Aussprache im Hochdeutschen richtigstellen wollten. Dabei verweist gerade das *w* im Wortinneren auf das jidd. Wort *rewach*, das neben ›Weite‹ und ›Erleichterung‹ auch ›Vorteil, Gewinn, Interesse‹ und ›Zins‹

**Rebbach**

bedeutet. In der jüdischen Familiensprache wurde es in dieser engeren Bedeutung verwendet. Wie bei *Rebbes* die Mehrzahl *Rebusem* bedeutete auch bei *Reiwach* der Plural *Rewochem* ›Zinsen‹. Ein ›Verdienst durch direkten Weiterverkauf‹ war ein *trokkener Reibach*.[113] In den deutschen Mundarten bedeutet *Reibach* ›Gewinn, Nutzen, Profit‹, weitgehend ohne das leicht Anrüchige, das den Ausdruck in der Verkehrssprache umweht.[114] Auch im Rotwelschen hat er nichts Herabsetzendes an sich.[115] *Reibach machen* bedeutet in Mundarten und Gaunersprache ›Gewinn erzielen‹.

Schriftsteller und Journalisten haben auch mit diesem jidd. Wort ihre Texte gewürzt. In seiner Parodie auf Hebbels »Judith« ließ Nestroy den mesopotamischen Gesandten auf die Frage, wovon die Hebräer lebten, 1849 antworten: »Von Rebach, ihre Nahrung besteht aus Vierteln, aus Achteln und aus Sechzehnteln. Auch saugen sie aus allem möglichen Perzente.«[116] Mit seinen Äußerungen gibt der Gesandte volksläufige Ansichten über die Juden wieder. Sie würden Künste und Wissenschaften lieben, verachteten dagegen Ackerbau und Handwerk. Ihren Lebensunterhalt würden sie durch Handel bestreiten, der vor allem als Geld- und Börsenhandel verstanden wird, in dem sich mit Glück besonders viel Gewinn erzielen läßt. Was Nestroy hier noch satirisch der Lächerlichkeit preisgibt, wird wenig später die Grundlage antisemitischer Agitation und gibt dem *Rebbach* den Ruch des Unanständigen und Unerlaubten.

Mit diesem Beiklang verwendet Karl Kraus das Wort, wenn von einem *kleineren, großen* oder von einem *kolossalen Rebbach* die Rede ist.[117] Der *Rebbach* stellt für Kraus eine Steigerung dar, wenn es heißt, daß Lumpen bestrebt seien, *ein Geschäft, unter Umständen sogar einen Rebbach* zu machen.[118] Materieller Vorteil ist dem Wortlaut nach *richtig mit dem Worte »Rebbach« zu übersetzen*.[119] Es erscheint in der »Fackel«, wenn unseriöses Profitstreben und der Verlust moralischer Werte angeprangert werden sollen.

Streben nach *Rebbach* hält Kraus für ein gesellschaftliches Phänomen, das sich zu einem Problem des deutschen Geisteslebens entwickelt habe.[120] In zeitkritischen Strophen, die er einem Couplet von Nestroy hinzufügt, fragt Kraus 1926, wie sich ein Wunder noch einstellen könne, da alles schon erklärt sei, und gibt dafür ein Beispiel: »Manchmal läßt sich zwar ein Fakir noch lebendig begraben; / Aber er wird dabei, denk' ich, seinen Rebbach schon haben.«[121] Dennoch kämpft Kraus lebenslang gegen *Lug und Phrasentrug, der den Rebbach maskieren soll*,[122] und gegen den Antisemitismus. 1900 spürte er ihn sogar in einer gymnasialen Rechenstunde auf, als sich ein Schüler über die folgende Aufgabe beklagte: *Die wievielte Permutation von Bacher ist Rebach?*[123] Was hier als rein mathematisches Problem erscheint, ist in Wirklichkeit ein Wortspiel mit dem Namen *Bacher*, hinter dem unausgesprochen der Vorwurf unsauberer Geschäftspraktiken aufscheint. So offen konnte antisemitische Gesinnung damals in Wien zur Schau gestellt werden.

Wie andere Jiddismen war auch *Rebbach* nach 1945 weitgehend aus der deutschen Verkehrssprache verschwunden. Erst nach 1968 kehrte das Wort im Zuge schärferer politischer Auseinandersetzungen und verstärkter Kapitalismuskritik als *Reibach* zurück und wurde so von der Presse aufgegriffen.[124] Wieder einmal entfiel nun bei einem aus dem Jiddischen stammenden Wort der Verweis auf das Jüdische, während das Anrüchige, das mit ihm ausgedrückt worden war, erhalten blieb. Daß eine Annonce 1984 davon sprach, ein Schwarzarbeiter habe es auf *monatlichen Reibach* abgesehen, wurde wegen des früheren antisemitischen Wortgebrauchs als unbedachte Äußerung kritisiert.[125] Das verhinderte aber nicht, daß *Reibach* als klangvolles Wort für ›Einnahme, Gewinn‹ und ›Profit‹ reaktiviert wurde. Anders als früher wurde der *Reibach* nun gesellschaftsfähig. Von einem *guten Reibach*[126] hätte man früher nicht gesprochen. Ein *schöner Reibach*[127] und ein *Riesenreibach*[128] gelten fast schon als erstrebenswert.

**Reibach**

Die jüdische Bezeichnung für ›wirtschaftlichen Zusammenbruch‹ ist *Mechulle*. Blumenfeld nennt sie in einer Reihe von ähnlichen Ausdrücken: »Das Allerschlimmste, die Pleite, Mechulle, der Bankrott, der Konkurs, wurde vermieden.«[129] Das Wort gehört zu jidd. *mechalle sein* ›vollenden, beseitigen, verderben‹ und *mechulle werden* ›verderben, zugrundegehen‹.[130] In der Alltagssprache der deutschen Juden waren das Adjektiv *mechulle* ›bankrott‹ und das entsprechende Substantiv gebräuchlich.[131] Die Formulierung *Kriekt des Unglick, un alle Machulle dozu* ist 1897 aus Frankfurt am Main überliefert und gibt die damalige jü-

**Mechulle**

dische Ausdrucksweise wieder.[132] In den Mundarten und im Rotwelschen kommt der Ausdruck als Substantiv fast gar nicht vor. Pfälzer Händler aus der Gegend von Türkheim benutzten ihn aber als *Machulle* in ihrer stark von jüdischen Ausdrücken durchsetzten Krämersprache.[133] Ob das Wort in der deutschen Umgangssprache wirklich gebräuchlich war, ist fraglich.[134] Weil das Insolvenzrecht früher bei Zahlungsunfähigkeit noch gravierendere Folgen mit sich brachte als heute, war jedermann bestrebt, einen eingetretenen wirtschaftlichen Ruin nicht an die große Glocke zu hängen. Das ist vielleicht der Grund, warum das jüdische Wort für ›Pleite‹ nicht ins Deutsche übertragen worden ist.

**Pleite**

Wie *Mechulle* ist auch *Pleite* jidd. Herkunft. Das Wort ist so stark in die deutsche Sprache integriert, daß es nicht mehr als jüdisch empfunden wird. Jidd. *pleto* stand für ›Flucht, Entrinnen‹ und für ›Bankrott‹.[135] Schenkt man der Bedeutungsentwicklung Glauben, kam es offenbar häufig vor, daß sich ein Gläubiger, der zahlungsunfähig geworden war, dem drohenden Schuldturm durch die Flucht entzog. Von Richard Wagner ist dies ja bekannt. Darum wurde das jüdische Wort für ›Flucht‹ auch als Bezeichnung für ›Bankrott‹ verwendet. Juden gebrauchten es zunächst in einer Lautform, die dem jidd. *pleto* entsprach, 1766 in Frankfurt als *Plette* mit der ausdrücklichen Bedeutungsangabe ›Banquerot‹,[136] 1910 noch als *Plete* in der Formulierung *er hat Plete gemacht.*[137] Im Deutschen ist diese Form nur ganz vereinzelt bewahrt,[138] sonst lautet der Ausdruck *Pleite.*

Im Berlinischen und im Rotwelschen hat sich die alte jidd. Bedeutung ›Flucht‹ erhalten.[139] In einer Quelle aus dem Jahr 1822 wird für *Plethe* sogar die Bedeutung ›Freiheit‹ angegeben.[140] Das ist ganz verständlich, weil einem flüchtigen Schuldner bei Ergreifung Gefängnis drohte. Dem suchte man sich durch Flucht zu entziehen. *Pleite* steht überall, in den Mundarten wie in der Verkehrssprache, für ›Zahlungsunfähigkeit, Bankrott‹. Allerdings wird der Ausdruck bis in die Gegenwart auch für viele andere Mißerfolge, Reinfälle, Niederlagen und Zusammenbrüche verwendet. Im Feuilleton kann nahezu alles als *Pleite* bezeichnet werden, ein Buch, eine Theateraufführung, eine Ausstellung oder ein Gedicht. Karl Kraus unterschied die *geistige* von der *moralischen Pleite*[141] und die *materielle* von der *intellektuellen.*[142] *Pleite* ist ein Ausdruck, der zu Experimenten mit dem Sprachklang einlädt. Dann ist von *Pofel und Pleite* die Rede,[143] vom *Phönix der Pleite*[144] oder von *Pestilenz und Pleite*.[145] Außer wirtschaftlichem Ruin und kulturellen Enttäuschungen bezeichnete *Pleite* nach dem Ersten Weltkrieg vor allem den politischen Zusammenbruch. Joseph Roth sprach am 1. August 1919 vom *Pleitegang der Staaten*.[146] Robert Neumann erinnerte sich, bereits 1944 hätten einzelne *die Pleite* kommen sehen.[147] Nach 1945 benutzte man für die bedingungslose Kapitulation dann nicht den Ausdruck *Pleite*, sondern sprach vom *Zusammenbruch*. Eine ab 1919 erscheinende Zeitschrift, die sich 1924 als »Satirisches Kampfblatt« bezeichnete, trug den Titel »Die Pleite«.[148] Wie früher das Feuilleton hat heute die Sportpresse den Ausdruck entdeckt und ins Herz geschlossen. Eignet er sich doch vorzüglich dazu, enttäuschte Erwartungen zu bezeichnen. *Trauerspiel, Katastrophe, Demontage, Pleite* sind Ausdrücke, die einem Reporter zu Gebote stehen, wenn eine deftige Niederlage im Fußball kommentiert werden muß.[149] Manchmal reichen schon ein Unentschieden oder ein knapper Sieg, um das Wort zu bemühen. Noch immer spielt das Klangliche eine große Rolle, nicht nur bei *Pleiten, Pech und Pannen*.[150]

**Pleitegeier**

Wie der *Medinegeier* oder der *Dorfgeher* war der *Pleitegeier* zu Fuß unterwegs. Während *Medinegeier* und *Dorfgeher* den Hausierer meinten, befand sich der *Pleitegeier* auf der Flucht. Für Juden war das ganz klar. Nichtjuden deuteten sich den Ausdruck volksetymologisch zum Symboltier um, das den drohenden Bankrott anzeigt. Als *Pleitegeier* wurden auch Reichsadler und Bundesadler bezeichnet.[151] Im Zweiten Weltkrieg wurde sogar ein Uniformdetail, vielleicht eine Auszeichnung, so genannt: »ein Hauptmann, 2 Feldgendarmen (›mit dem Pleitegeier um den Hals‹)«.[152]

## 4. Schicksalhaftes

Für die Juden, lange Zeit ein Volk ohne eigenes Territorium und ohne staatliche Macht, galt, was heute für ein Volk ohne Bodenschätze grundlegend ist: Sein einziger Reichtum ist Begabung und Befähigung seiner Menschen. Entsprechend bedeutsam sind die Ausdrücke der jidd. Sprache, die Anlagen und Fähigkeiten, Handlungen und Tätigkeiten bezeichnen. Klugheit und Kraft, Geist und Witz, Anmut und Geschmack standen in hohem Ansehen, seitdem man gelernt hatte, auch übermächtigen Gegnern standzuhalten und sogar wie David gegen Goliath zu obsiegen. Eine ganze Reihe dieser Wörter sind aus dem Jiddischen in der Alltagssprache der deutschen Juden weitergenutzt worden. Ins Rotwelsche, in die deutschen Mundarten, die Umgangssprachen und die Hochsprache sind sie in ganz verschiedenem Maße übernommen worden. Manche sind dort nahezu unbekannt, andere werden sehr häufig gebraucht. Das gilt auch für Ausdrücke, mit denen Glück und Unglück, Erfolg und Mißerfolg bezeichnet werden. Auch sie sind ins Deutsche übernommen worden.

### *Klugheit*

**Chochme**

*Chochme* war bei den deutschen Juden das wichtigste Wort für ›Klugheit‹. Es gehört zu einer jidd. Wortfamilie, der die Ausdrücke *chochom* ›klug, weise‹ und *chochom* ›der Weise, Kluge, Gelehrte‹ angehören, ferner *chochemte* ›die Kluge, Weise‹ und *chochmah* ›Weisheit‹.[1] Als Ausdruck des jüdischen Spracherbes bedeutete *Chochme* neben ›Weisheit, Klugheit‹ auch ›kluger Ausspruch, kluge Tat‹.[2] In dieser Form und Bedeutung wurde und wird es in der deutschen Sprache gebraucht. »Was nützt uns die Chochme, wo die Narrischkeit gilt«, fragte Louis Böhm 1910.[3] Der Satz hat nichts von seiner überzeitlichen Bedeutung eingebüßt. »Von solchen Chochmes wird man irre im Kopf«, schrieb Rafael Seligmann 1997 im Roman »Der Musterjude«,[4] und Jan Koneffke erinnerte im Jahr 2000 an *Masses und Chochmes* ›Geschichten und Weisheiten‹. Der Zwillingsausdruck fand auch als Titel von Anekdoten und Witzen Verwendung[5] und lebt davon, daß *Chochmes* im übertragenen Sinn auch ›Dummheiten‹ meint.[6] Eine wird von Koneffke zitiert: »Sagt Moische: Ich spreche siebzehn Sprachen. Alle in Jiddisch.«[7]

Um die Verwendung dieses Ausdrucks, der sich seltener als andere in die deutsche Literatur gerettet hat, genauer abzustekken, muß auf eine Besonderheit hingewiesen werden. Er wurde nämlich in mindestens der Hälfte aller Fälle ironisch gebraucht und besagte dann genau das Gegenteil von dem, was er nach seiner Herkunft aus der Wortfamilie *chochem* ›klug‹ eigentlich hätte ausdrücken sollen. *Chochme!* war ein Ausruf, bei dem man deutlich zu erkennen gab, was man von einer Sache hielt.[8] *Große Chochme!* war eine Steigerung dieses ironischen Kommentars, und *Auch 'ne Chochme!* wirkte wie Heinz Erhardts unvergessene Ankündigung »Noch 'n Gedicht«. *Er hat immer neue Chochmes* und *er bemacht sich mit der Chochme* lauteten Urteile über jemanden, der nicht als weise, sondern als dumm eingeschätzt wird. In Frankfurt am Main war das Wort bekannt, bei Nichtjuden aber offenbar wenig gebräuchlich. Trotzdem ist noch 1941 die Frage *wo hast de die Chochme her* festgehalten worden.[9] Sie könnte ›wo hast du denn diese Weisheit her‹ bedeutet haben, aber auch das Gegenteil, nämlich ›wo hast du denn den Schwachsinn her‹.

Wenn Ausdrücke in Redensarten und Sprichwörtern vorkommen, besetzen sie stets einen wichtigen Platz in der Sprache. Auf die heiligen Schriften wird die *Chochme* in folgendem Sprichwort bezogen: *Wo Toore* ›Tora, Lehre‹ *is, is Chochme.*[10] Ernsthaft und auch ironisch konnte der Ausruf gemeint sein, wenn man über jemanden sagte: *Der besitzt Chochmes Schloome!* ›die Weisheit Salomos‹.[11] Neben König Salomo wurde auch ein griechischer Philosoph bemüht. Der Satz *So is mir noch kaan Kind vorkommen, es hat die Chochme von Aristoteles* bedeutete, daß es als sehr klug eingeschätzt wurde.[12] Schließlich war der Ausruf *Die Chochme guckt ihm aus dem Ponim* ›Gesicht‹ *heraus* ein zweischneidiges Schwert.[13] Er stellte auf der ersten Bedeutungsebene ein Lob der

Klugheit dar, auf der zweiten, ironischen das Gegenteil. Da der Ausruf als feste Wendung aber auf dem Hintergrund der Äußerung *Die Dummheit liegt ihm auf dem Gesicht* zu verstehen war, mußte man denken, er sei ernsthaft gemeint. Man konnte ihn darum so und anders verstehen.

## *Verstand*

**Sechel, Seichel**

Im Gegensatz zu *Chochme* wurde *Sechel, Seichel* ›Verstand, Intelligenz‹ nicht vorwiegend ironisch gebraucht.[14] Die Gaben, die jidd. *sechel* bezeichnete, werden mit ›Verstand, Einsicht, List‹ und ›Glück‹ umschrieben.[15] Der jüdische Winkeladvokat Wolff Maas, der für Goethes Onkel Johann Jost Textor tätig war und wohl den Verkehr mit dessen jüdischen Klienten besorgte, schrieb 1766 in einem Gedicht zu Textors Hochzeit, der angesehene Advokat habe seinen jüdischen Auftraggebern manch schönes Sümmchen eingebracht: *Manchen Chilluff* ›Wechselbrief‹ *manche Mume* ›Geld‹ */ Hat sein Segel uns gespart.*[16] Um die als mundartlich empfundene Form *Sechel* zu korrigieren, hat Maas *Segel* geschrieben. 1941 wurde die Korrektur von *Sechel* zu *Segel* in der umgekehrten Richtung vollzogen, als ein Frankfurter in einem Wortspiel mit dem Wort *Segeltuch* sagte, *der hat kaa Secheltuch*, und meinte, er habe ›keinen Verstand‹.[17] Zugleich wurde festgehalten, daß *Sechel* ein in jüdischen Kreisen sehr gebräuchlicher Ausdruck sei.

Neben *Sechel* und *Seichel* wurde das Wort von Juden auch *Zeichel* ausgesprochen.[18] Es handelt sich dabei um eine typische Veränderung, die auch in anderen Wörtern vorkommt. Aus jidd. *soph* ›Ende‹ wird bei deutschen Juden *Soff* und *Zoff*, aus jidd. *sus* ›Pferd‹ wird *Suss, Zuss* und *Zossen*.[19] Typische Floskeln waren *der hat Seichel* und *viel Seichel hat er nicht*.[20] Redensarten schlagen heftig in diese Kerbe. *Der hot sein' Seechel mit eingepackt*, sagte man über einen Mann, der sich auf Reisen ungeschickt anstellte.[21] Zu Damen war man wenig galant, wenn man ihnen einen *Kih-Seechel* ›Kuh-Verstand‹ bescheinigte. Tendlau meinte, daß damit sexuelle Triebhaftigkeit bezeichnet werde.[22] Ein Tadel lautete: *viel Schmeechel* ›Lachen‹, *wenig Seechel*.[23] Schließlich bedeutete *Seinen Seechel für*

*Bruch* ›Bruchsilber‹ *weggebe'*, seinen Verstand für wertloses Zeug zu opfern. Mit diesem Satz machte man sich Luft, wenn man einen Dummkopf oder Ignoranten belehrt, also *Perlen vor die Säue* geworfen hatte.[24]

Als eine jüdische Familie, die in Frankfurt geblieben war und dort den nationalsozialistischen Terror überlebte, einen sogenannten Ariernachweis benötigte, erklärte der Sohn seiner Mutter, was ein Stammbaum sei, und »schon setzte sie sich hin und malte einen«. Das sieht Valentin Senger, der alles miterlebt hat, als ein Beispiel für *Sechel* an. Was den wichtigen, kaum übersetzbaren Begriff des Jiddischen ausmacht, beschreibt er so: »Es ist Intelligenz und Verstand. Aber nicht nur das. Es ist Verstand mit Witz und Esprit«.[25] Die Frankfurter hätte die Sache mit dem Stammbaum nicht gewundert. Sie sagten in solchen Fällen, *zu so was muß mer Sechel hawwe.*[26] Auch der jüdische Verfasser einer Parodie im jüdisch-wienerischen Dialekt hätte sich diesen Vorgang leicht erklären können: *alle Jüden ham doch an Sechel.*[27] Karl Kraus ging wieder einmal heftig mit dem Wort um, als er einem christlichen Journalisten, der bei einer jüdisch geführten Zeitung tätig war und den Redaktionsjargon in seine Artikel trug, bescheinigte, daß er zugleich *Grütze und »Sechel«* habe. Das sei »wohl schon die äußerste Perversität«.[28]

## *Angst und Furcht*

Anders als die Bezeichnungen für Anmut, Charme oder Geist sind die jidd. Wörter für Angst und Furcht in die Mundarten und ins Rotwelsche übernommen worden. In Darmstadt hieß es: *Der hot Ehme wie en Juddebub.*[29] Hinter mundartlichen Lautformen wie *Aime, Eime, Ähme, Öhme* oder *Ime* ist das jidd. Wort *emo*

**Ehme, Eime**

›Furcht‹[30] nicht leicht zu erkennen.[31] Außer für ›Angst‹ und ›Furcht‹ wurden die darauf zurückgehenden Mundartausdrücke auch für ›schlechte Ahnung, Abscheu‹ und ›Zorn‹ gebraucht.[32] Das Wort kam als *Eime* im Wortschatz deutscher Juden vor, wurde aber weitaus seltener gebraucht als das gleichbedeutende *More, Maure, Moire.* Dieser Ausdruck gehörte auch der historischen deutschen Studentensprache an.[33]

Vielleicht haben die Studenten die Pluralformen des jidd. Wortes *Mores* ›Ängste‹ und des lat. Wortes *Mores* ›Sitten‹ nicht auseinanderhalten können.

Daß auch diese Ausdrücke zum jüdischen Vokabular gehörten, kann ganz verschiedenen Quellen entnommen werden. Sie belegen das Wort in der westjidd. Form als *Maure*[34] und in der ostjiddischen Form als *Moire*. So hat es Victor Klemperer während der Dresdner Internierung von Ostjuden gehört. Im Tagebucheintrag vom 10. Juni 1944 haben auch Erfahrungen mit ostjüdischen Leidensgenossen ihren Niederschlag gefunden: »Was hier noch an Judenheit existiert, besteht aus Klatsch und Moire zu gleichen Teilen.«[35] Robert Neumann hat ein Bonmot von La Bruyère in einen jüdischen Witz übersetzt. Es lautet: »Ein wenig mehr Zucker im Urin, und der Freigeist geht in die Messe.« Als jüdischer Witz klingt es so: »Die chemische Zusammensetzung des Juden ist: 50% Chuzpe, 48% Moire und 2% Zucker. Steigt aber der Zucker von 2% auf 3%, so verwandelt sich die ganze Chuzpe in Moire und die Formel lautet dann nur mehr: 97% Moire und 3% Zucker.«[36] Die Angst wird übermächtig, wenn sich die Verhältnisse nur ein wenig zum Schlechteren wenden.

**More, Maure, Moire**

## *Mitleid und Erbarmen*

Wohltätigkeit ist ein Grundzug des jüdischen Lebens. Mit *Rachmones*, jidd. *rachmonus*, bezeichneten die deutschen Juden ›Barmherzigkeit‹ und ›Mitleid‹,[37] aber auch das ›Elend‹, dem die menschliche Zuwendung gilt, und den Menschen in solch erbärmlichem Zustand.[38] *Rachmones haben* hieß ›Mitleid haben‹. *Rachmones sein* bedeutete, ein bedauernswerter Mensch zu sein. *Ich kann das Rachmones nit sehen*, sagte man im 19. Jh., um zum Ausdruck zu bringen, daß Hilfe dringend nötig sei.[39] Die Formulierung *Ich kann den Rachmones nicht mehr sehen* hat Weinberg 1969 festgehalten.[40] Mit dem Satz *Laß mir mein Ruh mit dem Goj* ›Nichtjuden‹ *sein Rachmones* brachten Juden zum Ausdruck, daß die christliche Barmherzigkeit mit der jüdischen Mildtätigkeit keinen Vergleich aushalten könne.[41]

**Rachmones**

Die Klage über nachlassende Spendenbereitschaft wurde in eine rhetorische Frage gekleidet. Auf die Feststellung *mer hört nix Gut's mehr* ›man hört nichts Gutes mehr‹ folgte oft der Satz: *Wer gibt Aam Rachmones* ›wer läßt einem Barmherzigkeit zuteil werden‹?[42]

Wie sie im jüdischen Leben noch unter schwierigsten Verhältnissen geübt wurde, zeigen Bemerkungen aus der Zeit der Verfolgung. Als die Dresdner jüdische Gemeinde im November 1942 von den Nationalsozialisten verpflichtet wurde, Personal einzusparen, mußte der Gemeindeschwester gekündigt werden. Durch den Verlust der Anstellung entfiel der vorläufige Schutz vor Deportation. Um die Frau nicht ins Bodenlose abstürzen zu lassen, wurde ihr eine *Rachmonesstellung* mit einem Teilzeitvertrag belassen.[43] Wie sehr *Rachmones* zum jüdischen Leben gehört, zeigt sich in Privatbriefen Georg Hermanns. 1936 berichtete er, er lasse seine Haushaltshilfe nebst Anhang *aus Rachmonis* bei sich essen, werde aber »vielleicht dieses Rachmonis nicht lange mehr durchführen können«.[44] 1940 heißt es, er habe *Rachmonismieter* gehabt, drei Untermieter, von denen er statt Miete nur ein Trinkgeld bekommen habe, für die aber gleichwohl »turmhohe Gasrechnungen« zu bezahlen waren.[45]

Diese tätige Nächstenliebe vertrug zwar keinen Scherz mit dem Entsetzen, wohl aber mit dem Wort *Rachmones*. Einer Anekdote zufolge hatte ein Jude namens Eliah in Frankfurt den geflügelten Ausdruck *Ich kann das Rachmones nit sehen* wörtlich genommen und den Armen deshalb verbieten wollen, sich bei der Synagoge um Almosen anzustellen. Er könne das Elend nicht mehr sehen. Juden nannten dieses Verhalten daraufhin *Eeljes Rachmones* ›Erbarmen nach Art des Eliah‹.[46] Vielleicht deshalb verstanden die Hessen unter *Rachmones* nicht einen bedauernswerten, sondern einen hartherzigen Menschen. Jedenfalls ist das aus einer Bedeutung zu schließen, die sich im Dialekt erhalten hat. *Rachmones* gilt nämlich als Bezeichnung für einen ›Geizhals‹.[47] In Unkenntnis der jüdischen Pflicht zur Barmherzigkeit und Mildtätigkeit interpretierten nichtjüdische Lexikographen aufgrund der ironisch-scherzhaften Wortauslegung in der Frankfurter Anekdote *Rachmones* als ›zwielichtig-doppelbödiges barmherziges Verhalten‹.[48] Wegen solcher Mißverständ-

**Eeljes Rachmones**

nisse steht in einem Wörterbuch der deutschen Umgangssprache, *Rachmones machen* bedeute ›jammern‹.[49]

Louis Böhm konnte in Kreisen jüdischer Geselligkeit auf allgemeine Zustimmung rechnen, wenn er eine Satire mit den folgenden Worten ausklingen ließ: »Denn mit einem Schaute [›Narr‹], wie du einer bist, / Da hab ich das größte Rachmones.«[50] Karl Kraus ließ dem als Schriftsteller mit großem Kassenerfolg dilettierenden Sänger Leo Slezak Geblödel mit jüdischen Wörtern nicht durchgehen, auch nicht die Bemerkung, er sei auf *Rachmone* des Redakteurs angewiesen, falls der eingesandte Text nicht gefalle. Darum zog Kraus gegen Slezak und dessen Gebrauch der jüdischen Ausdrücke zu Felde.[51] Sammy Gronemann hat einen Vorfall erzählt, der sich kurz nach 1900 auf einer zionistischen Versammlung in Berlin abgespielt hat. Dort langweilte ein Referent seine Zuhörer, die eine Ansprache von Theodor Herzl erwarteten, mit Gemeinplätzen wie diesem: »Zwei Worte sind es, die sich durch die Jahrhunderte des jüdischen Galuth [›Diaspora‹] hindurchziehen, das sind die Worte ›nebbich‹ und ›Rachmones‹«. Das ließ einen Korreferenten nicht ruhen. Er kommentierte die Ausführungen seines Vorredners mit einem dritten Ausdruck: *Stuß*.[52]

## *Arbeit*

**Maloche, Meloche**

Die Wortfamilie *Maloche* wird mit den Wörtern *malochen, Malocher* und *Maloche* von der ganzen Sprachgemeinschaft, von den Auszubildenden bis zum Bundeskanzler, so selbstverständlich gebraucht, daß über ihre Verwendung und Bedeutung hier kaum etwas gesagt werden muß. Daß diese Wörter aus dem Jiddischen ins Deutsche gekommen sind, ist heute schon mehr bekannt als früher. Dagegen weiß man weniger, was sich für Juden mit dem Begriff *Maloche, Meloche* verbindet. Darum soll hier das Augenmerk vorwiegend auf den jüdischen Gebrauch des Wortes gerichtet werden.

Arbeit ist im Judentum Pflicht. Sechs Tage sollst du arbeiten, lautet das Gebot, am siebten sollst du ruhn.[53] Das Verbot der Arbeit am Sabbat und an Festtagen dient dem Bedürfnis, auszuruhen und wieder Kraft zu schöpfen. Die Ausgestaltung dieser bereits in den Zehn Geboten enthaltenen Weisung seit biblischer Zeit ist deutlich sozialpolitisch geprägt. Aus heutiger Sicht war die Durchsetzung eines Ruhegebots am Sabbat, das jedermann betraf, eine große sozialpolitische Leistung. Um die Ausführungsbestimmungen wurde lange gerungen. Die talmudische Ausgestaltung orientierte sich daran, daß alle Arbeiten, die für den Bau und Betrieb der Stiftshütte notwendig waren oder von ihnen abgeleitet werden können, am Sabbat verboten sind.

Der Grundgedanke ist dabei, daß am Sabbat alle Arbeiten untersagt sind, mit denen etwas Neues hergestellt wird. So darf ein vom Vortag noch brennendes Feuer zum Wärmen und zur Beleuchtung benutzt werden, aber nicht zum Kochen von Speisen aus rohen Zutaten. Durch diese und andere Einzelvorschriften wird die Befolgung des generellen Arbeitsverbots erzwungen und damit die allgemeine Ruhe als Voraussetzung für Arbeit durchgesetzt. Die Regelung, die ihrer Zeit weit voraus war, griff wegen vieler Einzelregelungen stark in den jüdischen Alltag ein. Darum ist der Begriff »Arbeit« zunächst einmal religiös besetzt. Aschkenas. hebr. *melocho, meloche* heißt ›Werk, Arbeit, Werkverrichtung‹, besonders im Hinblick auf das Arbeitsverbot für den Sabbat und die Festtage.[54]

Das jidd. Wort *melocho* ›Arbeit, Werk‹[55] ist als *Meloche*, Mehrzahl *Meloches*, in die Alltagssprache der deutschen Juden übernommen worden.[56] Daneben kam auch schon die Form *Maloche* vor. Die unterschiedlichen Vokale am Wortanfang sind eine Folge der hebr. Sprachstruktur. Das Schwa als Murmellaut mußte im Deutschen vokalisiert werden, wozu sich das *e* anbietet. Manche Autoren wie Ed. Naschér haben es vorgezogen, den Schwa-Laut durch Apostroph auszudrücken. *Melocho* wird dann *M'locho* geschrieben.[57] Im Sprichwort *Meloche is Broche* ›Segen‹[58] kommt der religiöse Gehalt des Begriffs »Arbeit« im Judentum zum Ausdruck. Erfahrungen aus der Lebenspraxis sagen allerdings etwas anderes: *Viel Meloche un wenig Broche.*[59]

Für den Gebrauch der Wortfamilie *Maloche* im Deutschen sind verschiedene Faktoren maßgeblich. Die Wörter sind in den Mundarten weit verbreitet.[60] Im Rotwelschen kommen sie seit der Mitte des 18. Jh.s mit den üblichen Sonderbedeutungen vor.[61] *Malochen* bedeutet 1750 ›schreiben‹, eine Tätigkeit, die unter Gaunern damals harte Arbeit war.[62] Der Schreiber, der falsche Pässe anfertigt, wurde zur selben Zeit als *linker Malocher* bezeichnet. In der Arbeitswelt verband man die Ausdrücke früher regional mit dem Ruhrgebiet und sozial mit dem Bergmann.[63] Heute bekennt sich jedermann zur *Maloche*. Politiker ziehen sich bei Werksbesuchen einen Schutzhelm auf und sprechen von *Maloche*. Direkt nach der Bundestagswahl, durch die er sein Amt verlor, antwortete der Arbeitsminister Norbert Blüm auf die Frage, wie es weitergehe: »Ich werd nicht mehr als 16 Stunden malochen«.[64] Damit hatte er noch einmal bewiesen, daß er den Ton der Industriearbeiter zu treffen weiß. Der neue Bundeskanzler Gerhard Schröder erhob das Wort *Maloche* am 10. November 1998 im Deutschen Bundestag mit der Regierungserklärung in den sprachlichen Adelsstand: »Wir werden uns von der Vorstellung trennen müssen, nur die in der unmittelbaren Produktion erbrachte körperliche ›Maloche‹ oder der Dienst im Büroalltag seien wirkliche Arbeit.«[65]

Die Presse greift zum Wort *Maloche*, weil die Texte dadurch prägnant und farbig werden. In der Unterhaltungsbranche, ob Showgeschäft oder Sport, wird es gebraucht, um die Ernsthaftigkeit des Tuns zu betonen. Dann ist von *Muskelkraft und Maloche* die Rede.[66] Ein Theater spielt *»Minne, Mangel und Maloche«*,[67] ein Jugendcamp bietet *Multikulti-Maloche im Urlaub*,[68] der Sieg in einem Sportwettkampf wird als *Maloche mit Mehrwert* bezeichnet,[69] und die Chefs einer Gemeindeverwaltung betreiben Mitarbeiter-Motivation, indem sie *bei der Maloche* auf dem Bauhof helfen.[70] Es ist deutlich zu sehen, wie sehr das aus dem Jiddischen stammende Wort nicht zuletzt dem sprachlichen Wohlklang dient.

## *Glück und Unglück*

*Massel* und *Schlamassel*, ein Zwillingspaar des deutschen Wortschatzes, bezeichnen Glück und Unglück. *Massel* ›Glück‹ ist auf jidd. *masol* ›Gestirn, Stern, Planet, Himmelszeichen, Glücksstern, Glück‹ zurückzuführen.[71] *Schlamassel* ›Pech, Unglück‹ wird meist von jidd. *schlimm-masol* ›Schlimmassel, schlimmer Stern, Unstern, Unglück‹ abgeleitet,[72] doch sind auch andere Herleitungen erwogen worden.[73] Im Deutschen wird das Wort gewöhnlich *Massel* geschrieben. Es kommen aber auch andere Formen vor. *Masel* mit einem *s* schrieb Stefan Heym.[74] So gebrauchte es auch Valentin Senger, der aber *Schlamassel* im selben Atemzug mit *ss* wiedergab.[75] Die Form *Masl* wählte Rafael Seligmann, während Robert Menasse das Wort in *Mazeltov* sogar mit *z* gebrauchte.[76] Der Grund für diese Unterschiede liegt im jidd. Wort, das mit stimmhaftem *s* gesprochen wird, das deutsche *Massel* dagegen mit stimmlosem *s*. Wer also den jüdischen Sprachgebrauch wiedergeben will, wählt dazu eine Form, die die Aussprache möglichst genau bezeichnet. Mit *Masel* meint Senger das jiddisch gefärbte Deutsch der Mutter, mit *Massel* im Wort *Schlamassel* dagegen seine eigene deutsche Redeweise.

**Massel**

*Massel* wird in Redensarten und Sprichwörtern beschworen. Mit *Viel Massel's!* wünschte man im 19. Jh. Glück.[77] Wie man sich verhalten soll, wenn das Glück an die Tür klopft, sagt das folgende Sprichwort: *Wenn's Massel kummt, soll mer 'm 'nen Stuhl stelle'!*[78] Daß man das Glück nicht zwingen kann, besagt die Wendung *Wenn's Massel nit will!*, die mit ›hilft alles nichts‹ zu vervollständigen ist.[79] Gemeint ist damit, daß das Glück in Gottes Hand liegt. *Der Narr hot's Massel!* ist eine jüdische Variante der Wendung *mehr Glück als Verstand*, die Stefanie Zweig als *mehr Massel als Verstand* ins Jüdische rückübersetzt hat.[80] Zu wem sich das Glück nach Meinung der Benachteiligten wendet, drückt das Sprichwort *Er hot's Massel vom Goj!* aus.[81] Mit *Goj* kann hier der Nichtjude, aber auch der nicht religiös eingestellte Jude gemeint sein. *Je größer der Goj, je größer das Massel* gibt eine bittere Einsicht wieder.[82] Mit dem Satz *Red' Du vom Goj sein' Massel!* drückte man aus, daß man sich über dieses Glück nicht zu wundern brauche.[83] Daß Glück immer dazugehört, sagt das Sprichwort: *Zum Schnorre'-gehn gehört aach Massel!*[84] Das waren die Erfahrungen derjenigen, die von der Mildtätigkeit der Wohlhabenderen leben mußten. Daß nichts unmöglich ist, weiß nicht nur die Automobilwerbung, sondern auch das jüdische Sprichwort: *Wenn's Massel will, kalbt der Ochs.*[85] Eine andere Form dieses Ausspruchs lautet: Wer nicht an Wunder glaubt, ist kein Realist.

**Der Narr hot's Massel**

*Massel und Broche* war eine stehende Wendung, mit der Glück und Segen herbeigewünscht wurden. *Massel und Broche* mit der

Ergänzung *für die ganze Mischpoche* ›Familie‹ wurde oft auch ironisch gebraucht.[86] Wenn bei einer Verlobung ein Glas zerbrochen und dazu *Massel und Broche* gewünscht wurde, war das gewiß immer aufrichtig gemeint.[87] Auch die Versicherung einer Mutter an ihr Kind, *Du warst mein Massel und meine Broche*, ist ganz ehrlich und unzweideutig gemeint.[88] Mit *Massel und Broche in méine Täsch'* konnte der Hoffnung auf einen guten Profit Ausdruck verliehen werden.[89] Neben der Zwillingsformel *Massel und Broche* wurde auch die leicht variierte Wendung *Zu Massel und zu Broche* gesagt.[90] Oftmals benutzte man sie, um einen Ärger oder Zank sofort aus der Welt zu schaffen. Das wurde auch mit dem Ausruf *Zu Massel zerbrochen!* versucht, der denselben Wunsch und dieselbe Erwartung wie *Scherben bringen Glück* ausdrückte.[91] Wer hingegen seinem Amt oder seiner Familie etwas Böses nachsagte, dem wurde nichts Gutes prognostiziert: *Wer red't uf sein Amt un sein' Mischpoche, An Dem is kaan Massel un kaan Broche!*[92]

**Massel und Broche**

Neben *Massel und Broche* steht die noch kürzere Glückwunschformel *Massel tow*, die Kompert einmal wörtlich mit ›gut Glück‹, ein andermal mit ›Glückauf‹ umschrieben hat.[93] Man sagte sie bei allem, das Anlaß zur Freude gab.[94] Daß sie auch anderes bedeuten konnte, hat Valentin Senger berichtet: »Masel-tow ist eigentlich ein Glückwunsch, eine Gratulation, aber wenn Mama das bei solcher Gelegenheit sagte und mit einem ganz eigenen Tonfall, war das alles andere als ein Glückwunsch, dann sollte das heißen: das hat uns gerade noch gefehlt!«[95] Auch Weinberg hat Nuancen des Ausdrucks festgehalten, die den Glückwunsch in einem etwas anderen Licht erscheinen lassen. Ironisch konnte er nämlich auch ›geschieht ihm recht‹ bedeuten.[96] In der neueren Literatur wird er ohne solche hintergründigen Überlegungen gebraucht: »Masl tow, Frau Hamann. Alles Gute in der neuen Wohnung.«[97]

**Massel tow**

An die Stelle der alten Formel *Massel und Broche* haben kreative Schriftsteller und Journalisten mittlerweile eine neue gesetzt: *Massel und Glück*. In einer Tageszeitung stand: »Woher nimmt man nur Massel und Glück?«[98] Und Stefan Heym wünschte *Glück und Masel* und hoffte auf einen Lebensabend *in Gesundheit und in Masel und in Glück*.[99] Vielleicht gibt es einen Unterschied zwischen *Massel* und *Glück* wie zwischen *meschugge* und *verrückt*, oder es ist so, wie es eine andere Wendung sagt: Doppelt genäht hält besser.

**Schlamassel**

Der oder das *Schlamassel*, *Schlemassel* oder *Schlimmassel* nannten Juden und Christen im 19. Jh. den Gegensatz von *Massel*.[100] Davon ist in der deutschen Verkehrssprache nur der *Schlamassel* übriggeblieben. In den Mundarten kommen auch die anderen Formen vor.[101] *Zwische Massel un Schlimassel / Awer is der Weg net bräät* ›breit‹, dichtete 1868 ein Frankfurter Heimatdichter, nachdem die Heimatstadt von Preußen annektiert worden war.[102] *Wenn das Schlimm-Massel kommt, darf mer 'm 'nen Stuhl stellen* ›muß man ihm einen Stuhl geben‹, sagte man damals in den jüdischen Kreisen der Stadt. Wenn das Pech erst einmal da ist, geht es sobald nicht wieder weg.[103] Die Erfahrung besagte sogar noch Schlimmeres: *Das Schlimm-Massel geht mit*, wenn man ihm zu entkommen versucht.[104] Die wenig frohe Bemerkung *mer hört nix Gut's mehr* konnte dann auch mit dem Ausruf *Nix als Schlimm-Massel!* beantwortet werden.[105] Während *Schlamassel* und *Schlimmassel* überall als ›Unglück‹ empfunden wurden, kommt frohe Kunde aus Thüringen. Denn dort hat man sich nicht an die Regeln gehalten und im Eichsfeld *Schlamassel* als ›Glück‹ verstanden.[106] Möglicherweise hilft es ja, wenn man Pech oder Unglück einfach nicht zur Kenntnis nimmt.

## *Elend*

**Dalles**

Als Folge eines Schlamassels kann sich leicht der *Dalles* einstellen. Jidd. *dallus* ›Armut‹[107] gehört in der üblichen Lautform *Dalles* zur Alltagssprache der deutschen Juden. *Er hat den Dalles* hieß, ›er ist arm‹.[108] Man kannte einen *bekoweten Dalles* ›ehrenhafte Armut‹, einen *gesunden Dalles* ›gründliche Armut‹ und einen *fröhlichen Dalles*, bei dem man den Mut nicht sinken ließ.[109] *Ein fröhlicher Dalles geht über alles*, hieß es. Auf die Frage nach dem Befinden eines Dritten konnte man die Antwort bekommen: *Er steht mit dem Dalles auf Du und Du.*[110] Gleichbedeutend war der Satz: *Der Dalles is Groß-Hofmeister bei 'm!*[111]

Unter Bezug auf die biblische Geschichte hieß es: *Gott! Da is e Dalles! Der Dalles von Ijev* ›Hiob‹.[112] Bei einem stolzen oder gar dünkelhaften Armen sagte man: *Vor Dalles eßt er Weißbrod!*[113] *Bruch und Dalles* war ein Ausdruck, mit dem man ausdrücken konnte, daß etwas von ›schlechter Qualität‹ war.

Manche Feinheiten sind nur in den Mundarten überliefert worden. *Dalles* hieß danach vor allem auch ›Geldverlegenheit‹, sogar ›Bankrott‹. In diesem Sinn bedeutete *Deß iß der Dalles, der geht iwwer Alles*,[114] daß der Konkurs eingetreten war. *En lustige Dalles geht iwwer alles* konnte meinen, daß man trotz finanzieller Schwierigkeiten heiter blieb, aber auch, daß es sich um einen Konkursbetrug handelte, bei dem man seinen Schnitt machen wollte. Darum konnte man noch 1941 hören: *Dalles verzeihe, haaßt Dalles verstehe* ›einen Konkurs verzeihen, heißt ihn zu verstehen‹.[115] *Krieh de Dalles* ›krieg den Dalles‹, war eine Verwünschung. *Da hawwe merr nu de Dalles* sagte dasselbe wie ›da haben wir den Salat‹. *Er hat den Dalles* konnte bedeuten: ›er lebt im Elend‹ oder ›er hat keinen Pfennig‹, was ja meist auf dasselbe hinausläuft.[116]

Daß die Lyriker an *Dalles* Gefallen gefunden haben, liegt wohl auch daran, daß das Wort sich auf *alles* reimt. Als Karl Kraus den Kaiser Franz Joseph I. im Kaiserlied singen ließ, verzichtete er noch auf den Reim: »Das Reich hat zwar den Dalles, / doch hoff ich, 's wird schon gehn.«[117] Im »Wien« überschriebenen Gedicht rechnete er mit dem Personal ab, das auch das Drama »Die letzten Tage der Menschheit« bevölkert. Die Chargen aus dem Militär erkennt man am *Taarlos*, an der stereotyp herausgeschleuderten Militärfassung des gewöhnlichen Ausdrucks *tadellos*. Daß die Militärs sich im Manöver wie im Krieg einzurichten wußten, sagt die vierte Strophe des Gedichts: »Taarlos –! ist ihnen alles, / stets wird Kaiserwetter lachen. / Hat jedoch der Dreck den Dalles, / no da kann man halt nix machen.«[118] Auch in den Zeitstrophen, aktuellen Zusätzen zu Couplets von Nestroy oder Jacques Offenbach, ging Kraus auf den *Dalles* ein: »Denn das letzte, so glaubt alles, / was wir heute haben, wäre / abgesehn von unsrem Dalles / diesbezüglich noch die Ehre.«[119] Schließlich bezog Alfred Kerr den *Dalles* auf die Verhältnisse, denen er gerade noch entronnen war: »›Hitler, Hitler über alles!‹ / Singt der Deutsche voll Gemüt / (Dankbar für den dicken Dalles, / Der im Zuchthauslande blüht).«[120]

## 5. Kommunikatives

Es kann nicht überraschen, daß in einer Kultur des Wortes, in der die Sprache heilig genannt wird, Kommunikation und alles, was damit zusammenhängt, einen hohen Stellenwert besitzen. Vielfältig sind die Auswirkungen dieses wichtigen Lebensbereichs auch für das Deutsche geworden, das zahlreiche und bedeutsame Ausdrücke aus diesem Wortfeld aufgenommen hat. Ihre Stellung im Jiddischen und bei deutschen Juden an prägnanten Beispielen aufzuzeigen und ihre Funktion in der deutschen Sprache in Umrissen sichtbar zu machen, ist die Aufgabe dieses Kapitels.

### *Frechheit und Mut*

**Chuzpe**

Eine wesentliche Voraussetzung für jegliche Kommunikation ist die Haltung, mit der man einem anderen entgegentritt. Seit langem wird Juden, wenn es um kommunikatives Verhalten und sprachliches Handeln geht, *Chuzpe* unterstellt. Der Ausdruck ist heute im Deutschen weithin bekannt. Er gehört als salopp abwertende Vokabel zur Verkehrssprache und steht dort für ›Unverfrorenheit, Dreistigkeit‹ und ›Unverschämtheit‹.[1] Man findet ihn mittlerweile so häufig in Presse und Öffentlichkeit, daß die Behauptung, er sei erst im 20. Jh. bezeugt,[2] und die Vermutung, er sei wohl schon im 19. Jh. entlehnt worden,[3] eine Überraschung darstellen. Wenn die *Chuzpe* so grundlegend für das jüdische Kommunikationsverhalten ist, muß das Wort bereits seit dem 18. Jh. in deutschen Kontexten verwendet worden sein.

*Chuzpe, Chutzpe* gehört zu den wenigen Wörtern der deutschen Sprache, die anlautend mit dem Ach-Laut auszusprechen sind. Bei jüdischer Aussprache sind auch Ausdrücke wie *Chammer* ›Esel‹, *Chanukka* ›Fest der Tempelweihe‹, *Chassen* ›Vorbeter‹ oder *Chassene* ›Hochzeit‹ mit dem Ach-Laut zu sprechen. Auch sie gehören zur deutschen Sprache. Dennoch gibt es Probleme mit der Aussprache, wie schon Günter Kunert aus seiner Familie berichtet hat. Der Vater schätzte die jüdischen Ausdrücke, sprach sie aber verändert aus. Statt *Chammer* sagte er *Hammer*. *Chein* ›Schick, Charme, Mutterwitz, Talent, Begabung‹ machte er zu *Hein*, und *Chuzpe* ›Unverschämtheit‹ wurde zur *Schuzpe*, »ohne daß sich der phonetische Wandel aufklären« ließ.[4] Münchner, die das Wort kennen, sagen dennoch *Kuzpe*, und ein deutscher Minister artikulierte es am 23. Mai 1996 im Deutschen Bundestag als *Huzpe*.[5] Ein anderer Minister betrieb am 24. Januar 2002 im Parlament semantische Forschungen, als er den Antrag einer anderen Fraktion eine *Chuzpe* nannte, wie sie selten im Hohen Hause vorgekommen sei. Um seinem Urteil die rechte Wirkung zu verschaffen, fügte er hinzu: »Als Synonyme schlägt meine Textverarbeitung für das Wort Chuzpe Begriffe wie Unverschämtheit, Geschmacklosigkeit oder Impertinenz vor. Egal, welches Wort gewählt wird, jeder dieser Begriffe charakterisiert Ihren Antrag treffend.«[6]

Jidd. *chuzpo* ›Unverschämtheit‹[7] gehörte als *Chuzpe* zur jüdischen Alltagssprache und wurde 1930 mit ›Anmaßung, Frechheit, Unverschämtheit‹ umschrieben.[8] Wann und warum man diese Haltung einnahm, wurde bereits 1860 in stehenden Wendungen ausgedrückt: *Chutzpe muß mer habe'*, hieß es, wenn man im Leben fortkommen will,[9] und *Mit Chutzpe setzt mer Alles dorch*.[10] Das war eine jüdische Fassung des Grundsatzes *Frechheit siegt*. Allerdings wurde auch gefragt: *Wenn* ›wann‹ *hat der Jid Chutzpe?* Die Antwort *wenn er kaan Geld hot* zeigt indes, daß es eine aus Not geborene Verhaltensweise war.[11] Dennoch glaubte Tendlau Veranlassung zu der Bemerkung zu haben, daß die Redensart jedem gelte, der sich besser ruhig verhielte, als dreist einen Kampf zu beginnen. Auf der Grundlage solcher Beobachtungen umriß er den Begriff 1860 folgendermaßen: »*Chuzpa* bezeichnet nicht nur die Dreistigkeit oder den Muth, der in einem gerechten Selbstvertrauen seinen Grund hat, sondern auch die Keckheit, die aus einer leichtsinnigen Lebhaftigkeit entspringt, oder gar die Frechheit, in welcher man sich, gleichgültig gegen Ehre und Schande, über jedes Urtheil Anderer hinwegsetzt«.[12]

Weitere grundsätzliche Überlegungen lieferte der Theologe Paulus Cassel, der sich 1885 in einem offenen Brief »Zur Naturgeschichte der Chuzpe« äußerte.[13] Der Anlaß, eine Auseinandersetzung mit dem Kritiker Fritz Mauthner, kann hier außer acht bleiben. Cassel führte aus, *Chuzpe* sei kein Witz, wie ihn Talmudstudium und Unterdrückung hervorbrächten, »treffend, scharf und spitz«. Was die Juden *Chuzpeh* nennten, sei auch nicht »durch Anmassung, Dreistigkeit, Keckheit« wiederzugeben. Sie sei »eine Pietätlosigkeit«, die nicht rot werde, und habe ihren Platz im Feuilleton. Die *Chuzpe der Ignoranz* sei noch nicht die schlimmste. Schlimmer sei die, bei der Journalisten »von der Macht ihres banalen Scribententhums« so überzeugt seien, daß sie alle Rücksicht fahren ließen. Das sei eine Chuzpe, die aus Eitelkeit und Dreistigkeit »den Frieden Anderer« untergrabe. Diese *dreiste Chuzpe* gehe übrigens oft mit Servilität einher. Die Charakteristik trifft nur eine Erscheinungsform der Chuzpe. Sie ist allerdings weit verbreitet und hat die Öffentlichkeit immer wieder sehr erregt.

Bei der *Chuzpe* ist demnach zwischen einer aus bedrängten Umständen und Not geborenen Kühnheit und einer aus einer halbwegs gesicherten Position heraus eingenommenen Überheblichkeit zu unterscheiden. Die erste fand man im Lebenskampf, wie er auch im Witz abgebildet wird, die zweite im Konkurrenzkampf, wie er sich etwa zwischen Schriftstellern oder Journalisten abspielt.

**jüdische Chutzpe**

Daß etwas eine *jüdische Chutzpe* sei, wurde nach dem Zeugnis von Werner Weinberg häufig von Juden über Juden gesagt.[14] Dabei wurde dieser Ausdruck meist als abwertend verstanden. Allein der Gebrauch der Wendung *jüdische Chuzpah* zur Charakterisierung zweier jüdischer Persönlichkeiten genügte, um eine zionistische Veranstaltung 1903 in Basel auffliegen zu lassen.[15] Andererseits wurde die *jüdische Chuzpah* »als treibendes Moment im Judentum« bezeichnet, die positiv zu bewerten sei.[16] Die beiden Seiten der Chuzpe kommen hierin deutlich zum Vorschein.

Den positiven Aspekt pries Louis Böhm 1910 in einem Couplet mit dem Titel »Die jüdische Chuzpe«. Die erste Strophe lautet:

»Man hört bei uns Jüden oft klagen gar sehr,
Die jüdische Chuzpe nimmt zu immer mehr.
Bescheidenheit, Demut sind selten zu sehn,
Dafür große Chuzpe, es ist nicht mehr schön.

Doch ich nehm' mir dreist zu behaupten den Mut,
Die jüdische Chuzpe bekommt uns ganz gut.
Drum laß ich erklingen ganz frei hier mein Lied
Ein Jüd ohne Chuzpe, das ist gar kein Jüd.«[17]

Robert Neumann behauptete einmal in einem Witz, Juden bestünden etwa zur Hälfte aus *Chuzpe* und aus *Moire*.[18] Chuzpe wäre danach ein notwendiges Regulativ zur Angst und würde dazu beitragen, das Leben in einer als feindlich empfundenen Umwelt zu erleichtern. Dennoch wurde Chuzpe von Juden durchaus negativ bewertet. So urteilte Karl Wolfkehl 1914 über ein Buch, es sei *mit der schnauzigen Chuzpe* geschrieben, die »eine Schein-Überlegenheit vortäuscht«.[19] Karl Kraus benutzte das Wort *Chuzpe* immer wieder als Wortwaffe gegen alle möglichen Gegner.[20] Dafür tadelte ihn Joseph Roth: »wenn Karlchen Kraus solche Witzchen macht, ist das eine Chuzpe!«[21] Victor Klemperer hielt 1955 fest, ein »überaus jüdisch aussehender Mann« in mittleren Jahren sei »im Wesen sehr sympathisch, vernünftig marxistisch, witzig jüdisch ohne Chutzpe.«[22] Das war eine deutliche Distanzierung von der *Chuzpe*. Valentin Senger erinnerte sich indes, eine Nichtjüdin habe, »unserer jüdischen Arroganz entsprechend«, im Selbstverständnis der Juden eine Stufe unter ihnen gestanden.[23] Daß die Chuzpe gemeint war, brauchte nicht weiter ausgeführt zu werden. Auch wenn Alma Schindler noch kurz vor ihrer Eheschließung mit Gustav Mahler über einen jüdischen Pianisten im Tagebuch »Cyniker, jüdischer Frechheit« eintrug, stand das für *Chuzpe* und war durchaus negativ gemeint.[24]

Heute gehört der Ausdruck zu den reaktivierten jüdischen Wörtern. Wie *Zoff* hat er sich in allen Bereichen des öffentlichen Sprachgebrauchs ausgebreitet.[25] Daß Chuzpe eine Eigenschaft ist, die Juden zugeschrieben wurde, ist weiter bekannt als manch anderes aus diesem Wortschatzbereich. Dennoch wird der Ausdruck auch ohne Bezug auf Jüdisches verwendet, wenn etwa im Deutschen Bundestag ein Bundesminister der Opposition *Chuzpe* vorwirft oder im Österreichischen Nationalrat ein Abgeordneter sie einem anderen bescheinigt.[26] Heute ist der Begriff *Chuzpe* in der nichtjüdischen Öffentlichkeit auch positiv besetzt. Deshalb ist die Bemerkung, die Diplomatie eines Dirigenten heiße *Chuzpe*, anerkennend gemeint.[27] Eine Radiosendung trägt den Titel »Chuzpe – das junge jüdische Magazin aus München«, [28] und Bücher führen das Wort stolz im Titel.[29] Das Wort *Chuzpe* hat seine Vergangenheit endgültig hinter sich gelassen.

### *Schmeichelei und Redensarten*

Wie bei *Pleite* unterscheiden sich auch bei *Schmus* die jüdische und die nichtjüdische Wortbedeutung. Dabei sind die jidd. Bedeutungen von den deutschen Juden in ihrer Alltagssprache bereits weiterentwickelt worden. Ein Hauch des früheren Gebrauchs zeigt sich beim Wort *Schmus* noch im heutigen Deutsch. Man bemerkt dies aber erst, wenn man die Wortgeschichte ein wenig kennt.

**Schmue**

Jidd. *schmuos* ist Plural von *schmuo*, das im 19. Jh. ›Hören, Vernommenes, Gerücht, Erzählung‹ bedeutete.[30] Bei den deutschen Juden stand die Singularform *Schmue* für ›Gerücht, Nachricht‹,[31] die Pluralform *Schmus, Schmues* für ›unnützes Gerede‹ und ›Geklatsche‹.[32] Diese Pluralform wurde von Juden im Deutschen sowohl als Singular wie auch als Plural gebraucht. *Die Schmue hot nit Hand un nit Fuß*, hieß es im Sprichwort, und auch *E böse Schmue fliegt weit.*[33] *Schmue an etwas machen* bedeutete im 19. Jh. ›sich durch schlaues oder trügerisches Geschwätz einen Vorteil verschaffen‹.[34] In der Wendung *Mach mir kaan Schmues vor* ›mach mir durch dein Geschwätz keinen blauen Dunst vor‹[35] ist die Pluralform verwendet. *Schmu* ›Betrug‹ führt Avé-Lallemant auf jidd. *schmuo machen* ›durch verschmitztes Plaudern, Erzählen und Anpreisen an jemandem Gewinn machen‹ zurück.[36]

**Schmu**

*Schmue* mit der jüdischen Bedeutung findet sich noch im Frankfurterischen. Das Wörterbuch umschreibt sie als ›unwahres, nichtssagendes Gerede‹.[37] Der Satz *er fängt e annere Schmue aa* bedeutete dort, ›er fängt ein anderes Thema an‹.[38] Auch aus dem Rotwelschen ist *Schmue* seit 1812 für ›Erzählung, Unterhaltung, Plauderei, Geschwätz‹ belegt.[39] Daß *Schmu* im Pfälzischen ›Unsinn‹ bedeuten kann,[40] läßt sich nur durch die frühere jüdische Bedeutung erklären. Sonst steht *Schmu* heute für ›Schwindel, Betrug‹ und vieles, was damit in Verbindung gebracht wird, z.B. ein Schweigegeld oder ein unversteuerter Gewinn.[41]

Unter *Schmus* versteht man heute im Deutschen ›Gerede, Geschwätz, Schmeichelei‹.[42] In den Mundarten hat sich das Bedeutungsspektrum etwas breiter entfaltet. Neben verschiedenen Arten des Geredes, z.B. dem ›Anpreisen von Ware‹ und den ›Ausflüchten‹, können auch Ergebnisse des Schmusens mit dem Wort benannt werden: Profit, Maklerlohn und sogar ein Kuß.[43]

**Schmus**

Dabei spielt eine Rolle, daß *Schmuser* in einzelnen Gegenden eine Berufsbezeichnung für ›Heiratsvermittler‹ war.[44] Den jüdischen Gebrauch des Wortes *Schmu* in der Pluralform *Schmus* hat Mosenthal 1877 in seinen Erzählungen aus dem jüdischen Familienleben erklingen lassen: »Merkwürdig genug, daß so eine alte Kille [›Gemeinde‹], wie Frankfurt, die neumodischen Schmus (Reden) mit anhört. So ein hergelaufen Jüngel, das hochdeutsch darschent (predigt)! Charbe und Busche (Schmach und Schande) für eine jüdische Kille!«[45] Privater jüdischer Wortgebrauch zeigt sich in den Zusammensetzungen. Jidd. *schabbos schmuos* hießen ›Erzählungen, mit welchen man sich am Sabbat die Zeit verkürzt‹. Daß dies nicht nur auf gehaltvolle Weise geschah, belegt eine Bedeutung des Ausdrucks im 19. Jh.: ›leeres Geschwätz, Plauderei‹.[46] *Das sen Schabbes-Schmues* ›das sind Sabbaterzählungen‹, sagten die Juden in Frankfurt, wenn sie etwas für Gerede hielten.[47] *Schmusreden* nennt Betty Scholem 1928 die Ansprachen bei einem Bankett.[48] Reden, die Hitler nach der Machtergreifung im Rundfunk hält, bezeichnet sie 1933 als *Schmuspauken*.[49]

Im Feuilleton war der *Schmus* schon zu Beginn des 20. Jh.s eine Attitüde. Im Nachruf auf die Gattin eines Schriftstellers entdeckte Karl Kraus 1913 *Trauerlozzelachs* ›Scherze‹, mit denen »der Schmerz des Witwers durch einen metaphysischen Schmus beleidigt« werde.[50] In der Verteidigung eines jüdischen Angeklagten, der Fragen des Richters mit Gegenfragen beantwortete, auf die der Richter einging, erblickte Kraus 1917 *Schmus* und notierte: »Dieses Motiv der Verwechslung von Jus und Schmus, der Rivalität von Talar und Kaftan, füllt seit Jahr und Tag unsere Gerichtssaalrubrik.«[51] Ausführungen in der Presse, die nur weitergaben, was »vom Hörensagen« bekannt war, nannte Kraus *irgendeinen Schmus*.[52] Den Berliner Journalisten, die das Material für ihre »Radau- und Skandalberichte« aus der französischen Presse bezogen, übersetzte Tucholsky 1926 ihre Quelle, die »faits divers«, mit den Worten *zu deutsch Schmus* ins vertraute Weltbild.[53] In seinen Aphorismen zum zeitgenössischen Drama nahm Alfred Kerr für sich in Anspruch, dessen Entwicklung vorhergesagt zu haben. 1904 habe er »Zusammendrängung« empfohlen, 1913 »Wegfall des Unwesentlichen«. Nun sei 1923 alles eingetroffen, ohne daß das Ergebnis »ein Glück für die Allgemeinheit wäre«. Das Ergebnis faßte Kerr in einer Anrede an die Dramatiker und die Literaturkritiker so zusammen: »Ich bin der Sprachschöpfer des Expressionismus. Ich schuf Gedrängtheit. Ihr aber machtet hieraus (im Drama) Labbriges; und (in der Kritik) Schmus. Ich stehe vor Euch, Verhunzeriche, wie Luther vor den Bauern.«[54]

Auch nach 1945 wurde der Ausdruck zunächst noch im alten Sinne gebraucht. Klemperer berichtet 1950 von einem Wiener, der den parteichinesischen Terminus *Parteigriff* gebraucht und so erläutert habe: »Das sei ein russischer Ausdruck u. bedeute ein Handeln für die Partei ohne Schmus«.[55] *Ohne Schmus* heißt hier wohl ›ohne Umschweife‹ oder auch ›ohne Bedenken‹. In ihrem »Opernroman« läßt Petra Morsbach 1998 einen Opernregisseur über die Sänger, mit denen er arbeiten muß, sagen: »Ich muß ihnen den bürgerlichen Schmus austreiben«.[56] Damit will er ausdrücken, daß die Sänger bei der szenischen Darstellung auf alle Elemente des traditionellen Musiktheaters verzichten und glaubhafte Figuren darstellen sollen. Wie sehr sich die Bedeutungen dieses jidd. Wortes im Deutschen mittlerweile verändert haben, läßt sich insbesondere an den letzten Beispielen ablesen.

## *Gerede und Geschwätz*

Von mehreren Ausdrücken jidd. Herkunft, mit denen Gerede und Geschwätz benannt werden können, war *Gedibber* bereits im 19. Jh. mehr ein Wort der Christen als der Juden.[57] Es gehört zu jidd. *dibbur* ›Spruch, Sache‹ und *dabbern, dibbern* ›reden, sprechen, sagen‹.[58] Mit der im Deutschen üblichen zusammenfassenden Vorsilbe *Ge-*, die auch in *Geplauder, Geschwätz* oder *Gespräch* erscheint, wurde es in der jüdischen Alltagssprache benutzt.[59] Die Belegsammlung des Frankfurter Wörterbuchs gibt davon eine Vorstellung. Der Ausdruck ist weithin in den Mundarten bekannt. Das Spektrum der Bedeutungen ist dort von ›Geplauder‹ bis ›Getue‹ ausgeweitet worden.[60] In Frankfurt bedeutete *Gedibber*, im Dialekt *Gediwwer* ausgesprochen, ›lautes, aufgeregtes Gerede, Lärm, Geschrei, Unruhe‹ und ›Durcheinander‹.[61] Es wurde oft mit *Getös, Gesums* und auch mit *Geseires* in einem Atemzug genannt. *Gedibber* war meist mit Lärm verbunden, so daß 1896 von einem *ferchterlich Gediwwer*, 1905 von einem *gewaltig Gediwwer* und 1920 von einem *groß Gediwwer* gesprochen wurde. Sogar ein *Riesengedibber* wurde konstatiert. Das zugrundeliegende *dibbern* hat sich in den Mundarten sehr breit entfaltet und wird zur Bezeichnung ganz verschiedener kommunikativer Handlungs- und Verhaltensweisen eingesetzt. Sie reichen von ›reden‹ über ›schwätzen, verraten, flüstern‹ bis zu ›zanken‹ und ›toben‹.[62] Bei den deutschen Juden wurde *dibbern* und *dabbern* gesagt.[63] *Dibber lau* hieß ›sage nichts‹, *dibber's ihm* bedeutete ›sag's ihm‹. Wenn man ein Gespräch über die wirtschaftlichen Folgen einer Eheschließung führte, sagte man: *wegen Nedann dibbern* ›wegen der Mitgift reden‹.[64]

**Gedibber**

Das deutsche Wort *Geschäker* ›Neckerei‹ ist von einem Ausdruck jidd. Herkunft abgeleitet, aber selbst kein jidd. Wort. Jidd. *scheker* hieß ›Lüge‹, *schakran* ›Lügner‹, *meschaker sein* ›lügen, leugnen‹, *ed scheker* ›falscher Zeuge‹, *meschiach scheker* ›falscher Messias‹.[65] Die deutschen Juden gebrauchten die Ausdrücke *Scheiker* für ›Lüge‹ und ›Verleumdung‹, *scheikern* für ›lügen‹.[66] Naschér zitiert ein talmudisches Sprichwort: *Der Scheker habe keine Füße* ›die Lüge kommt nicht weit‹.[67] Was sich im jüdischen Sprachgebrauch mit dem Wort *Scheker* verband, machen Sprichwörter und Redensarten deutlich. Daß die Zahl sieben in der Bibel und im talmudischen Schrifttum oft als runde Zahl mit der Bedeutung ›sehr viel‹ gebraucht wird, nimmt das Sprichwort *Sieben ist ein Scheker* auf.[68] Man sagte es, wenn die Zahl sieben als zu hoch gegriffen angesehen wurde. Schenkte man einem Menschen keinen Glauben, konnte das mit der Wendung *Dem laaft der Scheker zum Maul heraus!* ›der sprudelt vor Lügen über‹ zum Ausdruck gebracht werden.[69] Tendlau erläutert diese Redensart mit den Worten: »Wär sein Maul (Wort)

**Geschäker**

eine Brück', ich ging nit drüber.« Die folgenden Sätze kennt man auch sonst, wenn *Scheker sagen* durch *lügen* ersetzt wird: *Der sagt Scheker, daß sich die Balke' biege'!*[70] und *Er sagt Scheker wie gedruckt!*[71] Vielleicht handelt es sich um Übersetzungen in die jüdische Redeweise. Gegen den Einwand, eine Lüge gedruckt gelesen zu haben, konnte man erwidern: *Nun, so is es e gedruckter Scheker* ›Papier ist geduldig‹.[72] *E Scheker mit e Wortzeiche'!* war eine Lüge, die mit einem Zeugnis versehen wurde, das ihre Glaubwürdigkeit erhöhen sollte.[73]

*Schäker* als Bezeichnung für ›Lüge, Scherz, Neckerei‹ und für ›Angeber, Schelm‹ kennen die Mundarten.[74] In der Verkehrssprache ist der *Schäker* einer, der andere Leute neckt.[75] Weil er dabei zu Übertreibungen und scherzhaften Lügen greift, ist die Übertragung vom jidd. *scheker* gut motiviert. Es handelt sich um einen Fall, bei dem das deutsche Wort etwas Positiveres ausdrückt als das jiddische. *Geschäker* ›Neckerei, Tändelei‹ ist ein Ausdruck, der im Deutschen wie zahlreiche andere dieses Typs spontan gebildet werden kann und deshalb nur punktuell ins Wörterbuch aufgenommen wird. Wie *Gedibber* ist auch *Geschäker* eine Form des Geredes, aber mit heiterem und tändelndem Anstrich. Für die Ableitung des Wortes *schäkern* von jidd. *chek* ›Busen, Schoß‹,[76] die immer wieder einmal in Erwägung gezogen worden ist, gibt es außer einer vagen semantischen Nähe und einer ebenso vagen lautlichen Ähnlichkeit keinen Beweis.[77] Dagegen läßt sich erklären, warum eine kommunistische Parteizeitung dem Schriftsteller Günter Kunert im Dezember 1948 nachsagte, er lache »über die einfältigen oder geriebenen Schäker des L'art pour l'art«, also über die Kollegen im kapitalistischen Westen.[78] Man hielt ihm durch die Wortwahl in einem offenen Brief auf subtile Weise seine jüdische Herkunft vor, und er konnte sich aussuchen, ob er *Schäker* als gewöhnlichen Ausdruck für ›Tändler‹ oder doch mehr als jüdisches Wort für ›Lüge‹ verstehen wollte.

Mehr als *Gedibber* und *Geschäker* ist *Geschmuse* ein Ausdruck der Alltagssprache deutscher Juden gewesen. Anders als in der deutschen Umgangssprache, wo *Geschmuse* ›Schmeichelrede, Koseworte, Flirt‹ und ›seichtes Gerede‹ bedeutet,[79] verstanden Juden neben ›Gerede‹ darunter auch eine ›unwahrscheinliche Geschichte‹.[80] Im 19. Jh. hieß *Geschmuse* unter Juden bloß ›Gespräch‹. *Doppelgeschmus* ist 1848 aus Frankfurt für ›Zwiegespräch‹ belegt.[81] Für Betty Scholem war *Geschmuse* 1931 eine öffentliche Lüge. So nannte sie die Behauptung, die Deutschland nach dem Ersten Weltkrieg auferlegten Reparationen seien schuld an der katastrophalen wirtschaftlichen Lage.[82] In den Mundarten wird *Geschmuse* im wesentlichen wie in der Umgangssprache verwendet. Aus Bayern kam im 19. Jh. ein Hinweis darauf, daß das Wort auch ›Profit‹ bedeutet hat.[83] Das war das Ergebnis dessen, was der *Schmuser*, insbesondere der *Zuschmuser* im Makler- oder Verkaufsgespräch durch Überredung erreichen konnte.[84]

**Geschmuse**

## *Einwände und Klagen*

Anders als *Gedibber, Geschäker* und *Geschmuse* ist *Geseires* nicht mit der deutschen Vorsilbe *Ge-* gebildet, sondern als Wort ganz aus dem Jiddischen entlehnt worden. Dort hieß das auf das Hebräische zurückgehende *gesera* im 19. Jh. ›Bestimmung, Verordnung, Verhängnis‹[85] Die deutschen Juden benutzten den Ausdruck *Geseire*, auch *Gesere* mit lang gesprochenem mittlerem *e*, für ›böser Zustand, Verhängnis, Plage, Sorge‹, aber auch für ›Mißgeschick, Schwierigkeit‹ und ›Aufwand‹.[86] Den Erfahrungssatz »Die richtigen Wehen kommen erst, wenn die Kinder groß sind« übersetzten die Juden im 19. Jh. in die Kurzfassung: *Die Gesere wachst* ›wächst‹.[87] Den Stoßseufzer *Alle Aage'blick e andere Gesere* ›jeden Augenblick eine andere Plage‹ konnte ohnedies fast jeder nachempfinden.[88] Weinberg nennt noch andere Floskeln, die einen Einblick in Denken und Empfinden der jüdischen Bevölkerung zu Beginn des 20. Jh.s geben: *eine schöne Geseire* ›eine unangenehme Geschichte‹, *große Geseires* ›große Unannehmlichkeiten oder Sorgen‹ und *mach nicht so viel Geseires* ›Schwierigkeiten‹.[89] In den Jargon der Künstler und Intellektuellen ist *Geseires* aber vor allem in einer anderen Bedeutung übernommen worden, wie sie aus dem Satz *Er macht ein großes Geseires davon* hervorgeht. Hier steht *Geseires* für ›Aufwand‹ und ›Getue‹.[90]

**Geseires**

In die Mundarten und die deutsche Umgangssprache wurde das Wort im Singular als *Geseire* und im Plural als *Geseires* vor allem mit den Bedeutungen ›Gerede, Geschwätz‹ und ›Gejammer‹ übernommen.[91] Max Liebermann beklagte »das jetzt in der Kunstschreiberei übliche Gequatsche oder Geseire« und lieferte so mit dem Wort auch eine Bedeutungsbeschreibung.[92] In Frankfurt wurde *Geseires* als jüdischer Ausdruck verstanden. Man verwandte ihn im Gespräch mit Juden, bei denen man sich, wenn sie zuviel redeten, das *Geseires oder Schmonzes* verbat.[93] *Geseires* galt dort als ›unnützes Geschwätz‹ oder ›breitgetretenes Gerede‹.

Aus der Sprache der deutschen Juden wurde *Geseires* schon zu Anfang des 20. Jh.s in den Jargon der Intellektuellen übernommen. 1903 schrieb Friedrich Gundolf an Stefan George, das »Frankfurter Börsenblatt« habe *einiges Geseire* über den flämischen Dichter Guido Gezelle gebracht.[94] Die Ehefrau des Dichters Karl Wolfskehl war erstaunt darüber, wie sehr in ihren Augen der Kopf eines Schriftstellers, der ein Buch über »Die Mystik, die Künstler und das Leben« veröffentlicht hatte, *dem ästhetischen Geseire* widersprach.[95] Der hier in privaten Äußerungen erkennbare Intellektuellenjargon berührte sich in Berlin mit dem Vokabular der kleinen Leute. Joachim Ringelnatz überschrieb die Klage einer Frau über ihr verpfuschtes Leben 1920 mit den Worten: *Das Geseires einer Aftermieterin*.[96] Für Robert Gernhardt war *Geseires* eine abwertende Bezeichnung für Buchbesprechungen und Kritikeräußerungen schlechthin. Für den Umgang mit Kritikern lautet sein Rat: »Laß nicht zu, daß sie dich loben. / Wer dich lobt, darf dich auch tadeln. / Und du mußt dann sein Geseires / auch noch durch Verständnis adeln.«[97] Das ist zwar drastisch, aber gemessen an anderen Kritikerschelten durchaus elegant formuliert.

## *Geschichten und Gleichnisse*

Das Wort für eine ernsthafte Geschichte ist *Maisse*, das auch in anderen Schreibungen wie *Maase, Masse* oder *Meiße* im Deutschen vorkommt. Es geht auf jidd. *maase, maise* zurück, das im 19. Jh. ›Tat, Handlung, Werk, Arbeit, Vollendetes‹, dann aber im engeren Sinne ›Dichterwerk, Geschichte, Erzählung‹ und schließlich ›Habe‹ bedeutete.[98] Für die ältere jidd. Literatur ist *Maisse* ein Fachausdruck, der Geschichten bezeichnet, wie sie im berühmten *Maisse-*

*buch* erzählt werden.[99] Im übertragenen Sinn stand *Majse* für ›Erzählungen ohne Wert‹.[100] Bei den deutschen Juden wurde das Wort in beiden Lautungen als *Maisse* oder *Maase* für ›Geschichte‹ sowie für die dadurch bezeichnete ›Angelegenheit‹ gebraucht; Pluralformen waren *Meises* und *Masses*.[101] *Majsse* konnte aber auch ›überflüssiges, langes Gerede, Getue‹ und ›Unwichtiges, üble Geschäfte, faule Sachen‹ bezeichnen.[102] Weinberg nennt die festen Fügungen *'ne miese Meise* oder *Mase* ›üble Geschichte‹, die auch ironisch als *schöne Meise* bezeichnet werden konnte.[103] Naschér führt die Wendung *Majse machen* ›Dummheiten machen‹ an.[104] Weinberg kennt dafür die lakonischere Formulierung *keine Meises!*[105] Die Aufforderung *Verzähl' der Gäschtin e Máase* ›erzähl' der Bettlerin ein Geschichtchen‹ benutzte man im 19. Jh., wenn man eine unpassende Frage abweisen wollte.[106]

**Maisse, Maase, Masse, Meiße**

Wie unterschiedlich sein kann, was im Deutschen mit dem Wort bezeichnet wird, machen zwei Beispiele deutlich. Die *Meisses*, die zusammen mit *Lozelech* und *Schmonzes* gesammelt werden, sind manchmal nur faule Scherze.[107] Die *Meiße*, von der Leo Slezak 1945 in einem Brief berichtet, ist ein Verbrechen, das die Horden eines Revolutionsführers begangen haben.[108] Im 19. Jh. wurde eine *Maiße* im jüdischen Familienkreis erzählt wie ein Märchen im christlichen.[109] Die *bowemase*, eine Geschichte wie im *Bovobuch* des Elia Levita aus dem 16. Jh., wurde zu einer *Bobbemeise* ›Großmuttergeschichte‹ umgedeutet.[110] Leopold Kompert hat erzählt, wie eine Großmutter mit einem *Maissele* einem kranken Kind beisteht.[111] Die Erzähltradition wurde auch im 20. Jh. fortgesetzt. Der Vater einer ostjüdischen Familie wußte zu allem eine *Majsse*, »eine passende Geschichte zu erzählen«,[112] und er hatte einen Vorrat an Witzen und *Majsses* zu Feiertagen wie dem Versöhnungstag auf Lager.[113] In der neueren Literatur erscheint der Ausdruck wieder in der Form *Masse*, die in deutschen Sätzen wie »Nie habe ich eine Masse vergessen« nicht leicht auf *Maisse* zu beziehen ist.[114] Allenfalls die Pluralform, besonders in der Zwillingsformel *Masses und Chochmes*, läßt die Erzähltradition der *Maisses* sichtbar werden.[115] Sie zeigte sich auch noch bei der *Schabbesmase*, ursprünglich eine Erzählung, die am Sabbat vorgetragen wurde. Im 20. Jh. war sie bei deutschen Juden bereits ein Ausdruck für ›leeres

Gerede‹, für ›unwahrscheinliche Geschichte‹ und für ›Unsinn‹.[116] Von einem Nachglanz dieser *Maisses* aus der jüdischen Erzähltradition hat Robert Neumann in seinen autobiographischen Schriften berichtet.[117] Vermutlich 1928 lernte Neumann den gleichfalls aus Wien stammenden Hermann Broch kennen, der damals die ererbte Textilfabrik verkauft hatte und mit der Arbeit an seiner Romantrilogie »Die Schlafwandler« begann.

**Geschichtelach**

In ihren Gesprächen gab sich Neumann als der Überlegene, der mit seinem Parodienband »Mit fremden Federn« gerade seinen ersten Erfolg gelandet hatte. Nach Neumanns Erinnerung sagte Broch, er halte sich nicht für einen Schriftsteller, sondern sei Textilkaufmann. Neumann mißdeutete das Understatement und meinte Broch mit der rhetorischen Frage zu helfen, was denn schon »Großes am Romanschreiben« sei. Um dessen Bedeutung noch herabzusetzen, verwendete er dazu die Worte *Geschichtelach erzählen*, was er dreieinhalb Jahrzehnte später für jiddisch hielt und mit Geschichtchen erzählen übersetzte.[118]

Das gefiel ihm so gut, daß er die ganze Anekdote unter dem Titel *Geschichtelach* wiedergab.[119] Da Neumann sein eigener Lizenznehmer war, erzählte er die Geschichte einige Jahre später noch einmal, wodurch sie eine etwas andere Färbung annahm. Vor allem erschien *Geschichtelach* nun zunächst als Brochs Wahl: »Geschichtelach erzählen (das sagte er jiddisch, er war damals Katholik – oder, nein, ich sagte es zuerst und er wiederholte es, es ist dies mein einziger nachweisbarer Einfluß auf H. Brochs Stil!) – Geschichtelach also seien nicht seine Sache und Romane schreiben könne nicht er, nur ich.«[120] Von den jiddischen *Maisses* und ihrer Verkleinerungsform *Maissele* war hier nur noch der Gedanke und die Pluralendung geblieben. Dennoch wirkt in dieser Anekdote die jüdische Tradition fort. Sie zeigt sich auch in einem Wort, das eigentlich in nichts an das Jiddische erinnert und doch als Übersetzung des *Maissele* erscheinen muß. Soma Morgenstern erzählt, wie Joseph Roth den Schriftstellerkollegen Hermann Kesten aufgefordert habe, für ihn, Morgenstern, »ein Geschichtchen zu erzählen«.[121] Aus den Umständen ist zu schließen, daß *Geschichtchen* hier ein Stellvertreter des Wortes *Maissele* ist, ob es in der Unterredung nun gefallen ist oder schon durch die deutsche Entsprechung ersetzt wurde.

Einen weiteren Ausdruck für eine besondere Form von Geschichten hat Sammy Gronemann verwendet und erklärt. »Dieser Streich wurde nur gewissermaßen als Moschel für seine Streiche erzählt«, schreibt Gronemann in seinen anekdotenreichen Erinnerungen an das jüdische Leben in Deutschland vor 1933.[122] Was ein *Moschel* ist, wird gefragt, mit einem *Moschel* beantwortet und so erläutert: »Ein Moschel ist eine Art Gleichnis, aber ohne Beigeschmack von Salböl – eine Anekdote von über den Einzelfall hinausgehender Bedeutung. Zum Moschel wird die Anekdote erst recht eigentlich, wenn sie eben zum Zweck der Beweisführung oder um eine schwierige Materie verständlich zu machen, herangezogen wird.«[123] Weiter heißt es, bei den Ostjuden habe die Wirkung der Redner darauf beruht, daß sie immer ein »schlagkräftiges Moschel bei der Hand« gehabt hätten. Um zu zeigen, was ein Moschel ist, erzählt Gronemann die Geschichte von dem Berliner Postbeamten, der zwei Briefkästen mit der Aufschrift »Sendungen nur für Berlin und Umgegend« und »Sendungen nach auswärts« leert und die eingeworfene Post in demselben Sack verstaut. Sie dient Gronemann dazu, den Begriff »Ordnung im Chaos« zu verdeutlichen.[124]

**Moschel**

Das Wort geht auf jidd. *moschol* ›Gleichnis, Parabel, Sprichwort, Beispiel‹ zurück.[125] In der jüdischen Alltagssprache war das *Moschel* oder *Moschelchen* eine ›Geschichte‹ oder ›Anekdote‹.[126] In Frankfurt verstand man unter dem Ausdruck *Moschelcher verzähle* sowohl ›ein Gleichnis oder eine Parabel erzählen‹ als auch ›unwahre, unglaubhafte Geschichten und Märchen zum besten geben‹.[127] Betty Scholem nannte sie *Mauschelchens* und fügte ihren Familienbriefen gelegentlich zur »Erheiterung einige Mauschelchens« bei.[128] Das Mauschelchen von dem Kiddischbecher mit der Gravur »Weihnachten 1921« wurde oben schon erzählt. Wegen der Lautform *Mauschel* war man früher der Auffassung, das Verbum *mauscheln* komme von *Moschel* ›Gleichnis‹ und zwar von der Wortfolge *ein Moschel erzählen*.[129] Heute wird angenommen, daß *mauscheln* eine Ableitung zum Personennamen *Mauschel* darstellt, der bei den Westjuden Verkleinerungs- und Koseform von *Mausche* ›Moses‹ war. *Mauscheln* hätte darum ursprünglich nicht ›ein Gleichnis, eine Geschichte erzählen‹ bedeutet, sondern ›sich verhalten oder handeln wie der Mauschel‹.[130]

Das Wort *Lozelach* ist heute selten. Vor hundert Jahren war das anders, als immer wieder kleine Hefte gedruckt wurden, die ihrer Leserschaft ein humoristisches Lesevergnügen versprachen. Es war oft »Nix für Kinder« darunter, bot dafür aber einen ganzen »Waggon feiner, rescher saftiger Lozelech«.[131] Eindeutige Sammlungen hatten Titel wie »Tausendundein Lozelech für Herren«.[132] Andere hießen »Csocolade Lotzelech für Damen und Herren« und enthielten eine »Sammlung alter und neuer Schmonzes«.[133] Es handelte sich um Sammlungen von jüdischen Witzen, die teilweise spaßig, teilweise ordinär und teilweise antisemitisch waren. Den Titel »100 pikfeine Lozelach vün ünnere Lajt« hat Friedrich Torberg als Muster für den Typus antisemitischer Groschenhefte angeführt.[134] Genauso kritisch hatte schon Sammy Gronemann die Gattung beurteilt: »sogenannte ›jüdische Witze‹ [...] – sogenannte Lozelach –, die oft genug in nur zweifelhaftes Deutsch oder unmögliches Jüdisch transportierte Ladenhüter des Weltanekdotenantiquariats sind«.[135]

**Lozelach**

Das Wort *Lozzelach* gehört zu einer jidd. Wortfamilie, der die Wörter *lez* ›Spötter, Verächter von Religion und Sitte, hochmütiger Frevler‹ und *lozon* ›Spötterei, schnöde Verachtung‹ angehören.[136] Naschér führt *Lotze* für ›Scherzspruch‹ an mit der Verkleinerungsform *Lotzele* und deren Plural *Lotzeloch*.[137] Für *Lozzele* werden fünf Bedeutungen genannt, die zeigen, daß das Wort ursprünglich nicht nur Witze und schon gar nicht antisemitische Witze meinte: ›Bonmot, Mätzchen, Anekdote, harmloses Witzwort‹ und ›Gleichnis‹.[138] *Erzähl mir keine Lozzeloch* bedeutete: ›Sprich nicht von Dingen, welche mit dem Gegenstande, von dem die Rede ist, in keinem Zusammenhange stehen‹.[139] Dies verdeutlicht auch die Aufzählung des Inhalts eines derartigen Heftchens: »Rituelle Scherze, Lozelech, Meisses und koschere Schmonzes für ünsere Leut.«[140]

In Wien ist der Ausdruck bis heute bekannt. Wehle führt *Lozelach* als Bezeichnung für ›Scherze, Witze‹ an, ohne den jüdischen oder antijüdischen Charakter der Humoristica zu erwähnen.[141] Hornung nennt *Lotselach* als Ausdruck für ›zweideutige Witze‹

und gibt auch die Wendung *moch khane Lodselach* ›mach keine Lotselach‹, die im übertragenen Sinne ›mach keine Umstände‹ bedeutet.[142] Daß man früher nicht nur in Wien von *Lozzelach* sprach, zeigen bereits die Verlagsorte einschlägiger Sammlungen, die auch in Preßburg und Leipzig erschienen sind, also in Deutschland und Österreich-Ungarn abgesetzt wurden. Der Unterhaltungskünstler Louis Böhm, der vorwiegend für ein jüdisches Publikum tätig war, erfreute seine Zuhörer in einem Vortragsstück über Pantomime mit dem Satz: *Lozelochs hat vorgetrogen / Ä bemolter Marschelek* ›ein geschminkter Spaßmacher‹, also ein Weißclown.[143] Der Humorist Leo Slezak unterhielt sein Publikum auch mit etymologischem Schmonzes: »Im Erzählen von Witzen – lateinisch lochus lozis, im Volksmunde Lotzelachs – stehe ich auf einsamer Höhe.«[144] Bemerkenswert ist, daß ein jüdischer und ein nichtjüdischer Humorist den Plural auf -s bildeten. Diese Form wird uns sogleich beschäftigen.

**Laotselachs**

Karl Kraus war der Journalist Hans Liebstöckl übel aufgestoßen, der bei einem jüdisch geführten Wiener Presseorgan tätig war. Liebstöckl, den Kraus als wurzelechten Arier bezeichnete,[145] wollte seinem Publikum sprachliche Identifikationserlebnisse bieten, indem er sich einzelne Ausdrücke der jüdischen Alltagssprache zu eigen gemacht hatte und nach Bedarf vorbrachte.[146] Als hervorstechende Eigenschaft seines feuilletonistischen Stils bemerkte Kraus Liebstöckls Neigung, mit seiner Bildung zu prunken, so daß er ihm in der »Fakkel« ironisch bescheinigte, von »den Dingen im Himmel und auf Erden« mehr zu wissen, »als unsre Schulweisheit sich träumt«.[147] Weil Liebstöckl in Theaterfeuilletons an unpassender Stelle auch Indisches und Fernöstliches einstreute, vermutete Kraus polemisch, Liebstöckl wolle den Eindruck erwecken, *Laotselachs* zu erzählen.[148] Mit dieser Vereinigung des chinesischen Philosophen Lao-tse mit den jüdisch-wienerischen *Lotzelach* nahm Kraus satirisch die Verschmelzung der Gegensätze auf, die er Liebstöckl als dessen Kennzeichen unterstellt hatte.

Das geschah mit Absicht, weil Rudolf Holzer Liebstöckl gerühmt und dabei seinen Stil gepriesen hatte. Er sei »ein glühender Deutscher«, der »die malerische und bildnerische Kraft des Jargons und des typisch-jüdischen Witzes als Ausdrucksmittel für seinen besonderen Leserkreis erkannt« habe.[149] Kraus rieb sich ganz besonders an Holzers rhetorischer Frage, ob Zacharias Werner, wenn er an Liebstöckls Stelle wäre, »die Pointenkraft des Lozzelachs« sowie »die Plastik und Intensität des rituellen Jargons [...] zur Erzeugung der höchsten rednerischen und journalistischen Trennschärfe verwenden würde«.[150] Als Jargon wurde im 19. Jh. der jüdische Jargon bezeichnet, worunter man das Jiddische verstand. Als rituellen Jargon bezeichneten die Witzhefte um 1900 eine jüdisch gefärbte Sprachform, die um des Effekts willen stark überzeichnet war und in dieser Form kaum existierte.[151] Um die Luft aus dem Luftballon entweichen zu lassen, mit dem Holzer Liebstöckl in höhere Sphären hatte tragen wollen, stach Kraus einmal kurz hinein und bemerkte trocken: »vor allem kann ein armer Bodenständiger nicht wissen, daß Lozzelach ein Plural ist«. Damit fiel das Geschwätz über die Beherrschung des jüdischen Jargons in sich zusammen, weil Holzer den Ausdruck in der feuilletonistischen Formulierung von der *Pointenkraft des Lozzelachs* grammatisch falsch gebraucht hatte. Eine einzige Wortform war ausreichend, das bloß Modische des Wortgebrauchs zu entlarven. Die Auseinandersetzung mit Liebstöckl und dem von ihm geförderten, als Schriftsteller dilettierenden Leo Slezak ging aber weiter und gipfelte in dem Vorwurf, der Gebrauch jüdischer Ausdrücke leiste dem Antisemitismus Vorschub.[152]

**Lozelach-Stiftsdame**

Als Satyrspiel zu dieser Auseinandersetzung im Jahr 1923 mag eine Einschätzung erscheinen, die Friedrich Gundolf 1921 in seine lange Zeit ungedruckt gebliebene Parodie auf eine deutsche Literaturgeschichte eingerückt hatte. In dieser »Literärgeschicht«, die »Reimweis kurz fasslich hergericht« war, hatte Gundolf die wichtigsten Autoren vom Humanismus bis zum Ende des 19. Jh.s in kurzen Versen charakterisiert.[153] Seinen großen Monographien zu einzelnen Gestalten der Literaturgeschichte stellte er nun ganz knappe Urteile zur Seite, die manchmal ungerecht waren, immer aber geistreich und sehr prägnant ausfielen. Unter den Schriftstellern des 19. Jh.s waren zwei, die er mit *Lozelach* in Verbindung brachte. Marie von Ebner-Eschenbach nannte Gundolf »Die seelenvolle Lozelach / Stiftsdame Ebner-Eschenbach«, wobei er das Kompositum *Lozelach-Stiftsdame* noch durch die Zeilenbrechung betonte. Der zweite, dem Gundolf bescheinigte, mit *Lozelach* sein Publikum zu unterhalten, war Berthold Auerbach. Über ihn hieß es: »Und dörflich mauschelt Lozelach / der Schames Berthold Auerbach.«[154] Durch die neben *Lozelach* herangezogenen Ausdrücke *mauscheln* ›auf jüdische Weise sprechen‹[155] und *Schames* ›Synagogendiener‹ war Auerbach mit sparsamen Strichen als jüdischer Schriftsteller gezeichnet. Gundolf ging so auf Auerbachs jüdische Herkunft ein, auf seinen aus finanziellen Gründen abgebrochenen Versuch, Rabbiner zu werden, und auf seine erfolgreichen Dorfgeschichten. Sowohl bei Ebner-Eschenbach als auch bei Auerbach hatte das Wort *Lozelach* allerdings nicht den Beigeschmack, der ihm in den Witzheften und in der von Kraus entfesselten Polemik anhaftete. Gundolf gebrauchte den Ausdruck mit leicht ironischem Unterton für ›Geschichten‹, auch ›jüdische Geschichten‹, hatte ihn aber wohl vor allem deshalb gewählt, weil er sich auf die Namen Ebner-Eschenbach und Auerbach reimte. Daß seine Wortschöpfung *Lozelach-Stiftsdame* einen Gegensatz in sich enthielt, machte die Sache umso reizvoller.

## *Ratschläge und Klartext*

Auch für die Sonderfälle der Kommunikation gibt es Ausdrücke jidd. Herkunft, die ins Deutsche gelangt sind. *Tacheles reden* versteht heute jeder. *Eezes, Eizes* oder *Ezzes* sind dagegen weniger bekannt. Es handelt sich um die Pluralform des jidd. *ezo* ›Rat, Ratschlag‹,[156] die zum Kernwortschatz der deutschen Juden gehörte. Der Ausruf *mit Eizes bin ich versehen* ›ich brauche Unterstützung‹ war sprichwörtlich.[157] Die Frankfurter Juden hatten auch die Antwort parat: *Was thu' ich mit Eezes, baar Geld brauch' ich.*[158] Über denjenigen, der mit guten Ratschlägen schnell bei der Hand war, hieß es: *Der füttert Aan das ganze Johr mit Eezes* ›füttert einen das ganze Jahr mit Ratschlägen‹.[159] Und wie man dieses Verhalten einzuschätzen hatte, sagte ebenfalls ein Sprichwort: *Es get kaan Rosche kaan Eeze, er hot sein Toowe dabei* ›es gibt ein böser Mensch keinen Rat, wenn er nicht seinen Vorteil dabei hat‹.[160] »Verdorbener Magen ist sehr unangenehm, ich würde Dir Haferschleim verord-

**Eezes, Eizes, Ezzes**

nen, aber auf diesen Eiz konntest Du nicht wohl warten«, schrieb Betty Scholem 1929 an ihren Sohn nach Jerusalem[161] und spielte dabei vielleicht mit dem, was man gewöhnlich bei ungebetenen Ratschlägen dachte. In Frankfurt hatte es 1855 im Karneval geheißen: *Ich will vor Jux Dein Ehze waage!*[162] *Was hab ich von Ihnere Ezes*, hieß es in Wien,[163] wo der Ausdruck *Ezzes* noch heute lebendig ist.[164] Dort kennt man auch den *Ezzesgeber*. Obwohl *Eizes* so wenig willkommen sind, hat Wolf Biermann sie öffentlich gegeben, als 1992 ans Licht kam, wie seine Freunde mit ihm umgegangen waren.[165]

Sind *Eizes* Ratschläge, die man übergehen kann, so ist das mit *Tacheles* schon schwieriger. In den vergangenen Jahren wurde immer öfter zu diesem Ausdruck gegriffen, wenn Fraktur oder Klartext geredet werden mußte.[166] Das Wort geht auf jidd. *tachlis* ›Endzweck, Vollkommenheit‹ zurück[167] und bedeutete als *Tachlis* oder *Tachles* bei den deutschen Juden ›Zweck, zweckmäßige Handlung, praktisches Ergebnis‹.[168] So benutzte es Mosenthal 1877, als er ein Gespräch über die Zukunft eines jüdischen Mädchens wiedergeben wollte. Sie solle in die Stadt gehen, welche Aussichten hätte sie denn schon auf dem Dorf, heißt es. Das kleidete Mosenthal in die Worte: »Was hat sie hier für ein Tachlis?«[169] Von dieser idyllischen Verwendung ist der Zwischenruf *Tachliss* ›zur Sache‹ weit entfernt, wenn man ihn bei »unfruchtbaren theoretischen Diskussionen« ergehen läßt.[170] *Das ist kein Tachlis* ›dabei kommt nichts Praktisches, Vernünftiges heraus‹ war eine gefälligere Formulierung desselben Inhalts.

**Tachlis, Tachles**

Schon im 19. Jh. wurde das ganz praktisch verstanden. *Laß uns Tachlis reden – was gilt der Wagen Mischt* ›Mist‹? sagte man bei Verkaufsverhandlungen.[171] Wie wenig die Wendung *Tachles reden* früher außerhalb jüdischer Kreise geläufig war, kann man an dem Frankfurter Sprachforscher sehen, der 1941 den Satz *Mer wolle von Dachles redde* so umschrieb: »wir wollen den Gesprächsgegenstand wechseln, wir wollen von etwas anderem, Erfreulicherem, Vernünftigerem reden.«[172] Daß Nichtjuden sich des Ausdrucks bedienten, war für Victor Klemperer 1947 Grund zu großem Erstaunen. Er trug deshalb die folgende Notiz in sein Tagebuch ein und schrieb dabei das Wort, um das es ging, in Großbuchstaben: »Der ganz arische Willmann sagt zu dem ganz arischen Friedensburg: ›es geht ja nicht um das formaljuristische; lassen Sie uns doch – verzeihen Sie – TACHELES reden.‹«[173]

Heute redet jeder *Tacheles*, Schüler, Lehrer, Trainer, Journalisten und vor allem Politiker.[174] Der Ausdruck gehört mittlerweile zum Grundwortschatz. *Tacheles* ist ein alternatives Kulturzentrum in Berlin, das nach der Wende 1989/90 eingerichtet wurde.[175] Ein *Sozialberatungsverein »Tacheles«* unterhielt 1998 in Wuppertal ein *Café Tacheles*.[176] *Tacheles* ist der Titel einer »Zeitschrift für Kultur, Politik und Ökologie«, die seit 1990 in Berlin

**Tacheles**

im *Tacheles-Verlag* erscheint. *Tacheles* war eine Talkshow mit Johannes Groß, *Tacheles gesprochen* der Titel seines Notizbuchs aus den Jahren 1990–1995. *Tacheles* haben die Schüler der Sankt-Ansgar-Schule in Hamburg 1991–1996 ihre Schülerzeitung genannt. *Tacheles* hieß 1993–1996 auch die Schülerzeitung der Sophie-Scholl-Realschule in Karlsruhe. *Tacheles* nannte der ASTA der Rheinisch-Westfälischen Technischen Hochschule Aachen seine Zeitung 1998–2000. Wenn man später einmal ein Leitwort für das letzte Jahrzehnt des 20. Jh.s sucht, wird man auch *Tacheles* in Erwägung ziehen müssen. Jüdisches war dabei gar nicht mehr impliziert, so daß Silke Fauzi 2003 ein »Buch zur Talkshow der evangelischen Kirche« über den Islam in Deutschland unter den Titel *Tacheles* stellen konnte. Wie man sehen kann, ist dieser jidd. Ausdruck endgültig in der deutschen Sprache angekommen. Am 23. Mai 1996 wurde er von einem Minister im Deutschen Bundestag nobilitiert.[177]

## *Torheiten und Unsinn*

Auch für törichtes Gerede gibt es mit *Stuss* einen jidd. Ausdruck, der im Deutschen weithin bekannt ist. Jidd. *schtus* ›Narrheit, Torheit, Unsinn‹[178] wurde in der jüdischen Alltagssprache vor allem für ›dummes Geschwätz‹ gebraucht und war darum oftmals der Kommentar zu einem Redebeitrag. Über einen Bräutigam hieß es 1766: *Wie sich die Jonajim* ›Tauben‹ *küssen, küßt ER,*

**Stuss**

*Achim* ›Brüder‹ *ohne Stuß*.[179] Das kann bedeuten, daß der Bräutigam die Braut ernsthaft herzt. Wahrscheinlicher ist jedoch, daß die Wendung *ohne Stuß* eine Beteuerung des Gelegenheitsdichters für die Glaubhaftigkeit seiner Aussage darstellen soll. Denn so wird das Wort hundert Jahre später gebraucht: »Ihr wollt mein Täubchen zur Frau? So wahr soll uns Gott helfen! Stuß!« lautete die Antwort, die ein Vater einem Hagestolz auf Brautschau gab.[180] *Stuss* ist eine Kommunikationsvokabel. Das geht aus dem jüdischen Gebrauch deutlich hervor.[181] *Unrecht is mir lieber as Stuß*, lautete bei den Frankfurter Juden eine sprichwörtlich bekannte Lebenseinstellung.[182] *Stuss* ist auch ein Wort des jüdischen Witzes. Wenn es fällt, dreht sich die Geschichte oftmals um und bekommt eine überraschende Wendung: »Was fragste for Stuß! Die Post befördert for e Zehnpfennigmarke e Brief, was wiegt 20 Gramm. De meisten Briefe wiegen aber kaa 20 Gramm – darin liegt das Geschäft!«[183] *Stuß mit Fransen* war ›blühender Unsinn‹.[184] Das konnte man von dem Ratschlag, den Alfred Kerr für seine Kritikerkollegen bereithielt, nicht sagen. Er findet sich in den Aphorismen zum Drama, aus denen schon zitiert wurde: »Äußere Stuß in immer denselben Ausdrücken. (Ersatz für Eigenart).«[185] Manche Fernsehjournalisten sollen den Rat befolgt haben, ob sie ihr Publikum mit *Gunamnd allerseits* begrüßten, ihm viel Erfolg *beim Vermehren der gewonnenen Einsichten* wünschten oder sich mit den Worten *wo immer Sie uns zugeschaut haben* verabschiedeten. *Was red'st Du für Stuß*, hieß es schon 1877 in Mosenthals Erzählungen.[186]

# 6. Positives

Von den jidd. Ausdrücken, die zur Bezeichnung von guten und schlechten Eigenschaften verwendet werden, sind mehr als vier Dutzend ins Deutsche gelangt.[1] Die meisten wie das von *Balbos* ›Hausherr‹ abgeleitete *balbattisch* ›bürgerlich‹ oder das zu *Batlan* ›Müßiggänger‹ gehörige *batlanisch* ›weltfremd‹ blieben dem familiären Sprachgebrauch deutscher Juden vorbehalten und sind nicht in andere Sprachmilieus verbreitet worden. Wörter wie *chuzpedig* ›frech‹ oder *masseldig* ›glücklich‹ erschlossen sich aus dem Zusammenhang, wenn man die jidd. Grundwörter *Chuzpe* und *Massel* kannte. Über den engeren jüdischen Sprachbezirk sind jidd. Eigenschaftswörter nur in wenigen Fällen weit hinausgedrungen. Bei *betucht* und *dufte* ist manchen Sprechern die Herkunft bekannt, bei *kess* den meisten dagegen nicht. Die in diesem und im nächsten Kapitel vorgestellte Auswahl beleuchtet Eigenschaftswörter jidd. Herkunft, die im Deutschen sehr geläufig sind, und stellt ihnen einige unbekanntere gegenüber. Aus der Zusammenschau sollen Grundzüge der Bereicherung des deutschen Wortschatzes auf diesem Teilgebiet sichtbar werden.

## *Heiliges*

**kodesch, kaudesch**

*Kodesch, kaudesch* ›heilig‹ ist ein Wort, das zum religiösen Wortschatz der Juden gehört. In der aschkenasischen Aussprache des Hebräischen, wie sie die Juden in Deutschland pflegten, wurde es *kodausch* ausgesprochen.[2] Der *loschaun kaudesch* war ›die heilige Sprache‹, also das Hebräische, und der *oraun* oder *oren hakaudesch* ›die heilige Lade‹, der Toraschrein.[3] Als *kli kaudesch* ›heiliges Gerät‹, im Plural *klëi kaudesch*, wurden Torarollen, Toraschmuck und anderes bezeichnet.[4] In seinen Erzählungen aus dem jüdischen Familienleben gebrauchte Salomon Hermann Mosenthal 1877 die aus dem

Hebräischen und Jiddischen stammenden Ausdrücke als Bestandteil der jüdischen Alltagssprache. Wo es nötig war, gab er die Bedeutung in Klammern bei: »Aus allen Bethäusern trug man die Gesetzesrollen und die silbernen und goldenen Kle-kodesch (Paramente) in das von bunten Säulchen umgebene Tabernakel.«[5] Den *Schabbes koudesch*, wie man den Ruhetag in den Gemeinden nannte,[6] hatte Mosenthal für seine Leserschaft als *heiliger Schabbes* schon teilweise verdeutscht.[7]

Beim Gebetsstück *Keduscha* ›Heiligung‹, einer »dramatisch belebte(n) Huldigung Gottes«,[8] stimmt die Gemeinde mit den hebräischen Worten ›heilig, heilig, heilig ist der Ewige‹ in den Lobpreis ein. Dabei war es nach rabbinischer Vorschrift Brauch, sich jeweils beim Wort *kodausch* ›heilig‹ auf die Zehenspitzen zu erheben, um auf diese Weise das Wort »mit Zweien schwebt er« zu erfüllen.[9] Dabei sollte nicht gehüpft oder gesprungen werden. Das ist der Hintergrund für die stehende Wendung *kodausch gehuppt, kodausch gesprungen.*[10] Sie besagt, daß es einerlei ist, ob etwas so oder anders gemacht wird, und entspricht der deutschen sprichwörtlichen Redensart: *Das ist gehupft wie gesprungen.*[11] Die jüdische Redensart *Der kann in einer Haselnuß kodesch huppen* besagte mit dem Mittel der Übertreibung, daß jemand sehr klein sei.[12]

Der jüdischen Alltagssprache, wie sie Mosenthal als Kolorit für seine Erzählungen benutzt hatte, bediente sich nach 1900 auch ein Alleinunterhalter. Er bereicherte Abende jüdischer Geselligkeit mit Vortragsstücken, Liedern und Couplets. Dabei fehlten auch ernste Töne nicht. So warb er um Verständnis für die polnischen Glaubensbrüder, die sich von Gemeinde zu Gemeinde durchschlugen. In der folgenden Strophe reimte er dabei *Chaudesch* ›Monat‹ auf *Oren-Kaudesch*, was hier ›heiliges Gefäß‹ bedeutet: »Auf den Stiefel kot'ger Krust / Noch vom letzten Chaudesch, / Doch die abgehärmte Brust / Ist ein Oren-Kaudesch.«[13]

Wenn deutsche Juden vom *Loschen kaudesch* oder *Lauschen kaudesch* sprachen, konnten sowohl das Hebräische als auch das Jüdischdeutsche gemeint sein.[14] *Schmus loschenkaudesch* hieß bei deutschen Juden ›sprich jüdischdeutsch‹,[15] *mach' nicht so'n Lauschen Kaudesch* bedeutete ›red nicht so viel‹.[16] Außer von Juden ist das Eigenschaftswort *kodesch, kaudesch* im Deutschen sonst kaum gebraucht worden. Auch im Rotwelschen kommt es nur selten vor. Es gibt jedoch eine Ausnahme. Christliche Händler nannten eine Sprache, in der sie sich unbelauscht verständigen konnten, wegen der jidd. Bestandteile *Lochne-Kodesch* oder *Lotekholisch*. Das Adjektiv *loschnekaudisch* bedeutete in deutschen Mundarten daher vor allem ›händlersprachlich‹.[17] Obwohl die Lautformen durch die mündliche Weitergabe stark verändert worden sind, ist der Widerschein des Jiddischen doch noch sichtbar.

## *Einwandfreies*

Wie *kodesch* gehört auch *koscher* zum religiösen Wortschatz, hat aber für den Alltag der gesetzestreuen Juden große praktische Bedeutung. Das Wort ist daher in viel größerem Maße als andere über jüdische Kreise hinaus bekannt geworden und gehört heute zum Wortschatz der deutschen Verkehrssprache. Dort bedeutet es ›den jüdischen Speisegesetzen gemäß‹ und außerdem ›einwandfrei, unbedenklich, in Ordnung, geheuer‹.[18] Im jüdisch religiösen Sinne ist die Bedeutung weiter. *Koscher* bedeutet ›religiös und rituell brauchbar, geeignet, zulässig‹ und dies nicht nur nach den Speisegesetzen.[19] Vielmehr ist gemeint, daß Speisen und Zeremonialgegenstände wie die Torarolle, die Gebetsriemen oder der Palmzweig für das Laubhüttenfest den jüdischen Vorschriften entsprechen müssen. Andernfalls dürfen Speisen nicht genossen und die Gegenstände nicht benutzt werden. Das Wort wird auch gebraucht, wenn die Eignung von Menschen gemeint ist, etwa dann, wenn sie als Zeugen auftreten.[20] Die deutschen Juden sprachen das Wort im familiären Sprachgebrauch diphthongiert aus.[21] Deshalb ist es auch als *kouscher* und *kauscher* in die deutschen Mundarten übernommen worden.[22] In der jüdischen Alltagssprache wurde das Wort zudem im übertragenen Sinn verwendet. Tendlau notierte 1860 Sätze wie *Der is nit so koscher* ›nicht wie er sein soll‹ und *Das is nit so ganz koscher* ›da steckt etwas dahinter‹.[23] Weinberg hielt 1969 fest, daß man die Wendung *da ist etwas nicht koscher* mit der Bedeutung ›nicht in Ordnung‹ gebraucht habe. Dagegen besagten die Redensarten *der ist nicht koscher* oder *nicht ganz koscher*, daß einem Menschen nicht zu trauen ist.[24]

**koscher, kauscher**

Im Dritten Reich waren derartige Einschätzungen für Menschen, die von Verfolgung bedroht waren, für das Überleben wichtig. Michael Degen hat sie in seinem Erinnerungsbuch wiedergegeben und dabei das Sprachwissen der nichtjüdischen Bevölkerung charakterisiert: »Man weiß nie, wen die Nachbarn so alles bei sich haben, und sie selbst scheinen ja auch nicht alle ganz ›koscher‹ zu sein. So sagt ihr doch dazu, nicht wahr?“[25] Über die Ehefrau eines Burgtheaterdirektors, die für die Nazis Partei ergriffen hatte, schrieb Carl Zuckmayer 1943/44, sie sei *weniger »koscher«* gewesen.[26] Das hieß, man habe sich ihrer Einstellung nicht sicher sein können.

Bekannt war die Wendung *koscheres Geld*, die unter Juden gebräuchlich war. Kirschner umschrieb sie 1930 nach den Erfahrungen mit der Inflation in Deutschland als ›gutes, richtiges Geld‹.[27] Bereits 1860 hatte Tendlau den Satz notiert: *Der koschere Groschen, der ehrlich gewonnen wird, kommt einen schwer an.*[28] Unter einem *koscheren Groschen* verstand er dabei rechtschaffen erworbenes Geld. Aus Frankfurt war der Grundsatz *en Goy is trefe* ›unrein‹, *awwer sei Geld is koscher* bekannt. Wie aus dem Gebrauch des Wortes *Goi* ›Nichtjude‹ zu erkennen ist, gab der Satz eine jüdische Sicht auf Geschäfte mit christlichen Partnern wieder.[29] Weinberg hat die Wendung *für mein koscher Geld* festgehalten. Sie soll bedeutet haben: ›Für mein Geld kann ich tun, was ich will‹.[30]

Da Kenntnisse über die rituelle Unbedenklichkeit der Speisen heute stark abgenommen haben, werden Details wie schon einmal im 19. Jh. auch neuerdings wieder in Erzählungen und Romanen vermittelt. Auf diese Weise lernt die Leserschaft, daß die *koschere Küche* Fleisch- und Milchgerichte sorgfältig trennt.[31] Was darüber hinaus einen *koscheren Haushalt* ausmacht, entwickelt Stefanie Zweig in ihrem autobiographischen Roman »Irgendwo in Deutschland«: kein Schweinefleisch, kein Wild, keine Schalentiere, keine Milchprodukte zusammen mit Fleischgerichten, getrennte Gerätschaften, auch getrennte Kühlschränke, für Milch und Fleisch.[32] Ehepaare mit unterschiedlicher religiöser Ausrichtung hatten manchmal zwei Küchen, beispielsweise *eine trefene* ›nicht koschere‹ für einen Freidenker und *eine koschere* für seine orthodoxe Ehefrau.[33]

**koschere Küche**

Für Leute ohne eigenen Hausstand war die Suche nach einer geeigneten Verpflegung oft ein Problem. Sie sehnten sich nach einem *Heim mit koscherer Küche.*[34] Ein jüdisches Restaurant, das eine koschere Küche führte, nannte man früher in Berlin *koschere Garküche*[35] oder *koschere Speisestuben.*[36] In Frankfurt hieß es *koscheres Speisehaus.*[37] Über die Einhaltung der Vorschriften wachte ein *Maschgiach*, ein »vom Rabbinat bestellter Aufseher über die rituelle Küche«, der sogar auf großen Passagierdampfern mitfuhr.[38] Sammy Gronemann nennt ihn auch *Koscher-Wächter.*[39] Er stellte den *Koscherzettel* aus, eine Unbedenklichkeitsbescheinigung des Rabbinats. Zu Anfang des 20. Jh.s war in Deutschland von der *koscheren Wirtschaft* in vielen Familien nicht mehr viel geblieben.[40] Wer die Vorschriften sorgfältig beachtete, galt als jemand, der ein *streng koscheres Haus* führt.[41] *Koschere wohlhabende junge Ostjuden* zogen Victor Klemperers Aufmerksamkeit auf sich.[42] Anstrengungen auf diesem Gebiet wurden nicht immer gewürdigt. Deshalb kam es vor, daß eine Pensionswirtin ein »streng koscheres Haus für eine rein ostjüdische Klientele« führte, »der an der Beobachtung der Speisegesetze schon längst nichts mehr gelegen war«.[43]

Daß Juden an ihrem Schicksal selbst schuld seien, wie es die Antisemiten suggerierten, meinten im Kaiserreich sogar höhere Töchter und sahen den Grund in der Befolgung der religiösen Vorschriften. Alma Schindler, die spätere Ehefrau Gustav Mahlers und Franz Werfels, notierte 1899 im Tagebuch, ein Vater habe seiner Tochter einen Besuch im Hause Schindler-Moll untersagt, weil dort *nicht koscher gekocht* werde. Sie schrieb darum einen Brief, in dem sie »so manches Wörtlein über das Judenthum, über den Fanatismus [...] und den daraus entstehenden Antisemitismus« verlor.[44] Das Unreife und Ungehörige ihres Handelns möge ihr nachgesehen sein. Ihre Notizen zeigen aber, wie weit antisemitische Einstellungen im gesitteten Wiener Bürgertum damals schon verbreitet waren.

**koschern**

Über das *Koschern* von Speisen und Getränken machten sich Christen schon im 17. Jh. Gedanken. Schudt bemerkte zu Anfang des 18. Jh.s, daß das Frankfurter Nationalgetränk, der Äppelwoi, nicht unter die rituellen Vorschriften fiel. Apfelwein werde *nicht gekouschert* ›koscher gemacht‹, doch verlangten die Juden Gewähr dafür, *daß kein ungekouscherte Trauben-Wein* damit verschnitten werde.[45] Daß Juden *koscheren Wein* tranken, war im 19. Jh. allgemein bekannt,[46] auch daß Obst unbedenklich ist. Deshalb war der Ausruf einer Christin, ein Sommerapfel werde *doch koscher* sein, als bloße Ironie gemeint.[47]

Mosenthal erzählt, wie ein jüdisches Mädchen, das auf einem christlichen Bauernhof Gänse abholen soll, eingeladen wird, eine Brotschnitte zu essen, die mit Schweineschmalz bestrichen ist. Der Zuruf des Knechts an das jüdische Mädchen, »Komm' her, Schiksel! Machst Du unsere Gäns koscher, so will ich Dich dafür koscher machen!«, verkehrt den Sprachgebrauch humoristisch ins Gegenteil. Denn *Schickse* ist der jüdische Ausdruck für christliche Mädchen, nicht der christliche für eine junge Jüdin. Daß ein Mädchen durch einen christlichen Burschen koscher gemacht werden könne, stellt die Dinge auf den Kopf und wird darum herzlich belacht.[48] Durch eine Mischehe wäre ein jüdisches Mädchen aus der jüdischen Gemeinschaft ausgeschieden. Dieses jedoch entzieht sich in der Erzählung beiden Zudringlichkeiten, dem Schmalzbrot wie dem Annäherungsversuch des Burschen.

Daß Speisen und Getränke in der Praxis gegen alle religiösen Vorschriften für koscher erklärt wurden, ist ein Topos des jüdischen Witzes und auch der Erzählliteratur. Manche Juden erlagen den Verlockungen des Verbotenen. Gekochter Schinken wurde dann meist als Fisch bezeichnet, mit einem paradoxen Ausdruck ironisch auch als *koscheres Schwein*.[49] Über die Frage einer unbedenklichen Verpflegung läßt Robert Menasse sich folgenden Dialog entspinnen: »›Na gefillte Fisch wirst du doch bekommen in einer koscheren Küche!‹ ›Ich sag dir Hansi: Nein! Die werden dazu sagen Schinken!‹«[50] *Koscherwurst* wurde entweder aus koscherem Fleisch[51] oder ganz vegetarisch hergestellt. Eine *koschere Wurst* aus Brotrinden statt Schweinefleisch verherrlicht Robert Menasse als »kulinarisches Kulturgut freier Juden wie gefillte Fisch oder Mazzeknödel«.[52] Was die koschere Küche in den Augen vieler Juden ausmachte, beschrieb er so: »Koscher essen, das ist doch nicht wie türkisch essen oder griechisch essen, zu fremd oder zu fett! Koscher merkt man gar nicht, das ist wie koscherer Wein: Hat er dem Rabbi geschmeckt, ist er koscher. Jetzt frag ich dich: Welcher Wein schmeckt ihm nicht?«[53]

**Koscherwurst**

Auch aus dem Wort *koscher* konnten jüdische Schriftsteller

Funken schlagen. In den Augen Sammy Gronemanns erhielten zionistische Veranstaltungen, deren Besuch gesellschaftlich lange Zeit als unmöglich gegolten hatte, durch die Mitwirkung eines national gesinnten Schriftstellers wie Börries von Münchhausen einen *Koscherzettel*.[54] Nach 1945 hätte man dazu Persilschein gesagt. Kurt Tucholsky nannte einen sächselnden Witz, den er als Leseprobe aus einem Buch zitierte, *eine (fast koscher zubereitete) Rosine aus dem Guchen* ›Kuchen‹.[55] Für den Schwank »Potasch & Perlmutter« erfand er das Prädikat *koscher gekochter Kitsch*.[56] Alfred Kerr titulierte das jiddischsprachige Jüdische Künstlertheater aus Moskau eine Edelschmiere und fragte, ob man es als *koscheres Exl*, das nach seinem Leiter benannte Innsbrucker Theater, ansehen könne oder als Schlierseer Bauerntheater aus Tarnopol.[57] In Gedichten aus dem Exil ging er auf Erfahrungen des Exilanten ein. Eine lautete: »Du schreibst mir, daß im Heiligen Land / weitab von Jakobs Weidetriften / Im Gassenstaub ein Karren stand / mit meinen ›Gesammelten Schriften‹. / Du kauftest sie, wie sonderbar, / Von jenem koscheren Antiquar.«[58] In einer Erinnerung an die Schwester Annchen träumte sich Kerr nach Jerusalem, wo die Toten auferstehen, wenn der Messias kommt: »Doch wir aufgeweckten Toten, / Jugendsehnsucht im Gebein, / Pflücken koschre Pfefferschoten, / Annchen, das wird herrlich sein.«[59]

**koscher gekochter Kitsch**

In den Mundarten wird *koscher, kauscher* im jüdischen Sinne und außerdem mit der Bedeutung ›einwandfrei, in Ordnung, rein‹ gebraucht.[60] Die Negation *nicht koscher, kauscher* bedeutet entsprechend ›nicht in Ordnung, unzuverlässig, unwohl, krank‹ und ›fragwürdig‹.[61] *Koschere Redensarten* waren solche, die mit jüdischen Ausdrücken gespickt waren.[62] Im Rotwelschen hieß *koscher* ›rein, ehrlich, unverdächtig‹.[63] *Koscher sein* bedeutete ›unverdächtig, ohne Diebesbeute sein‹, *sich koscher putzen* ›sich von einem Verdacht reinigen‹.[64] *Koschere Fleppen* waren ›richtige Papiere‹.[65] Daß Nationalsozialisten den Juden in diffamierender Absicht rotwelschen Sprachgebrauch unterstellten, war besonders infam. In dem Satz »de Polizei weiß, ich steh kauscher«[66] wird dies 1938 mit der Wendung *kauscher stehen* ›unverdächtig sein‹ versucht.

**koschere Redensarten**

Mit religiösen Speisegeboten geht die deutsche Öffentlichkeit anders um, seitdem sie mit Muslimen in Kontakt gekommen ist. Den jüdischen Ausdruck wandte Stefan Andres schon 1967 auf Speisen in einem arabischen Land an: *koscher nach dem Gesetz des Propheten.*[67] Was *koscheres Essen* meint, ist heute weithin bekannt.[68] Im übertragenen Sinne bedeutet *eine Sache sei nicht ganz koscher*, es stimmt etwas nicht. Ist *ein Typ nicht ganz koscher*, dann ist etwas an ihm suspekt. Ist dagegen *ein Handel koscher*, läßt sich daran nichts aussetzen.[69] Im Wienerischen, wo die Wörter jidd. Herkunft heute mehr noch als anderswo lebendig sind, steht der Satz *das ist mir nicht ganz koscher* für ›das scheint nicht ganz in Ordnung zu sein‹. Dagegen bedeutet *mir is net ganz koscher* ›ich fühle mich nicht ganz wohl‹.[70]

**nicht ganz koscher**

## *Kluges*

Von den Ausdrücken für positive Eigenschaften eines Menschen ist *kess* in einer besonderen Weise auf jidd. *chochem* ›klug‹ bezogen. Dieses Wort hat im Jiddischen eine ganze Wortfamilie um sich, die auch in der Alltagssprache deutscher Juden lebendig war. *Chochem* wurde der kluge Mann, *Chochemte* die kluge Frau genannt. Der *Oberchochem* war ein Besserwisser, der *Weichochem* ein Übergescheiter. *Chochme* war ein Wort für ›Klugheit‹ und sogar ›Weisheit‹, *Weichochme* entsprechend für ›Spitzfindigkeit‹.[71] Wenn man im 19. Jh. von einem Kind sagte, es sei *ein großer Chochem* für sein Alter, dann bedeutete dies, daß es klug sei.[72] Da war der Ausdruck, wie Mosenthal ausdrücklich hinzufügt, in seiner eigentlichen Bedeutung gemeint. Hieß es aber von einem Erwachsenen, er sei *ein großer Chochem*, dann bedeutete dies genau das Gegenteil.[73] Darum konnte die Bemerkung, ein Kind sei *ein Chochemche*, besagen, daß man es für ›klug‹ oder für ›dumm‹ hielt.[74] Es kam also ganz auf die Situation und die Umstände an, wie ein Urteil zu verstehen war. Der Sprecher war jedenfalls mit der Formulierung immer aus dem Schneider.

**chochem**

In den deutschen Mundarten wurde *chochem* am Wortanfang meist mit *k-* gesprochen. In Frankfurt am Main konnte man wegen der engen Nachbarschaft zur jüdischen Bevölkerung sogar Aussprachevarianten unterscheiden. *Kouchem* galt deshalb im

19. Jh. als »judaisierende Aussprache« des im Stadtdialekt gebräuchlichen Wortes *Kochem*, dessen Bedeutung sehr genau umschrieben wurde: ›schlauer pfiffiger Kerl, welcher den Vorteil wohl zu wahren weiß‹.[75] Wie das Wort schon bei Juden durch gewöhnlichen und ironischen Gebrauch sowohl gute als auch schlechte Eigenschaften bezeichnen konnte, so spreizten sich die Bedeutungen des Adjektivs *kochem* in den Mundarten gleichermaßen von ›klug, geschickt‹ und ›witzig‹ bis zu ›geizig, schlecht‹ und ›teuer‹.[76] Bauern und kleine Leute, die das Wort von Juden gehört hatten, konnten den ironischen Sprachgebrauch nicht gut erkennen und nahmen daher für bare Münze, wenn etwas Schlechtes mit einem eigentlich positiv konnotierten Ausdruck bezeichnet wurde.

**kochem**

Das Adjektiv *kochem* bedeutet im Rotwelschen ›klug‹ im Sinne der Gauner, also ›schlau‹ und ›gaunerisch‹.[77] Das Substantiv *Kochem* steht für ›Gauner‹ und bedeutet im Verständnis der Täter ›Vertrauter, Gescheiter‹, im Verständnis der Opfer jedoch ›Dieb, Spitzbube, Einbrecher‹.[78] In welchem Maße Rotwelschwörter aus dem Grundwort *Kochem* abgeleitet worden sind, wurde oben im Zusammenhang mit den Assoziationen beschrieben, die sich bei der Schreibung des Ortsnamens *Cochem* ergeben können. Nicht immer haben deutsche Politiker, Wissenschaftler und Schriftsteller die jüdische Aussprache *chochem* genau genug von der rotwelschen, wo sie *kochem* lautet, getrennt. Wenn behauptet wird, im Gaunermilieu habe man das Wort *chochem* ausgesprochen, dann wird der Unterschied zwischen gaunerischem und jüdischem Sprachgebrauch eingeebnet. Heißt es dagegen, Juden hätten das Wort *kochem* ausgesprochen, wird unterstellt, sie hätten sich des Gaunerjargons bedient. Erst mit diesen Kenntnissen läßt sich beurteilen, was es bedeutet, daß im Berlinischen der kleinen Leute in der Weimarer Republik wieder von *Chochems* gesprochen wird.[79] Andererseits wird auch die Infamie der Nazis deutlich, wenn sie Juden Aussprüche in den Mund legen, in denen das jidd. Wort *chochem* in der rotwelschen Form *kochem* erscheint.[80]

Im Jiddischen wird *chochem* wie sephard. hebr. *chachám* am Wortanfang mit dem achten Buchstaben des hebr. Alphabets geschrieben. Sein Name lautet sephard. hebr. *chet*, aschkenas. hebr. *chess*, jidd. *ches*. Daraus wird im Rotwelschen *chess* und *kess*, beides seit dem Anfang des 19. Jh.s belegt.[81] Wie der Buchstabe *K* in der *K*-Frage der deutschen Fernsehjournalisten steht auch der hebr. Buchstabe in der rotwelschen Aussprache der jidd. Lautform *ches* für ein Wort. Es ist *kochem*. Darum bedeutet *kess* im Rotwelschen ›klug, schlau, gerieben, der Gaunerei kundig, angehörig und anhängend‹ und deshalb auch ›gaunerisch‹.[82] Das ist die gaunerische Umdeutung eines Wortes, das im Hebräischen ursprünglich ›weise‹ bedeutete und im Jiddischen durch ironischen Gebrauch auch das Gegenteil meinen konnte. Unter *kess bis auf die Knochen* verstand man schon in der Mitte des 19. Jh.s, ›Gauner durch und durch‹ zu sein.[83] *Kessewirt* war 1822 ein Rotwelschausdruck für ›Gaunerwirt‹.[84]

**kess**

In die deutsche Umgangssprache ist das Wort wahrscheinlich aus dem Berlinischen gelangt, wo die Sprachbarrieren im Schmelztiegel der Stadt seit dem 19. Jh. besonders niedrig waren. Als ›jung, hübsch und unbekümmert‹, auch als ›vorlaut‹ und auf freche Weise ›modisch‹ beschreibt der Duden die heutige Bedeutung.[85] Eine *kesse Sohle* legten die Berliner schon zu Zilles Zeiten aufs Parkett.[86] In den Augen der brandenburgischen Landbevölkerung war *keß* ein Wesenszug der Berliner. Darum sagte man *keß sein wie ein Berliner*.[87] Die Schriftsteller waren jedoch großzügiger. Kurt Tucholsky attestierte Maurice Chevalier, die Zuschauerinnen erlägen seinem Charme, weil er sie mit seinen blauen Augen ansehe und *eine kesse Unterlippe* vorschiebe.[88] In Gottfried Benns lyrischer Frage aus dem Jahr 1922, *Wer fixt per Saldo kessen Schlager raus?*, spiegelt sich der Handelsjargon der Zwanziger Jahre.[89] Dagegen bettet Alfred Kerr das Gaunerwort ins Milieu ein, wenn er reimt: »Bei Potsdam schwimmt ein schwarzer Schwan, / Dort fährt die kesse Kalle Kahn.«[90] Auch *Kalle* ›Braut, Schwiegertochter‹ ist ein jidd. Wort, das ins Rotwelsche entlehnt wurde. Dort aber steht es fast ausschließlich für ›Dirne‹.[91]

Lautgleichheit mit deutschen Wörtern anderer Herkunft wird bei Ausdrücken aus dem Jiddischen neuerdings immer öfter zu Wortspielen genutzt. Das kommt besonders häufig bei *dufte* und *betucht* vor. Als allgemein bekanntes Wort für ›reich‹ wird *betucht* mit Ausdrücken wie *besternt, beringt* oder *begütert* in eine Reihe gestellt. Da die anderen ›sternenübersät‹, ›mit Ringen geschmückt‹ und ›mit Landgütern versehen‹ bedeuten, wird *betucht* analog als ›mit Tuch versehen‹ interpretiert. Das geschieht augenzwinkernd, da die Bedeutung ›vermögend‹ immer gegenwärtig ist. Sie führt uns über die Ausdrücke *betucht, betuch, betuach*, die bei deutschen Juden ›wohlhabend, geachtet‹ bedeuteten, zu jidd. *betuach* ›vertrauenswert, sicher‹.[92] Hiervon ist das Wort der deutschen Umgangssprache hergeleitet.

**betucht**

Im Rotwelschen heißt *betucht* seit der Mitte des 18. Jh.s vor allem ›still‹.[93] *Betucht* sein bedeutete bei Gaunern ›still sein, sich ruhig verhalten‹. Ein *betucher Spieß* war ein ›Wirt, auf den die Gauner bauen können‹. Der Bedeutungsunterschied verdeutlicht wieder einmal, daß die These, jidd. Wörter seien vor allem auf dem Weg über die Gaunersprache ins Deutsche gekommen, nicht richtig ist. In Händlersprachen, die für die Kundschaft gleichfalls unverständlich sein sollten und deshalb beim Rotwelschen Anleihen machten, heißt *beducht* ›reich‹.[94] Anders als Gauner waren Händler auf Geschäfte bedacht und nicht auf Raub und Diebstahl aus. In den deutschen Mundarten kommen die jüdische und die rotwelsche Hauptbedeutung vor.[95] Das Wort steht aber auch für andere Eigenschaften von ›geistig rege‹ bis ›verdutzt‹. Hieran zeigt sich, daß die Mundartsprecher mit dem ungewohnten Wortmaterial sprachschöpferisch umgehen und es ihren Zwecken dienstbar machen.

Ähnliches läßt sich auch in Werbung und Presse beobachten, wenn *betucht* mit *Tuch* assoziiert wird. Daß in Büchern und im Internet etymologische Verständnishilfen angeboten werden, die der assoziativen Verbindung von *feinem Tuch* und *gut betucht* widersprechen, schadet den Wortspielen nicht, sondern scheint sie im Gegenteil noch zu befördern. Denn nur wer Bedeutung und

Herkunft des Ausdrucks richtig einzuschätzen weiß, kann sich an doppelbödigen Formulierungen erfreuen. Er weiß, was es heißt, mit einem Anzug im klassischen Schnitt oder mit edler Tischwäsche *gut betucht* zu sein.[96] Auch Schiffe werden, wenn Segelmacher sich ihrer angenommen haben, als *gut betucht* bezeichnet. Damen aber gehen mit Kopftüchern statt Hüten *keck betucht* in die Saison.

### *Beschwipstes*

Von den jidd. Wörtern, mit denen im Deutschen menschliches Verwirrtsein bezeichnet wird, meint *schicker* den durch Alkohol herbeigeführten, meist vorübergehenden Zustand. Vater der jidd. Wortfamilie ist der *schikkor, schikker* ›der Betrunkene, Berauschte‹.[97] Die deutschen Juden verstanden unter *Schicker* einen ›Trinker‹, den manche auch als ›Trunkenbold‹ tadelten. *Schickern* hieß ›Alkoholisches trinken‹, *schicker* dementsprechend ›betrunken‹.[98] Gelegentlich kommen auch andere Ausdrücke vor. *Totschicker* hat mit Eleganz nichts zu tun, sondern heißt ›sturzbetrunken‹.[99] *Anschickern* bedeutet, anders als man nach der Bedeutung des deutschen Wortes *angeschickert* vermuten sollte, ›sich vollaufen lassen‹. Die schlimmen Folgen macht ein jüdischer Witz deutlich, der zwei Frauen im Gespräch vorstellt: »›Wenn mei Mann sich anschickert, is er'n nächst'n Tag ganz grün ün blau zerschlag'n.‹ – ›Wenn mei Mann sich anschickert, bin *ich* 'n nächsten Tag grün ün blau zerschlag'n.‹«[100]

**schicker**

Bei den böhmischen Juden des 19. Jh.s wurde der Trunkenbold *Schickerpolt* genannt.[101] Sonst sprach man in solchen Fällen auch von einem *Schickernick*.[102] Einem von ihnen wurde einmal so ins Gewissen geredet, daß er schwor, keinen Tropfen mehr anzurühren. Auf die Frage, wie er das aushalten könne, antwortete der *unverbesserliche Schickernig*: »Ein Mann soll mich festhalten und zwei sollen Se mer Bronve [›Branntwein‹] eingiessen!«[103]

Erfahrungen mit der Trunkenheit sind in jüdischen Redensarten und Sprichwörtern festgehalten. Einem Menschen, der Unsinn von sich gab, konnte man mit dem Ausruf *Ich glaab, du bist schikker*[104] eine Warnung zukommen lassen: Vorsicht, halte deine Zunge im Zaum. Wenn das nichts half, lautete das Urteil über den Schwadroneur: *Er schwätzt sich schikker.*[105] Den Zustand der Volltrunkenheit charakterisierte man mit dem Vergleich *schikker wie Lot.*[106] Den Alten hatten seine Töchter so betrunken gemacht, daß er nicht mehr wußte, was er tat.

Während Juden in solchen Fällen zu einem Vergleich griffen, der auf die biblische Geschichte Bezug nahm, bezeichnet man derartiges Verhalten heute eher im Rückgriff auf jüngere Erfahrungen und spricht von einem *Filmriß.* Daß man jemanden schonen soll, der sich selbst am meisten zusetzt, sagt das Sprichwort: *Laß den Schikker, er fallt allaan* ›allein‹.[107] Hinter dem folgenden Sprichwort steht eine Geschichte, die Tendlau 1860 erzählt hat: Ein Jude hatte einen Christen zu Gast, der an der Tafel zum besten gab, daß er mit dem Sohn des Gastgebers schon einmal sehr vergnügt in einem christlichen Hause zusammengewesen sei. Diese Mitteilung vor seinen Gästen war dem Gastgeber peinlich. Er brach dem Gesagten darum mit den folgenden Worten die Spitze ab: *Der Orel is schikker* ›der Nichtjude ist betrunken‹.[108] Dieser Ausspruch ist sprichwörtlich und besagt, daß eine so kommentierte Äußerung als unhaltbar angesehen wird. Das jidd. Wort *Orel* war bei deutschen Juden ganz üblich, ist aber nur hie und da in Mundarten und Rotwelsch gelangt.

Zu dem zuletzt genannten Sprichwort gibt es eine sehr ähnliche zweite Fassung, die aber dennoch etwas ganz anderes meint: *Schikker ist der Goi.* Juden gebrauchten sie mit einem gewissen Augenzwinkern, wenn sie sich darüber einig waren, daß *Gojim* ›Nichtjuden‹ mit Alkohol nicht richtig umzugehen wissen. *Oi oi oi, schicker ist der Goi*, lautete daher ein Refrain, in den man gern einstimmte.[109]

**schicker ist der Goi**

In seinen Lebenserinnerungen erzählt Erwin Blumenfeld, wie er als Dreijähriger Reste aus den Gläsern genippt hatte und danach seinen ersten Rausch ausschlafen mußte: »Bei Jack London – schikker ist der Goi – wär's der Anfang eines alkoholischen Ruhms geworden. Ich hatte keine Anlage zum Trinker.«[110] Während Blumenfeld den Verweis auf die christliche Unmäßigkeit wie beiseite gesprochen vorbringt, zeigt ihn Karl Kraus bei einer der vielen Abrechnungen mit seinen Gegnern als die Waffe vor, mit der sich Juden zur Wehr setzen konnten. Sie hätten auf Hänseleien »ehedem mit der Hypothese, daß der Goj schicker sei, geantwortet«.[111]

Dies muß man im Hinterkopf haben, wenn man sich an einem Witz über den Goi, der schicker ist, delektieren will. »›Sag mir einen Satz mit Egoismus.‹ – ›Ich weiß keinen.‹ – ›Was e Goi is muss schicker sein.‹«[112]

**beschickert**

Im Deutschen ist *Schicker* nicht wie im Jiddischen ein ›Trinker‹, sondern der ›Schwips‹.[113] Entsprechend bedeutet *beschickern*, sich durch Alkoholgenuß in eine fröhliche Stimmung zu versetzen oder leicht zu betrinken.[114] *Beschickert* heißt ›ein wenig betrunken‹;[115] *angeschickert* bedeutet, daß eher noch weniger Alkohol im Spiel ist. Deshalb verbrachte Günter Kunert den Silvesterabend 1950 mit *älteren angeschickerten Personen* in einer angeheiterten, nicht in einer volltrunkenen Gesellschaft.[116] Marika Rökks Erinnerungen lassen allerdings wieder Zweifel daran aufkommen, daß *angeschickert* nur ›leicht besäuselt‹ bedeutet. Sie erzählt eine Anekdote von der Sängerin Zarah Leander, der auf St. Pauli einmal lallend *ein angeschickertes Stück Seemann* entgegen kam.[117] Bloß angeschickert zu sein und dann zu lallen – das paßt nicht zusammen. Als *schickern* wird der tiefere Blick ins Glas bezeichnet,[118] den die jüdische Wendung *schicker ist der Goi* voraussetzt. Das häufigste Wort der feucht-fröhlichen Wortfamilie in den Mundarten ist *schicker*.[119] Es bedeutet in Südhessen und der Pfalz auch ›ausgelassen, närrisch‹ und ›verrückt‹.[120] Wie weit es dabei kommen kann, zeigt die Bedeutungsentwicklung des Wortes. In Hessen heißt *schicker* nämlich auch ›nymphoman‹ und ›schwanger‹.[121]

## *Erfreuliches*

**pattersch**

Manche jidd. Eigenschaftswörter sind als Fachausdrücke ins Deutsche übernommen worden. Ein solches Wort ist *pattersch* ›trächtig‹, das zu jidd. *pattern* ›freilassen‹ gehört und als Fachwort jedem, der mit dem Viehhandel zu tun hatte, geläufig war.[122] Darum ist es in vielen Bauernmundarten heute noch bekannt. Vom Vieh auf den Menschen übertragen, bedeutet *pattersch* ›schwanger‹. Die Gauner, deren Interesse auf den unredlichen Erwerb gerichtet ist und die sich deshalb für Viehzucht nicht interessieren, verwendeten das Wort in ihrem

Rotwelsch vorwiegend in dieser Bedeutung.[123] Wie fremde Ausdrücke aufgenommen, verstanden und weiterentwickelt werden, läßt sich am Wortschatz der deutschen Mundarten gut beobachten. Als *pattersch* wird dann bei einer Kuh auch der Zustand vor der Trächtigkeit bezeichnet, der im Deutschen *stierig* heißt.[124] Anderswo bedeutet das Wort sogar das Gegenteil von ›schwanger‹, nämlich ›unfruchtbar‹.[125]

### *Gutes*

Daß das heute überall bekannte Berliner Wort *dufte* von jidd. *tow* ›gut‹ abzuleiten sei, wird allgemein angenommen. Die Sprachforscherin Agathe Lasch, eine Kennerin des Berlinischen wie des Jüdischen, vertrat 1928 eine andere Auffassung und vermutete, das Wort gehe auf jidd. *tiphlo* ›nichtjüd. Bethaus‹ zurück.[126] Bei deutschen Juden bedeutete *Tiffle* ›Kirche‹ und wurde nicht zur Bezeichnung der Sakralgebäude anderer Religionsgemeinschaften benutzt.[127] Für ›Kirche‹ war das Wort auch im Rotwelschen geläufig, wo neben anderen Lautformen schon 1490 *Dift* und seit 1726 *Duft* belegt sind.[128] Lasch nahm an, *dufte* habe die Bedeutung ›zur Kirche gehörig‹ bekommen, was als ›recht, richtig‹ verallgemeinert worden sei. Semantisch stand die These auf tönernen Füßen, weil für die Bedeutungsentwicklung keine Belege beizubringen sind. Es stehen Formen mit und ohne *t* am Wortende nebeneinander, so daß es sich lohnt, andere Spuren zu verfolgen.

**dufte**

In der jüdischen Alltagssprache wurde jidd. *tow*, das ›gut, schön, lieblich, glücklich, groß‹ und ›fröhlich‹ bedeutet,[129] *tow* oder *tauw* ausgesprochen. *Tauw in der Achiele, lau in der Meloche* ›gut im Essen, nicht bei der Arbeit‹[130] lautete eine sprichwörtliche Redensart. Daneben verwendeten Juden das Wort auch in den Formen *toff* und *toffte*. »Die toffe Edith gab mir einen Schmatz«, erinnerte sich Erwin Blumenfeld.[131] Für jüdische Geschäftsleute war ein *toffer Kaune* ein ›guter Kunde‹, eine *toffte Achiele* ein ›gutes Essen‹.[132] Im Frankfurter jüdischen Stadtdialekt wurde ein ›starkes Käffchen‹ 1848 mit folgenden Worten erbeten: *steih uff und mach's Koffche, aber doff muß es sey*. 1879 hieß es, *daß der Gaul ist toff*. Die Wendung *e toff Achile* ›ein gutes Essen‹

**toff**

war nach Vertreibung und Deportation der jüdischen Bevölkerung noch 1942 bekannt.[133] Jungen, die im Spiel rauften, waren 1929 als *dufte Kerle* und *dufte Brüder* bezeichnet worden. *Tuft* und *tuffte* hieß ›fein‹ oder ›schön‹. *Tuft* war 1943 auf Frankfurter Schulhöfen ein Modewort, das nach einem damaligen Bericht »einen dumpfen, aber vital geladenen Inbegriff alles Lebenswerten und Begeisternden« hatte.[134] *Tufte* wird von aram. *tåbta* ›Gutes‹ und nicht von hebr. *tow* abgeleitet.[135] Das Nebeneinander von Formen wie *toff* und *toffte* in der Alltagssprache deutscher Juden läßt sich so durch den Bezug auf zwei verschiedene Formen des Hebräisch-Aramäischen erklären.

**toffte**

Die Formenvielfalt zeigt sich auch im Rotwelschen und in den deutschen Mundarten. Bei Gaunern und christlichen Händlern ähneln die Formen des Wortes dem Jiddischen mal mehr, mal weniger und reichen von *tov* über *toff* und *dof* bis zu *doft* und *duft*.[136] *Toffsitzen* bedeutete um 1750 in Gaunerkreisen ›gut sitzen‹, was als ›außer Gefahr sein‹ verstanden wurde. Auch in den Mundarten kommen verschiedene Formen vor, *tof* und *dof* neben *toft*, *tuft* sowie *doft, duft*. Die Formen mit einem *t* am Wortende erscheinen dann außerdem als *tofte, tufte* und *dofte, dufte*.[137] Eine solche lautliche Differenzierung ist für lebende Sprachen, wie sie gesprochene Mundarten darstellen, etwas ganz Natürliches. Das gilt auch für die Entfaltung der Bedeutungen. Die Mundartformen ohne *t* am Wortende bleiben dabei näher am Jiddischen als diejenigen mit einem *t* und bedeuten überwiegend ›gut‹ und ›schön‹, seltener auch ›tüchtig, schneidig‹ oder ›gut zahlend‹. Die Formen mit *t* oder *te* am Wortende stehen für ›gut, ausgezeichnet, klug, schlau, echt‹ und ›fleißig‹. Wie es bei Mundartsprechern häufig vorkommt, gibt es auch hier Beispiele dafür, daß das Wort aufgeschnappt und nicht richtig verstanden wurde. Darum wird es gelegentlich auch mit gegenteiliger Bedeutung als ›leichtsinnig‹, ›rauflustig‹ und ›böse‹ gebraucht.[138] Dies paßt weder zu jidd. *tow* noch zu *Tiffle*.

In der deutschen Sprache sind die Formen ohne *t* im Verlaufe des 20. Jh.s durch Formen mit *t* verdrängt worden. In Berlin war *'n toffet Schiffchen* ›ein hübsches Mädchen‹[139] Die gereimte Lebensmaxime *Mittwochs mache ich mir tof, fahre raus nach Tempelhof*[140] gibt einen Einblick in die Freizeitgestaltung zu Beginn des 20. Jh.s. Das Buch »Der Richtige Berliner« bezeichnete 1904 *toff*

›tüchtig‹ als einen Ausdruck, der besonders mit Bezug auf Knabenspiele gebraucht werde.[141] 1965 tritt *dufte* ›großartig‹ in Ausdrücken wie *'ne dufte Nummer* oder *jestern Aamt wa't dufte* ›gestern Abend war es super‹ an die Stelle von *toff*.[142] Was *dufte* meint, wurde mit einem Vierzeiler erklärt: »Wenn ich zähle fünfzig Jahre / und besitz' noch alle Haare / forsch noch wie ein Junger schufte / siehste, Junge, das ist dufte«.[143] In Berlin wurde *dufte* als Modewort angesehen, das man im Zusammenhang anderer Modewörter zu verstehen habe. *Knorke is dreimal so dufte wie schnafte*, lautet eine Berliner Erkenntnis.[144] In einer lobenden Zuschrift hieß es 1955: *sonst ist Euer Heft knorke, macht weita so dufte, denn Ihr seid prima*.[145]

**knorke ist dreimal so dufte wie schnafte**

Inzwischen ist *dufte* als Modewort etwas in die Jahre gekommen. Modewörter sind bekanntlich kurzlebig. Dieses hat seit dem Kaiserreich zwei Kriege, vier politische Umstürze und mancherlei gesellschaftlichen Wandel überdauert. Die Bandbreite des Sprachgebrauchs läßt sich an Beispielen aus dem Ersten Weltkrieg und der Gegenwart zeigen. Der *dufte Knabe*, an den sich Tucholsky 1917 erinnert, ist ein von der Polizei gesuchter Militärkutscher.[146] Darum charakterisiert ihn der Autor mit einem Ausdruck aus dem Milieu. Tritt *dufte* heute als Szeneausdruck in Erscheinung, wirkt das wie ein zweiter Aufguß des aus dem Englischen entlehnten Modewortes *cool*. Wie diesem das Gegenwort *uncool* steht *dufte* nun *undufte* gegenüber. Sogar der gezwungen wirkende Superlativ *am unduftesten* wird von Studenten gebraucht.[147]

Aus einem altgedienten Modewort lassen sich nur mit besonderen Mitteln noch Funken schlagen. Gerade mit *dufte* werden häufig Assoziationen aufgerufen und Experimente mit dem Sprachklang durchgeführt.[148] Bezugnahmen auf den Geruchssinn sind naheliegend. Männer werden deshalb als *dufte Typen*, stark riechende Blüten als *dufte Hyazinthen* charakterisiert. Neue Sinneserfahrungen sollen in eine *dufte Zukunft* führen. Dieser Einfall wird zur Werbung für Kosmetika aller Art genutzt, vor allem für Parfum, das *dufte Düfte* entfaltet, und für After Shave, ohne das *dufte Männer* nicht sein können. Auch ätherische Öle gelten in diesem Sinne als *dufte*, ob sie *dufte*

**dufte Düfte**

*Rezepte für Leib und Seele* ergeben oder Entspannungsbäder ermöglichen, wie sie eine *dufte Medizin* empfiehlt.

**taff**

Während heute die Form *dufte* in der deutschen Verkehrssprache dominiert, scheint ihre Zeit als Modewort abgelaufen zu sein. An ihre Stelle ist mit *taff* ein neues Modewort getreten, das von der jüngeren Generation mit engl. *tough* ›zäh, stark, widerstandsfähig‹ in Verbindung gebracht wird. Seit sich der Fernsehsender Pro Sieben das Boulevard-Magazin »taff« ausgedacht hat und damit »Neues aus der Infotainment-Küche« serviert,[149] hat das Wort sich rasend schnell verbreitet. Sind wir *taff oder schlaff*, fragte die Fernsehkonkurrenz, und die Presse sorgte sich, ob alle Anstrengungen, *schöner, schlanker, klüger und taffer zu werden*, am Ende wohl für die Katz sein würden.[150] Abseits der Metropolen schreiben Journalisten, die sich an ihr Englisch erinnern, das Wort nicht *taff*, sondern *tough* und sorgen sich darum, was *der toughe Moderator Thomas Gottschalk* oder *die toughe Hannelore Hoger* machen.[151] Das Urteil über diese Art medialen Nachdenkens findet sich in derselben Zeitung: »Das nenne ich toffen Journalismus, das ist echt der Finger am Puls der Zeit.«[152]

Obwohl es nach diesen Belegen so scheint, als wenn *taff* eine Entlehnung aus dem Englischen wäre, ist es doch wahrscheinlicher, daß das alte jidd. *toff* in klanglich leicht veränderter Form, aber alter Funktion als Modewort wieder da ist. Abermals wird es volksetymologisch umgedeutet und diesmal nicht auf *Duft*, sondern auf *tough* bezogen, das im Englischen auch für ›schwierig, aggressiv, eklig‹ und sogar ›brutal‹ steht, Bedeutungen also, die zu *taff* nicht passen wollen. Darum spricht mehr für die Wiederkehr des jidd. *tow* in der deutschjüdischen Form *toff* als für die Entlehnung eines englischen Wortes. Die Formen haben gewechselt, die Strukturen sind jedoch dieselben geblieben, ob die *toffe Edith* oder die *toughe Hannelore* bewundert werden. Geblieben ist auch, daß irgendwo der Stein ins Wasser geworfen wird und sich die Wellen des Wortgebrauchs dann nach allen Seiten ausbreiten. *Toff, dufte* und *taff* sind dafür ein Paradebeispiel.

# 7. Negatives

Jiddische Wörter zur Bezeichnung negativer Eigenschaften sind im Zweier- und Dreierpack ins Deutsche übernommen worden. *Schautig* und *meschugge* dienen zur Bezeichnung von Zuständen menschlicher Verwirrtheit. Mit *machulle, pleite* und *kapores* werden Eigenschaften benannt, die sich als Folge von Zerstörungen ergeben. Etwas Schlechtes oder Unbrauchbares wird durch *schofel, treife* und *mies* charakterisiert. Die Unterschiede zwischen diesen Wörtern sind nicht nur semantischer Natur, sondern ergeben sich auch durch den Gebrauch. Die Beliebtheit einiger Ausdrücke erklärt sich wohl auch aus der Neigung, die eigene Situation eher in dunklen als in hellen Farben zu malen. *Pleite* und *mies* gehören daher zum deutschen Kernwortschatz.

## *Närrisches*

**schautig**

Einen Zustand heiterer oder alberner Verrücktheit nannten die deutschen Juden *schautig*. Das Wort ist von jidd. *schote* ›Narr, Tor‹ abgeleitet, das in der jüdischen Alltagssprache als *Schote* und *Schaute* üblich war.[1] Der Gebrauch im Deutschen ist außerhalb jüdischer Kreise weitgehend auf die Mundarten beschränkt geblieben. Auch dort zeigt sich, daß *schautig* nur leichte Abweichungen von der Norm bezeichnet, wie sie mit ›leicht verrückt‹ oder ›nicht ganz bei Sinnen‹ umschrieben werden.[2] Im Rheinland gibt es Ausschläge vom Normalzustand in beide Richtungen. *Schautig* heißt einerseits ›spaßig‹ oder ›witzig‹, andererseits aber auch ›hinterlistig‹ und ›durchtrieben‹.[3] Wie bei *schicker* reicht die Skala der Bedeutungen bis ins Sexuelle, so daß *schautig* auch für ›triebhaft‹ und ›mannstoll‹ stehen kann.[4] Für den entsprechenden Ausnahmezustand der Männer gibt es die Bezeichnung *weibsleutschautig*.[5] Der *Weibsleuteschaute* oder *Weibsschode* genannte Weibernarr war Hessen und Pfälzern ein Begriff.[6]

Von den jidd. Wörtern zur Bezeichnung negativer Eigenschaften ist *meschugge* dasjenige, dem seine Herkunft am meisten anhaftet. Das liegt daran, daß *meschugge* ein zentraler Ausdruck des jüdischen Witzes ist. Auch deutsche Schriftsteller greifen gern zu diesem Wort, wenn sie jüdische Themen mit jidd. Ausdrücken kolorieren wollen. Das Wort gehört in die jidd. Wortfamilie *meschuggo* ›Wahnsinniger, Schwärmender, Verrückter‹.[7] Mit ›verrückt‹ ist *meschugge* aber nur unzureichend umschrieben, weil das Wort eine große Spannbreite des Verhaltens abdecken kann. Sie reicht von ›geisteskrank‹ im klinischen Sinne über ›verwirrt, töricht, nicht recht bei Trost, einfältig‹ und ›dumm‹ bis zu ›schlau, ausgelassen‹ und ›verliebt‹. Charakteristisch für das Wort ist sein klischeehafter Gebrauch.[8]

**meschugge**

*Vaterleb! seid Ihr meschugge!* läßt Mosenthal 1877 ein Kind ausrufen,[9] *Bist Du meschugge*, entfährt es einem jungen Mann.[10] Mit solchen rhetorischen Fragen wird im jüdischen Witz oftmals die Pointe vorbereitet: »›Biste meschugge? Wie oft willste mich grüßen?‹ – ›Nu, meine Rebekka hat geschrieben, tausendmal!‹«[11] Solche Meschuggenheit ist eine fröhliche Verrücktheit. *Frisch, gesund und meschugge* lautete der Titel eines humoristischen Heftes um 1870. *Frisch, gesund und meschugge* war auch der Titel einer Sammlung von Witzen und Anekdoten im Jahr 1928. Als *Fröhlich und meschugge* wurde Kabarett vorgestellt.[12] *Zwischen meschugge und genial* war Kneipenkunst angesiedelt.[13]

**frisch, gesund und meschugge**

Als 1923 in der Presse über den Strandurlaub bekannter Künstler berichtet und davon gesprochen wurde, daß »keine Tritonen« geblasen und »keine Nereiden« gekichert hätten, kommentierte Karl Kraus dies mit dem Satz: »Die Leser dieser Erinnerung dürften den Eindruck gehabt haben, daß hier mitten unter den Tritonen und Nereiden sich ein meschuggener Fisch getummelt hat.«[14] Die Leser der »Fackel« wußten, was ein *meschuggener Fisch* ist. Weinberg bezeichnet ihn als Ausdruck der jüdischen Alltagssprache für ›verrückter Kerl‹.[15]

Der *meschuggene Fisch* war unter Juden so bekannt, daß der jüdische Entertainer Louis Böhm über den biblischen Jonas sagen konnte: »Man wirft ihn ins Meer, doch er bleibt dabei frisch, / Trotzdem ihn verschluckt ein meschuggener Fisch.«[16] Nach einer Anekdote entstand der *meschuggene Fisch* als Übersetzungsfehler, als ein Lehrer nicht wußte, daß *Jantscheff* ein Wiedehopf ist und das Wort mit *ein meschuggener Fisch* wiedergab. Das ließ einen Schüler, der es besser wußte, nicht ruhen: »Aber er sitzt doch in einem Baum.« Darauf der Lehrer: »Das ist ja gerade seine Verrücktheit.«[17] Als Witz klingt die Geschichte so:

**meschuggener Fisch**

»Lehrer: ›Erzähl' mir mal was vom Fisch, Moritz!‹
Moritz: ›Er sitzt im Baum und singt.‹
Lehrer: ›Aber ein Fisch sitzt doch nicht im Baum und singt!‹
Moritz: ›Es wird ein meschuggener Fisch sein, Herr Lehrer!‹«[18]

Wenn Juden das Wort *meschugge* verwendeten, war der Bezug auf Jüdisches wie im Fall des *meschuggenen Fisches* immer gegenwärtig. *Meschugge* unterscheidet sich daher wegen dieser Konnotation von anderen Ausdrücken mit ähnlicher Bedeutung. Wie das im Einzelfall geschah, erwähnt Franz Kafka im »Brief an den Vater«, indem er dessen Worte zitiert: »Deine Meinung war richtig, jede andere war verrückt, überspannt, meschugge, nicht normal.«[19] Robert Menasse ließ hinter den Wörtern die sozialen Gruppen aufscheinen: »Am Besuchstag sagte Viktors Vater: ›In meiner Familie sind alle meschugge. Aber: Das Problem ist: In deiner Familie sind alle verrückt!‹«[20] Stefan Heym ergänzte das jüdische *meschugge* um das nichtjüdische *verrückt*, um damit auch jüdische und nichtjüdische Geschichte und Welterfahrung auszudrücken: »Wenn ich dran denk, [...] könnt ich werden verrückt und meschugge.«[21] Für die Probleme, die damit verbunden waren, hielt der jüdische Witz eine plausible Lösung bereit: »Ich weiß nicht, mir ist manchmal so merkwürdig im Kopf. Ich glaube, ich werde verrückt.« »Unsinn, du bist nur meschugge!«[22]

Mit *machulle, pleite* und *kapores* sind im Wortfeld »Zerstörung« drei verschiedene Wörter aus dem Jiddischen ins Deutsche gekommen. Obwohl alle drei zur Bezeichnung eines wirtschaftlichen Zusammenbruchs gebraucht werden können, gibt es doch deutliche Unterschiede. *Pleite* wird von Nichtjuden bevorzugt und ist heute ein Leitwort der Presse und Öffentlichkeit. *Machulle* ist das jüdische Wort für denselben Sachverhalt, aber mit einem anderen semantischen Potential. Es ist im Deutschen mehr in den Mundarten als in der Umgangssprache bekannt. *Kapores* hat einen religiösen Hintergrund, der bei Juden stets mitschwingt, und klingt außerdem ein wenig an *kaputt* an.

**mechulle, machulle**

Jidd. *mechulle* ›zugrundegegangen‹, vom Verbalausdruck *mechulle werden* ›verderben‹,[23] war als *mechulle* und *machulle* im jüdischen Deutsch das übliche Wort für ›bankrott‹. *Mechulle machen, gehen* hieß ›bankrott machen‹. Das Wort wurde auch substantiviert gebraucht. Erwin Blumenfeld stellte es in seinen Erinnerungen bei der Beschreibung einer wirtschaftlichen Familientragödie mit *Pleite, Bankrott* und *Konkurs* in eine Reihe: »Die einzigen Aktiva, die Papa hinterlassen hat, waren Passiva. Familie, Schulden, kein Geld. Aufgeregte Onkels liquidierten mit verdächtiger Eile die Firma Jordan & Blumenfeld. Man akkordierte mit den Gläubigern auf fünfundvierzig Prozent, damals eine niewiedergutzumachende Schande. Das Allerschlimmste, die Pleite, Mechulle, der Bankrott, der Konkurs, wurde vermieden.«[24]

Der jüdische Volksmund kommentierte wirtschaftliche Not mit stehenden Wendungen. *Über mechulle geht kein Weg* hieß, daß man nicht mehr als bankrott gehen kann.[25] Wenn bei aller Armut früherer Reichtum noch zu vermuten war, sagte man: *Es guckt bei 'm aus wie bei 'm mechullenen Kozen* ›es sieht bei ihm aus wie bei einem verarmten Reichen‹.[26] Das gereimte Sprichwort *Wer hofft auf die Gulle* ›messianische Erlösung‹, *Is bald mechulle* erklärt Tendlau damit, daß nur wer der Verarmung nahe sei, auf Erlösung hoffe.[27] Der Wortlaut besagt jedoch etwas anderes. Wer auf den Messias hofft, hat vorerst schwere Zeiten vor sich. Mit der gereimten Zwillingsformel *Mechulle mit der Bulle*, bei der Herkunft und Bedeutung des Wortes *Bulle* umstritten sind, konnte man zum Ausdruck bringen, daß jemand oder etwas ›völlig zugrunde gerichtet‹ ist.[28] Den zweigliedrigen Ausdruck *mechulle un gepatterscht* ›bankrott und geschwängert‹ verstand man als Hinweis auf ›doppeltes Leid‹.[29] *Alles mechulle!* hieß es 1872 in Frankfurt am Main, *er is kabores gange, machulle gange* ›hat Konkurs gemacht‹ 1941.[30]

In den Mundarten heißt *mechulle, machulle* vor allem ›bankrott, verarmt‹ und ›erschöpft, krank‹. Die wirtschaftlichen Fachausdrücke des jüdischen Handelslebens *machulle machen* und *machulle gehen* ›pleite machen, pleite gehen‹ sind nur mit der Bedeutung ›bankrott gehen, Konkurs anmelden‹ aus den Mundarten belegt.[31] *Kriekt des Unglick, un alle Machulle dozu*, lautete eine Verwünschung.[32] Rotwelsch heißt *machulle, mechulle* ›verhaftet, gefangen, fertig, bankrott‹.[33] Der Duden bucht den Verbalausdruck *machulle, mechulle sein* mit den Bedeutungen ›bankrott sein, ermüdet sein, verrückt sein‹.[34] Er gehört in der Verkehrssprache wohl nur zum peripheren Vokabular.

**plete, pleite**

Während das Wort *machulle* aus der Alltagssprache der Juden kaum hinausgedrungen ist, hat *pleite* alle Bereiche der deutschen Sprache erobert. *Pleite* in der Wendung *pleite gehen, pleite sein* geht auf jidd. *pleto* ›Flucht, Entrinnen, Bankrott‹[35] zurück. Wie jidd. *trepho* ›für den Genuß verboten, unrein‹, das als *trefe* und *treife* ins Deutsche gekommen ist, wurde auch *pleto* in verschiedenen Lautformen als *plete* und *pleite* entlehnt. Walter Röll hat den Unterschied der beiden Formen auf eine westjidd. nicht diphthongierte Form, die als *plete*, und eine ostjidd. diphthongierte Form, die als *pleite* entlehnt wurde, zurückgeführt.[36] Während die Entlehnung des Wortes in der westjidd. Form bereits vor dem 18. Jh. erfolgt sein dürfte, gibt es Nachweise für die ostjidd. Form erst aus dem 19. Jh. Es liegt nahe, diese zweite Entlehnung dadurch zu erklären, daß Ostjuden in zunehmend größerer Zahl aus den preußischen Ostgebieten in die Hauptstadt Berlin gekommen waren.

Jidd. *pleto melochnen, pleto machen* hieß ursprünglich ›sich auf die Flucht begeben‹.[37] In der jüdischen Alltagssprache bekam *pleite* die Bedeutung ›fort, weg‹.[38] *Er hat pleite gemacht* hieß, ›er hat sich aus dem Staub gemacht‹. *Geh pleite!* bedeutete, ›mach, daß du fortkommst!‹ Auch die Bemerkung, daß bei übermäßigem Weingenuß *die Zunge oft plete gehe*, ruft eine Bedeutung aus diesem Zusammenhang auf.[39] *Plete gehen* bedeutet hier ›verlorengehen‹. Die ursprüngliche Bedeutung hat sich auch in deutschen Dialekten erhalten. In der Frankfurter Stadtmundart wurde *plete* in den Mundartlautungen *plede* und *bleede* nur in der ursprünglichen Bedeutung gebraucht.[40] *Er ist bleede* hieß noch 1941, ›er ist fort‹. *Bleede gehe* bedeutete ›flüchten, durchgehen, durch die Lappen gehen‹, *bleede jage* ›fortjagen‹. Neben der Form mit einem *b* im Anlaut kamen vereinzelt auch solche mit einem *p* vor. Die Frankfurter Mundart war nach Wohnquartieren und Sozialgruppen stark differenziert, so daß sich solche Unterschiede auch in den Lautformen zeigten. Aus dem Jahr 1899 ist auch eine Form mit dem gerundeten Vokal *ö* belegt, durch die der Ausdruck *flöten gehen* dichter an *bleede gehe* heranrückt. Daß in der Wiederholung der Aufforderung ein Ton angeschlagen wird, der mehr hochdeutsch als mundartlich ist, zeigt, mit welchen Mitteln einer Aufforderung Nachdruck verliehen wurde: *nein, un awermals nein, Sie gehn bleede – blöden gehen Sie! hawwen Sie mich verstanden?*[41] Stehende Wendungen wie *als bleede* ›nun aber fort‹ belegen, daß das Wort im Frankfurterischen fest verankert war. So hieß es: *jetzt gebb mir noch e Glas, unn dann gehts! pleede!*

**pleite machen, pleite gehen**

**bleede gehen**

In der übertragenen Bedeutung ›bankrott‹ ist *pleite* im Frankfurterischen erst im 20. Jh. ganz üblich geworden. Die Bedeutungsübertragung von *plete gehen* ›flüchten‹ zu *pleite gehen* ›bankrott gehen‹ wird dadurch erklärt, daß die Flucht des *Pleitegehers* eine Flucht vor den Gläubigern war. Wie sie sich gestaltete, hat Richard Wagner bis zu seiner Rettung durch König Ludwig II. einem staunenden Saeculum vorgeführt. In den deutschen Mundarten bedeuten *pleite gehen* und *pleite machen* ›verschwinden‹, ›flüchten‹ und ›bankrott machen‹.[42] Im Thüringischen heißt *pleite gehen* auch ›seinen Dienst verlassen‹ und ›sterben‹.[43] Die Bedeutungen ›fortgehen, flüchten‹ werden für das Rotwelsche bereits aus dem 18. Jh. belegt.[44]

Die deutsche Sprache hat das Wort *pleite* vor allem durch Zusammensetzungen von Substantiven bereichert. Ein Verbum *pleiten* ›in betrügerischer Absicht pleite gehen‹ gebrauchte ein Pamphletist bereits 1880 in einer Schmähschrift gegen Juden.[45] Mit den Wörtern *faul* und *brüchig* stellte Karl Kraus *pleitehaft* 1901 in eine Reihe.[46] Die *pleitene Drecksau*, bei der das sonst ohne Beugung verwendete Wort den grammatischen Regeln der deutschen Sprache vollständig unterworfen war, führte im Zeichen des Grobianismus eine Zeitung erst 2002 in die deutsche Sprache ein.[47] Wer dem Wort *pleite* neue Nuancen abgewinnen wollte, mußte es anders anstellen. Karl Kraus erregte sich 1912 über Gewinnsucht bei Beerdigungen und hielt fest: »Unlautere Kondolenz besteht am Platz. Der Tod ist pleite.«[48] Alfred Kerr reimte 1932 *pleite gehen* auf *zur Seite stehen*: »Wer Hitler so zur Seite steht, / Bewirkt, daß Deutschland pleite geht.«[49] Den Vogel schoß ein anonymer Fabrikant aus Thüringen ab, der seinem Finanzamt 1931 auf der Rückseite einer Zahlungsanweisung eine Parodie auf Wandrers Nachtlied von Goethe zukommen ließ:

**pleitene Drecksau**

»In allen Geschäften ist Ruh,
Von Umsätzen spürest du
Kaum einen Hauch.
Schon ist pleite
Die Kundschaft, die alte;
Warte nur! Balde
Bist du es auch!«[50]

Das dritte aus dem jidd. Wortfeld »Zerstörung« ins Deutsche entlehnte Eigenschaftswort ist *kapores*. Es wird heute in der deutschen Umgangssprache meist als Synonym zu *kaputt* gebraucht. Entsprechend bedeutet *kapores gehen* ›kaputt gehen‹ und steht sowohl für ›beschädigt werden, zerbrechen‹ als auch für ›sterben‹.[51] Das Wort gehört zu jidd. *kappora* ›Sühnung, Genugtuung, Versöhnung‹[52] und wurde von den deutschen Juden in sehr verschiedenen Lebensbereichen gebraucht. Als *kappores schlagen* gehörte es zum religiösen Wortschatz, als *kappores gehen* dagegen zur Handelssprache. Aus beiden Sprachbereichen ist es ins Deutsche übernommen worden, wird aber heute eher selten gebraucht.

**kapores**

Sephard. hebr. *kappara* ›Sühne‹, in aschkenasischer Aussprache *kaporo, kapore*, ist ein Zentralbegriff des Judentums und bezeichnet den »Inbegriff jeglicher Art von Sühnung einer Schuld gegen die Gottheit«.[53] Als Sühne galt das Opfer, bevor die Propheten Buße und Besserung als einzigen Weg zur Sühne verkündeten. Fehlt einem Menschen die Kraft zur vollen Läuterung, bleibt das Vertrauen auf die Gnade Gottes. Zu einem Sühnopfer gehört das Bekenntnis der Sünden. Reue ist Voraussetzung für die Sühnung der Schuld. Auch Leiden und Tod haben sühnende Kraft.

Auf dem Hintergrund dieser religiösen Grundsätze hatte sich ein Brauch entwickelt, der mit dem sephard. hebr. Wort *kapparot* ›Sühnungen‹ bezeichnet wurde. Er wurde am Tag vor dem Versöhnungsfest geübt und bestand darin, ein Huhn über dem Kopf zu schwingen und dabei Sühnegebete zu sprechen. In ihnen wird das Tier als Sühnopfer bezeichnet. Nach dem Schlachten wurde das Fleisch oder der Gegenwert davon den Armen gegeben. Weil der Brauch wie in vorprophetischer Zeit Sühne durch ein Opfer erstrebte, war er heftig umstritten. In Deutschland wurde er im 20. Jh. offenbar kaum oder nicht mehr befolgt.[54]

**Kappore**

In Kenntnis dieses Brauchs wird verständlich, warum jidd. *kappora* ›Sühnung, Genugtuung, Versöhnung‹[55] als *Kappore* in der Alltagssprache deutscher Juden ›Zerstörung‹ und ›Verderben‹ bedeutete.[56] Wo wie in Polen der Brauch noch geübt wurde, bedeutete *Kapore, Kepore* das ›Löse- oder Sühnobjekt‹. Üblicherweise wurde für einem Mann ein lebender Hahn, für eine Frau eine lebende Henne dreimal um das Haupt geschwungen, um damit zum Ausdruck zu bringen, daß das Tier als Opfer zur Lösung der Schuld in den Tod gehen solle.[57] In dieser Bedeutung erscheint *Kappore* in dem geflügelten Wort *wer' mein Kappore* ›werde mein Sühnopfer, tritt für mich ein‹.[58] In Frankfurt waren Nichtjuden der Auffassung, Juden hätten mit diesen Worten versucht, ihnen ihre Sünden aufzuerlegen. Auf diese Weise sei die Wendung zu einem Fluch geworden.[59] Daß der Satz eher metaphorisch gemeint war, bestätigt das jüdische Sprichwort: *Er is newich das Kappore-Hinkelche'* ›das Sühnopfer-Hühnchen‹. Das hieß, ›er ist leider der Sündenbock‹.[60] Man sagte diesen Satz über einen Menschen, dem alles angelastet wurde und der darum alles auszubaden hatte.

Bei der Phrase *kappores schlagen*, mit der das ›Schlachten des Hahns oder Huhns als Sühnopfer‹ bezeichnet wird,[61] wird statt der Sühne das Opfer in den Blick genommen. Das bestimmt die Bedeutung des Ausdrucks in der jüdischen Alltagssprache. *Kappores* heißt ›kaputt, erledigt‹,[62] *kappores gehen* ›kaputt gehen‹.[63] Was das im jüdischen Alltag bedeutete, zeigt die sprichwörtliche Redensart *der muß alles kappore machen* ›muß alles verderben‹.[64] Dies wurde gesagt, wenn jemand eine Bewerbung oder ein Geschäft vereitelt hatte.

**kappores schlagen**

Wie dieser Ausdruck im Gespräch verwendet wurde, hat Stefan Andres an einem jüdischen Viehhändler beobachtet, der regelmäßig zum Abschluß von Geschäften auf die Mühle des Vaters kam. Im Verlauf einer sich hinziehenden Kaufvertragsverhandlung klagt der rote Koppel, »daß der lange Steff ihn ruinieren, daß er ihm den Hals umdrehen tät, daß er, der rote Koppel, kapores ging, wenn er noch weiterhin auf die Breitwies käm.«[65] Beide Hauptbedeutungen des Ausdrucks *kapores gehen*, ›finanziell ruiniert sein‹ und ›das Leben verlieren‹, werden hier aufgerufen. Der rote Koppel stellt sich in der Opferrolle dar und fährt gut dabei, läßt aber den Müller als Geschäftspartner auch zu seinem Recht kommen, so daß am Ende beide zufrieden sind.

**kapores gehen**

Die autobiographische Erzählung gibt nicht nur die Wendung und ihre Bedeutungen wieder, sondern zeigt auch, wie sie durch den Kontakt mit Juden in die deutsche Sprache vermittelt wurde. Die Bedeutungen werden durch die Mundarten bestätigt. Dort heißt *kapore(s) gehen* ›sterben, kaputt gehen, bankrott gehen‹, *kapore(s) machen* ›töten, kaputt machen, bankrott machen‹. Das Eigenschaftswort *kapore(s)* steht entsprechend für ›tot, erschöpft, kaputt‹ und ›bankrott‹.[66] Im Rotwelschen kommen die Ausdrücke seit dem 18. Jh. mit entsprechenden Bedeutungen vor.[67]

Ein sehr frühes Zeugnis literarischer Verwendung bietet Gottfried August Bürger. In seinem Gedicht »Die Weiber von Weinsberg« schildert er 1777 die Belagerung der Stadt durch Kaiser Konrad und die Rettung der Männer durch weibliche Klugheit. Die Stimmung in der Stadt nach dem Ultimatum des Kaisers gab Bürger durch Ausrufe von Schäfern, Hirten und Juden wieder.

Dazu zitiert Bürger ein Studentenlied, das sich wiederum auf die Liebesklage des Schafers Korydon in Vergils 2. Ekloge bezieht, den griechischen Bittruf Kyrie Eleison aus der christlichen Liturgie und schließlich den jüdischen Klageruf:

»O weh, mir armen Korydon!
O weh mir! die Pastores
Schrie'n: Kyrie Eleison!
Wir gehn, wir gehn kapores!«[68]

Schon im frühen 19. Jh. war das Wort *kapores* in Frankfurt am Main volksläufig. Bettine von Arnim gebrauchte es, um eine wirkliche Gefahr auszudrücken: »Wenn Günderödchen nicht gewesen wäre, die sich um mich bekümmert wie um ein einziges Kleinod, ich wäre wirklich capores«.[69] Mehr als zweihundert Jahre nach Bürger hat Sarah Kirsch 1991 das Wort abermals literarisch genutzt. In dem Text »Zeitfresserin« heißt es am Schluß: »Mein tapferes Herz schlägt wie eine Uhr und geht vorwärts und rückwärts kapores.«[70]

### *Unerlaubtes*

**trefe, treife**

*Treife* ist das Gegenwort zu *koscher*. Wie jidd. *pleto* als *plete* und *pleite* wurde von den deutschen Juden auch jidd. *trepho* ›für den Genuß verboten, unrein‹[71] in zwei verschiedenen Formen als *trefe* und *treife* gebraucht. Mit diesem Ausdruck wurde alles bezeichnet, was ›rituell verboten, unrein, unzulässig‹ ist.[72] Gesetzestreue Juden achteten sorgfältig darauf, daß Speisen koscher waren. Im Zweifelsfall wurde der Rabbiner um Entscheidung darüber gebeten, *ob die Gans nicht trefe ist*.[73] Bei entsprechender Nachfrage wurden die jüdischen Vorschriften auch von Christen beachtet. Von einem Aalhändler mit eigenem Stand und eigener Räucherei hörte Victor Klemperer 1927 in Heringsdorf, er »rechne mit den frommen jüdischen Herrschaften« und räuchere, »damit nichts treefe ist, Flundern und Aale in getrennten Räuchereien«.[74] Wenn jemand *trejfe aß*, bedeutete dies, »daß er sich vom jüdischen Glauben abgewandt hatte«.[75] Wie die Speisevorschriften befolgt wurden, notierte sich der aus einem liberalen jüdischen Elternhaus stammende Klemperer im Tagebuch. Die Ehefrau eines Rabbiners »trug Bubikopf u. rauchte«, aber sie und ihr Mann »aßen kein treifes Fleisch«.[76] Wurden die Vorschriften bei Speisen und Geräten nicht befolgt, handelte es sich um eine *trefene Küche*. Achtete man überhaupt nicht auf die Vorschriften, war der ganze Haushalt *trefe*.[77] Einem Rabbiner, der jeden möglichst nach seiner Fasson selig werden ließ, sagte ein Handwerker mit einer stereotypen Redensart vorher: »Du wirst's noch so weit bringen, daß die ganze Gemeinde trefe (unrein) wird!«[78]

Wie *koscher* wurde das Wort *treife* aber auch im übertragenen Sinne gebraucht und bedeutete dann ›schlecht, verkehrt‹. Der Ausspruch *Der is durch un durch treephe*[79] war eine Steigerung des Satzes *der is nit so koscher*. Ein *tre(i)fener Hals* war ein Mensch, der die rituellen Speisegesetze nicht beachtete.[80] Mit kühler Distanz hielt Klemperer fest, daß ein strenggläubiger Besucher »wieder die nun schon obligaten drei ›koscheren‹ Mohrenköpfe vom treifen Bäcker« verzehrt habe.[81] Gershom Scholem beklagte 1930 in einem Brief aus Jerusalem an die Mutter in Berlin, daß »die Soncino-Gesellschaft«, die 1924 in Berlin gegründete Gesellschaft der Freunde des jüdischen Buches, »trefe ist« und meinte, es sei doch kein Unglück, bei den Zusammenkünften der Mitglieder »einmal im Jahr koscher zu essen«.[82]

**treifener Hals**

Als *treephe* wurden auch ungenießbare Egoisten bezeichnet[83] oder Menschen mit einer *treifenen Neschome* ›unreinen Seele‹.[84] Einen Ort, an dem keine Juden wohnen durften, nannte man *e treephe Mookem* ›Stadt‹.[85] In Frankfurt am Main hütete man sich vor Betrug *mit trewerem Skorem und miesem Schmus* ›mit unsauberen Lügen und dummem Gerede‹.[86] Dort sprach man im Hinblick auf Börsensünden auch von einem *Treifelsleben*.[87] In diesem Wort ist *treife* offenbar mit *Teufel* kontaminiert.

Einen Sprachscherz dieser Art hat auch Friedrich Torberg festgehalten. Man muß dazu wissen, daß *Treff* eine Bezeichnung für die Farbe Kreuz im Kartenspiel ist. Torberg erzählt, das Ausspielen einer Karte der Farbe Treff sei häufig »von der rätselhaften Ansage ›Trefe, der Gerichtsdiener‹ begleitet« worden. Merkwürdige Aussprüche gehören beim Skatspiel und bei anderen Kartenspielen bekanntlich zur Unterhaltung, aber dieser erschloß sich auch jenen nicht, die *trefe* als Gegenteil von *koscher* kannten. Der Ausspruch hatte nichts mit einer Anekdote von einem Gerichtsdiener

**Trefe, der Gerichtsdiener**

namens Trefe zu tun, sondern bezog sich auf eine amtliche Verordnung, die »die persönliche Zustellung von Anklageschriften regelte«. Sie begann mit den Worten: »Träfe der Gerichtsdiener den Beklagten nicht zu Hause an, so ist ein diesbezügliches Benachrichtigungsformular zu hinterlassen«.[88]

An einen Brauch im Umgang mit treife gewordenen Geräten erinnerte sich Victor Klemperer, als er bereits 1934 darüber nachdachte, wie die vom Nationalsozialismus mißbrauchten Begriffe der deutschen Sprache nach dem Untergang des Regimes für den Gebrauch zurückgewonnen werden könnten: »Die rituellen Juden pflegen trefe gewordene Gefäße zu reinigen, indem sie sie eingraben.«[89] Er schlug deshalb vor, belastete Ausdrücke für längere Zeit zu vermeiden, um sie auf diese Weise vom nationalsozialistischen Gedankengut zu reinigen und erneut verwendbar zu machen.

Im Deutschen ist *treife* als Wort der Standardsprache nur im Sinne der jüdischen Speisevorschriften geläufig.[90] In den Mundarten bedeutet es vor allem ›unrein (vom Fleisch)‹,[91] doch zeigt die Angabe ›unsauber (von einem irdenen Topf)‹,[92] daß mehr von den rituellen Vorschriften der Juden bekannt war. Im Rotwelschen steht

**trefe fallen**

*trefe* für ›verboten, körperlich und sittlich unrein, unehrlich, unredlich, verdächtig‹.[93] *Trefe stehen* oder *trefe sein* hieß, übel angeschrieben zu sein und sich besonders der Polizei gegenüber in bedenklicher Lage zu befinden, *trefe fallen*, auf frischer Tat mit der Beute gefaßt zu werden.[94] *Trefe machen* bedeutete, einen Verbrecher zu überführen.[95] Mit der traditionellen Redeweise der Gauner und Kriminellen wollten die Nationalsozialisten in einer Zeitschrift für Schüler Juden dadurch diffamieren, daß sie ihnen rotwelsche Formen in den Mund legten: »Nu, ich weiß, ich bin treife (wörtlich: unrein, d.h. überwiesen). Wenn Se mir zusagen, daß ich kein Knast (Strafe) bekomme, will ich Ihnen den Emmes dibbern (die Wahrheit sagen) über die Einbrüche«.[96] Wie mit dem Gebrauch solcher Sprachmittel die Verhältnisse verfälscht und das Gift des Rassenhasses in die Köpfe jugendlicher Leser geträufelt wurde, konnten Schüler damals kaum erkennen.

Von den beiden jidd. Wörtern, mit denen im Deutschen Schlechtes charakterisiert werden kann, war *schofel* bereits im 18. Jh. unter Literaten wie Gottfried August Bürger ein Modewort. Die Intellektuellen um 1900 und die Journalisten der Gegenwart dürfen sich daher, was den Gebrauch jidd. Wörter angeht, auf Bürger als ihren Ahnvater berufen. Jidd. *schophol, schophel* wurde von den deutschen Juden in der volksläufigen Lautform *schofel* mit einem ganzen Spektrum an Bedeutungen, die von ›niedrig‹ über ›tief, gering‹ und ›demütig‹ bis zu ›unbeachtet‹ reichen,[97] als ein Wort für etwas Gemeines, Niedriges oder Schlechtes verwendet.[98] Eine Wendung wie *das war schofel von ihm* konnte auch bedeuten, daß einer sich unfein benommen hatte oder geizig war.[99] Entsprechend hieß es in einem Privatbrief aus Berlin: »Sie hat keinen [sic] ihrer Berliner ›Freunde‹, die sich so schofel benahmen, mehr geschrieben u. keinen Brief beantwortet.«[100]

**schofel**

In den deutschen Mundarten ist der Ausdruck weitbekannt. *Schofel* und die Adjektivableitung *schoflig* heißen dort neben ›schlecht‹ auch ›unwohl, charakterlos, niederträchtig, bedenklich‹ und ›geizig‹.[101] In die Umgangssprache ist das Wort mit einer zugespitzteren Bedeutung gelangt und bedeutet nach der Umschreibung, die der Duden gibt, ›in einer Empörung, Verachtung oder ähnliches hervorrufenden Weise schlecht, schäbig, niederträchtig‹.[102] Aus dem Rotwelschen ist *schofel* seit dem frühen 19. Jh. belegt.[103] Dort fehlt das zugehörige Substantiv *Schofel*, das in den Mundarten ›wertlose Ware, schlechtes Zeug‹, aber auch ›elender Mensch, Schmach‹ und ›schlechtes Benehmen‹ heißen kann.[104]

**Schofel**

Den Sprachforschern war das Wort bereits im 18. Jh. aufgefallen. Adelung verzeichnete *schofel* und *schofelig* 1780 mit der Bemerkung, es sei »nur in den gemeinen Sprecharten einiger Gegenden üblich« und bedeute ›in hohem Grade schlecht, armselig‹ wie in dem Satz *Das sieht schofel oder schofelig aus.*[105] *Schofele Ware* ist ›schlechte Ware‹, die auch als *Schofel*, einem Wort für ›schlechtes Zeug, Ausschuß, Pofel‹, bezeichnet werden kann. Hinsichtlich der Herkunft des Wortes tappte Adelung mit der Erwägung, *schofel* von *schaben* oder *scheuen* abzuleiten, 1798 noch vollkommen im dunkeln. Seine Angaben lassen erkennen, daß der Ausdruck aus der jüdischen Handelssprache übernommen worden ist. Offenbar hatte Adelung zu wenig Kontakt mit Juden. Sonst hätte ihm dies auffallen müssen. Daß er festhält, *schofel* sei »nur in den gemeinen Sprecharten« üblich, bedeutet nicht, daß er das Wort aus Gaunermund gehört, sondern daß er es in der Volkssprache, also in den Mundarten, beobachtet hat.

Als Adelung sich noch mit der Erklärung des Ausdrucks abmühte, stand er Gottfried August Bürger bereits tagtäglich zu Gebote. Er verwandte ihn als abwertende Bezeichnung für dilettantische Literatur, mit der er als Herausgeber des Göttinger Musenalmanachs überschwemmt wurde. Schon im September 1778

**Dietrich Schofelschreck**

machte er sich bei der Vorrede zum ersten von ihm verantworteten Band mit drastischen Worten Luft. Um die Autoren nicht zu verprellen, verstieg er sich zu der Behauptung, aus dem Verzicht auf die Veröffentlichung ihrer Werke sei nicht *durchgehends auf Schofel* zu schließen. Sogar Homer und Ossian hätten in ihren Anfängen gewiß erleben müssen, daß Kritiker sie der Mittelmäßigkeit und sogar *des Schofels* beschuldigten. Den auf diese Weise mit größten Vorbildern in einem Atemzug genannten *Schofellieferanten* konnte Bürger deshalb »wenigstens für ihren guten Willen« danken.[106] Was er aber wirklich dachte, kleidete Bürger in die »Fürbitte eines ans peinliche Kreuz der Verlegenheit genagelten Herausgebers eines Musenalmanachs«, die er in den Band einrückte und mit dem pseudonymen Verfassernamen *Dietrich Schofelschreck* unterzeichnete:

»Vergib, o Vater der neun Schwestern,
Die unter deinem Lorbeer ruhn,
Vergib es denen, die dich nun
Und immerdar durch Schofelwerke lästern:
Sie wissen ja nicht, was sie tun.«[107]

Die *Schofelwerke*, mit denen sich nach Bürgers Meinung die jungen Lyriker am Göttervater Zeus und allen Musen versündigten, machten ihm eine Menge Arbeit. Am 28. Mai 1779 schrieb er an seinen Verleger: »Es ist ganz unbeschreiblich, was ich [sic] für eine Menge Schofel schon wieder eingelaufen ist, und ich werde auszumisten haben, daß mir die Schwarte knacken mögte.«[108] Ein Jahr später hieß es: »Die Schofellieferanten, die da fürchten den Jahrmarkt zu versaümen sind immer früh genug bei der Hand.«[109] Im folgenden Jahr nahm sich Bürger im Nachwort zum Musenalmanach auf das Jahr 1782 der Sache noch einmal an. Die Autoren hatten darüber Klage geführt, daß sie ihre unverlangt eingesandten Beiträge nicht umgehend zurückerhalten hatten. Bürger schreibt, wer seine Beiträge nur deshalb zurückverlange, damit sie nicht *im Schofelarchiv* landeten, der könne doch besser »Befehl zum Verbrennen geben«. Dem würde er mit Freuden Folge leisten. Würde es ihn doch »der Kosten eines eigenen zu Aufbewahrung des Schofels sonst nötigen Hauses und der Bestellung eines eignen Schofel-Registrators« entheben.[110]

**Schofelwerke**

*Dietrich Schofelschreck* hatte sich also zur Abwehr des *Schofels* der *Schofellieferanten* um das Grundwort *schofel* herum ein ganzes Wortgebäude errichtet. Er selbst nahm die Position eines Direktors des *Schofelarchivs* ein, in dem die *Schofelwerke* ungedruckt abgelegt und von einem eigens dazu bestellten *Schofel-Registrator* gepflegt werden sollten. Daß dies nicht auf taube Ohren gestoßen war, zeigt ein Brief Lichtenbergs vom 14. Juni 1794, in dem Bürgers *Schofelarchiv* erwähnt ist.[111] Wenn er wollte, konnte Bürger mit den Werken der jungen Autoren auch ganz anders umgehen. Die Lyrikerin Philippine Gatterer, der er freundschaftlich verbunden war, besänftigte er sogar in Versen:

**Schofelarchiv**

»Was Ihre Gedichte nun anbelanget
Wornach Ihr so herzlich und schmerzlich verlanget,
So kann Sie ja leicht von selber ermessen:
Ich werd' Ihre Kindlein nicht braten und fressen.
Sie liegen recht sorglich und sauber verwahrt,
Auch wahrlich nicht mit dem Schofel gepaart.«[112]

Bürgers Lieblingsausdruck war im studentischen Milieu ins Deutsche aufgenommen worden, wo sich neue Wörter bekanntlich besonders schnell ausbreiten.[113] Bei den Schriftstellern gehörte er seit dem ausgehenden 18. Jh. schnell zum Jargon, der im Gespräch und in Briefen benutzt wurde. Immer häufiger geriet er auch in die schöne Literatur, behielt aber immer eine eigene Aura. Heinrich Heine stellte dem Wort die Bedeutung voran, so daß sich die tautologische Formulierung *Nur Schund, nur Schofel* ergab.[114] Das läßt uns vermuten, daß sich Heine nicht sicher war, ob der aus dem Jiddischen stammende Ausdruck überall richtig verstanden würde. August von Kotzebue hatte bereits 1803 auf Bürgers Bezeichnung der literarischen Produktion zurückgegriffen, als er in seinem Lustspiel »Die deutschen Kleinstädter« das Gespräch auf den Lektürekanon kommen ließ:

»*Sabine:* Und waren Sie denn ganz rasend, als mein Oheim seine Lesebibliothek auskramte, zu sagen, es sey lauter Schofel?
*Olmers:* Ja, es ist lauter Schofel, nichts als Räuber, Banditen, romantische Dichtungen und fromme Almanache.«[115]

Ging es Bürger um gutgemeinte, aber unvollkommene Lyrik, so läßt Kotzebue seinen Helden Erbauungsschriften, romantische Dichtung und Trivialliteratur in einen Topf werfen und mit dem emotional distanzierenden Ausdruck *Schofel* belegen. In seinen nur wenig später entstandenen politischen Aphorismen versteht Johann Gottfried Seume unter *Schofel* einen Menschen, dem man überheblich begegnen zu können glaubt: »Nur gegen einen Größeren ist er [der Deutsche] ebenso weggeworfen kriechend, als dummgrob er gegen diejenigen ist, die er für Schofel hält.«[116]

Ist bis jetzt der Eindruck erweckt worden, das jidd. Wort *schofel* sei von den deutschen Schriftstellern vor allem in substantivierter Form und zur näheren Bestimmung eines Kompositums wie *Schofelwerke* verwendet worden, so liegt das vor allem an der Überlieferung. Das gesprochene Deutsch vergangener Zeiten ist nur ganz unvollkommen faßbar und zeigt sich nur ansatzweise in Briefen, Tagebüchern, Notizen und auch in Dramen. Darum können wir davon ausgehen, daß das Adjektiv *schofel* in allen grammatischen Verwendungsarten gebräuchlich war, z. B. attributiv in der Formulierung *ein schofeler Kerl*,[117] prädikativ in der Bemerkung *Hier ist alles schofel*, die Bettine von Arnim 1840 brieflich gegenüber Wilhelm Grimm machte,[118] und adverbial in Nestroys Satz *Es schaut so schofel aus, wenn der Mensch keine Uhr hat.*[119]

Wenn sich Dichter eines Ausdrucks bedienen, machen sie ihn ihren Zwecken untertan. Eichendorff reimt deswegen in einem Puppenspiel ein wenig gezwungen *schofel* auf *Pantofel.*[120] Und Gottfried Keller bereicherte die Wortfamilie *schofel* wie Bürger mit einem neuen Ausdruck. In Kellers Gedicht »Die öffentlichen Verleumder« heißt es:

**Schofeltat**

»Hoch schießt empor die Saat,
Verwandelt sind die Lande,
Die Menge lebt in Schande
und lacht der Schofeltat!«[121]

Diese zornige Abrechnung mit Verleumdern in Presse und politischer Literatur veranlaßte Karl Kraus im Oktober 1926 dazu, das ganze Gedicht in der »Fackel« nachzudrucken.[122] In Keller mußte Kraus einen Mitstreiter gegen die Verwahrlosung in Presse und Literatur sehen, der mit denselben Mitteln gekämpft hatte wie er selbst. Kellers Ausdruck *Schofeltat* war dafür ein eindeutiges Zeichen. Für Gottfried Benn war *schofel* ein Ausdruck, mit dem der schnoddrige Berliner Umgangston plastisch aufgerufen werden konnte. Wie Benn das Wort 1917 im Gedicht »Fleisch« benutzt, ist dennoch überraschend: »Du olle schofle Bürgerhausleiche, / lehn dir nich an meinen Sarkophag!«[123]

### *Unangenehmes*

Noch weitaus stärker als *schofel* ist *mies* in den deutschen Wortschatz integriert. Es entstammt einer jidd. Wortfamilie, der auch *mius* ›Verachtung‹ und *sich misen* ›sich vor etwas grauen, Greuel empfinden, verschmähen‹ angehören.[124] Als Adjektiv bedeutete *mies* in der Alltagssprache deutscher Juden ›häßlich, schlecht, geringwertig, gemein‹ und ›unwohl‹.[125] Die Bedeutungsangaben zeigen, daß mit *mies* sehr verschiedenen Bezeichnungsobjekten negative Eigenschaften zugesprochen werden können. Manche Formulierungen verweisen auf bestimmte Mi-

**mies**

lieus. So war ein *mießer Bocher* in der jüdischen Kaufmannssprache ein ›schlechter Kunde‹.[126] Einem *miesen Baldower* ›unangenehmen Menschen‹ haftete der Ruch des Gaunerischen an.[127] Unter einem *Miesmacher* verstand man in der jüdischen Börsensprache einen Spekulanten, der auf fallende Kurse gesetzt hatte.[128] Das Wort gehört so sehr zum deutschen Kernwortschatz und ist in allen Sprachlandschaften und Sprachschichten so verbreitet, daß Details hier nicht wiederholt werden müssen. Durch Ableitungen wie *vermiesen* und Zusammensetzungen wie *Miesepeter* ist eine große deutsche Wortfamilie entstanden, deren Mitglieder in einer Gesellschaft, die gern das Negative aufspießt und über das Positive selten ein Wort verliert, ständig im Dienst sind.

Wenn das Wort *mies* fällt, geht es häufig um Menschen. Ihre Eigenschaften und Befindlichkeiten, Angelegenheiten und Handlungen, Beziehungen und Verhältnisse bieten genügend Anlaß, Unangenehmes, Schlechtes oder gar Nachteiliges vorzubringen. Der Gebrauch des Wortes *mies* schafft dabei zwischen Wissenden oft ein Einverständnis, in dem nur ein lakonisches Urteil gefällt werden muß, um die Sache zu entscheiden. Jedes weitere Wort ist überflüssig, wenn das Ganze *einen miesen Eindruck* macht[129] oder es sich um eine *miese Sache* handelt.[130] Von dieser Art der Verständigung machte der Romancier Georg Hermann Gebrauch, als er im Februar 1933 aus Berlin an Robert Neumann schrieb: »Die Zeiten hier sind mies, besonders mies für einen, der, wie Heine sagt, drei Flüche in sich vereint: Armut, Alter, Judentum.«[131] Damit war alles gesagt. Der Vorteile, die der Gebrauch eines Wortkürzels bietet, hatte sich in jungen Jahren auch Alma Mahler-Werfel bedient: »Vormittags bei Dr Pollack im Künstlerhaus und beim Lambeaux. Mies!«[132] Wollte jemand sich etwas ausführlicher äußern, konnte das abschließende Urteil so ausfallen: *mies auf der ganzen Linie*.[133]

*Mies* ist ein Wort, das zur Charakterisierung von allem und jedem taugt. Beispielsweise gibt es *miese Gefühle* und *miese Reden*,[134] *miese Nachbarn* und ein *mieses Land*,[135] kurzum *lauter miese Sachen*.[136] Gottfried Benn klagte 1955: »Wetter war hier sehr mies, immerzu Regen«.[137] Zu dem Einfall, einen geplanten Roman »Der Gute Glaube der Deutschen« zu nennen, notierte sich Robert Neumann apodiktisch: *Ein mieser Titel.*[138] Er erschien dann aber doch als »Der Tat-

**miese Sachen**

bestand oder Der gute Glaube der Deutschen«. *Mieses Deutsch* bescheinigte Karl Kraus den Nationalsozialisten mit einer kritischen Dokumentation ihres Jargons, ihrer grammatischen Fehler und ihrer verbrecherischen Ideologie schon im Sommer 1933.[139]

Eine Person *mies* zu nennen, ist ein vernichtendes Urteil. In der Bemerkung, ein neugewählter amerikanischer Präsident sei der *minder-miese Mann*, schwingt eine gehörige Portion Verachtung mit.[140] Enttäuschung darüber, daß 1936 im scheinbar sicheren Zufluchtsort in den Niederlanden eine jüdische Drogistin durch nichtjüdische Geschäftsinhaber ersetzt worden war, ließ Georg Hermann in die Klage über *eine miese Gojete* ›Nichtjüdin‹ *mit einem noch mieseren Mann* ausbrechen.[141] Einen Verräter, der seine jüdischen Glaubensgenossen den Schergen des Regimes ans Messer lieferte, nannten jüdische Zwangsarbeiter in Dresden einen *miesen Hund*.[142] Heute spräche man wie der Übersetzer eines Buches über Vernehmungen im besiegten Deutschland 1944/45 wohl eher von einem *miesen Schwein*.[143]

Auf Personen bezogen, heißt *mies* ›unangenehm‹ oder ›widerlich‹. In Formulierungen wie *mieser Hund* und *mieses Schwein* ist das Attribut mit einem Schimpfwort zu einem festgefügten Ausdruck verbunden. Eine Äußerung wie die über die *miese Gattin* eines Filmverleihers[144] wirkt nicht nur ungalant, sondern geradezu unverschämt. Sie ist es aber nicht, wenn man eine jidd. Bedeutung des Wortes *mies* unterstellt, die im Deutschen nicht üblich ist: ›häßlich‹.[145] Die *neidische, miese Fee* ist mit den Attributen ausgestattet, die im Märchen den Nachtgestalten zukommen.[146] Erst mit diesem Wortwissen werden manche jüdischen Witze wirklich verständlich. Einer lautet: »Das ist ein famoses Weib! Brutto passabel, Netto mieß, Tara kolossal, dabei blödsinnige Spesen.«[147] Einen anderen erzählt Robert Neumann als »Anekdote von der Frau mit der miesen Tochter«: »Trag einen Schleier, mein Kind – was man nicht sieht, ist Rebbach.«[148] Dabei lebt der Witz natürlich vor allem davon, daß Menschen mit Kategorien beschrieben werden, die ihren Platz im Handelsleben haben.

**mieses Schwein**

Anders als ›häßlich‹ sind die Bedeutungen ›kränklich‹ und ›krank‹ in die deutsche Umgangssprache und die Mundarten übernommen worden. *Mies* ist auch ein Wort zur Bezeichnung von Beschwerden über das Befinden. Die Äußerung *mir ist mies* ist dabei fast ein Topos.[149] Im Witz wird sie als Einstieg verwendet: *Was ist Dir passiert, daß Du so mieß dreinschaust*[150] oder *Was ist dir Meier, was machste für ein mieses Gesicht?*[151] Während *mies* hier ›verdrießlich‹ bedeutet, steht es in den folgenden Beispielen für ›krank‹ oder ›elend‹: »Mir ist auch sehr mies, ich sitze da im Sanatorium und warte aufs Gesundwerden.«[152] Noch deutlicher heißt es: »Ich fühle mich gesundheitlich sehr mies.«[153]

Es ist deutlich geworden, daß *mies* auch im deutschen Sprachgebrauch jüdische Bedeutungen und Konnotationen behalten hat. Mit der Formulierung vom *miesen Baldower* machten jüdische Schriftsteller davon einen augenzwinkernden Gebrauch. Wußten sie doch, daß jidd. *baal dowor* ›Herr, Besitzer, Unternehmer, Führer‹ bedeutete[154] und *Baldower* schon bei den deutschen Juden einen durchaus negativen Beigeschmack hatte. Es war zu einer Bezeichnung für Menschen geworden, um die man lieber einen Bogen machte.[155] Bei den Ostjuden war *Baldower* sogar ein Ausdruck für ›Teufel‹.[156] Da sich die Gauner des Ausdrucks bemächtigt hatten und ihn in ihrem Rotwelsch als Bezeichnung für den Anführer verwendeten, der die Gelegenheit zum Einbruch auskundschaftet,[157] stellte jede Verwendung in einem anderen Kontext einen Stilbruch dar. Rudolf Pick machte sich dies für seine Parodie »Die Nelkenburg« zunutze und ließ die handelnden Figuren nach einem Diktum von Egon Erwin Kisch in einer Mischung von »Rittersprache und Gemauschel« reden: *Traun! ä mießer Baldower.*[158]

**mieser Baldower**

Der für die verschiedenen Tonfälle besonders sensible Karl Kraus konnte dem Ausdruck immer wieder andere Facetten abgewinnen. In seinem Drama »Die letzten Tage der Menschheit« bezeichnet ein jüdischer Regimentsarzt einen Drückeberger als *miesen Baldower.*[159] Ein Zeichen für den Übergang von der Monarchie zur Republik erblickte Kraus in dem Ausspruch eines Staatssekretärs, der die Bitte der Frau eines verhafteten politischen Gegners 1918 mit den Worten erfüllte: »Wir werden ihn halt freilassen, den miesen Baldower.«[160] Eine Mischung, die das feinere Lustspiel zuvor noch nicht gekannt habe, war für Kraus große Schauspielkunst: »ganz zart angedeuteter, aber hinreißend mieser Baldower«.[161] Die Verbindung von Kunst und Kommerz geißelte

Kraus 1932 am Beispiel einer Werbung für Schreibmaschinen, für die sich »ein berühmter, aber mießer Baldower an der Schreibmaschine sitzend« hatte photographieren lassen.[162] Kurt Tucholsky ließ 1929 in der »Weltbühne« eine Parodie drucken, in der er im Stil der Hetzpresse mit Erich Maria Remarque, dem Autor des Anti-Kriegsromans »Im Westen nichts Neues«, abrechnete und ihn dabei einen *miesen Baldower* nannte.[163]

Selbstironie zeigte sich in der von Juden gebrauchten Wendung *ein kleines, aber mieses Völkchen.* Leo Slezak übertrug den Ausdruck 1927 auf eine andere Volksgruppe, ohne auf die zugrundeliegende Formulierung Bezug zu nehmen: »Die Graubündner sind ein kleines, aber mieses Völkchen!«[164] Vielleicht war die Wendung damals bekannter als heute. Daß die Bevölkerung das jidd. Wort im Dritten Reich, als alles Jüdische verfolgt und sein Gebrauch daher sorgfältig vermieden wurde, weiter in den Mund nahm, hat Victor Klemperer im Tagebuch festgehalten. Im Oktober 1944 sprach man in Dresden davon, daß die Luftlage *»mies«* sei, und der Chronist, der die Herkunft des Wortes kannte, setzte es eigens in Anführungsstriche.[165] Der Tänzerin und Filmschauspielerin Marika Rökk erschienen die Kriegsjahre 1943 und 1944 noch drei Jahrzehnte später als *miese Zeiten.*[166]

**Miesmacher**

Die Nationalsozialisten jedoch, die sonst mit Wörtern jidd. Herkunft gegen die Juden agitierten,[167] scheuten sich nicht, mit dem Wort *mies* eine Propagandakampagne zu betreiben. Bereits 1934 starteten sie einen »Werbefeldzug gegen Kritikaster und Miesmacher«.[168] Unter den Parolen, die während des Krieges in großen Lettern an die Häuser geschmiert wurden, befand sich auch die folgende: *Wir dulden keine Miesmacher.*[169] Mit Figuren wie *Liese und Miese*, die das Positive und das Negative verkörperten, wurde versucht, die letzten Kräfte für den Krieg zu mobilisieren.[170] In einer Zeitungsannonce hieß es: »Schreibt Liese einen Feldpostbrief, / dann ist der Inhalt positiv, / voll Liebe und Vertrauen. / Ein Brief aus Mieses Horizont / kann dem Soldaten an der Front / die Stimmung nur versauen.«[171]

Auch heute ist das aus dem Jiddischen stammende Wort *mies* ein lebendiger Teil der deutschen Sprache, der von neueren Entwicklungen nicht ausgenommen wird. *Is ziemlich mies grad*, sagt eine junge Frau in Ingo Schulzes Roman aus der ostdeutschen

Provinz und will damit ausdrücken: ›es paßt jetzt nicht‹.[172] *Das war supermies*, heißt es im Jargon der Zeit in einem Krimi,[173] dessen Autor in einem anderen Werk den Milchmann Tewje aus dem Musical Anatevka ins Ohr zurückholt: *Wenn ich mal mies drauf bin.*[174] Das Wort stellte Robert Gernhardt 1982 in einer Verszeile mit anderen in eine Reihe: »zu arm, zu mies, zu mau, zu öd«.[175] Daß er dabei *mies* und *mau* in einem Atemzug nannte, hatte ihm Georg Hermann bereits 1940 vorgemacht. In einem Brief gab sich der Schriftsteller, der 1943 auf dem Transport nach Auschwitz umgekommen ist, Rechenschaft über seine Lage: »eigentlich geht es mir mau auf der ganzen Linie – und wenn ich schon die Lust [...] verloren habe [...] muß es mir in jeder Beziehung wohl mies gehn.«[176]

**supermies**

Noch auf der Ebene der Parodie und des Nonsens liegen Versuche, ein Reimwort auf *mies* zu finden. Im jüdischen Witz lautet das Ergebnis: *Vor Kohn is mir mies, / er soll sich brechen de Fieß!*[177] Leo Slezak gelang es kaum besser, als er reimte: »Ist dir ganz erheblich mies, / Nimm mein Buch zur Hand und lies.«[178] Alfred Kerr hatte auf Alliteration gesetzt: »Moritz spricht: ›Ich bin marode ... / So was kost 'ne Stange Gold! / Miese Mumpitz-Massen-Mode! / Aber du hast's doch gewollt! ... ‹«[179] Robert Gernhardt versuchte es in seinem Gedicht »Der Maler Pablo Picasso schreibt an seinen Kunsthändler Daniel-Henry Kahnweiler« dagegen mit einem Doppelreim: »Sie haben Juan Gris bezahlt, / und der hat ziemlich mies gemalt.«[180]

## 8. Einzigartiges

Das jidd. Wort *nebbich* gilt als besonders gefühlsbetonte Vokabel, deren Gebrauch nur schwer zu erlernen und die kaum zu übersetzen ist. Sie wird stark situations- und kontextabhängig gebraucht.[1] Darum wurde *nebbich* immer für »ein sehr schwieriges Wort« gehalten. Im 19. Jh. wurde es mit ›Gott bewahre!‹ und ›leider!‹ umschrieben, drückte aber auch »bloß eine gemütliche Teilnahme aus, ohne deshalb auf ein großes Unglück zu deuten«.[2] Bereits 1855 setzte der Wiener Philanthrop Joseph Wertheimer dem Ausdruck ein poetisches Denkmal: »Ein Wörtchen geht von Mund zu Munde – / Sein Ursprung ist uns unbekannt; / Doch Zeugnis gibt's vom Bruderbunde, / Der mild dem Leid sich zugewandt. / Wo sich ein menschlich Weh verschließet, / Die Pilgerfahrt wird schwer und schwül, / Das Wörtchen von der Lippe fließet, / Und ›Näbich‹ sagt das Mitgefühl«.[3]

**nebbich**

Unter deutschen Juden wurde das Wort als einzigartiges Zeichen jüdischer Identität bewahrt. Jean Améry erinnerte sich, daß es für seine christliche Mutter mit jüdischen Vorfahren und jüdischem Ehemann eine besondere Bedeutung hatte: »Dann und wann gebrauchte Mutter ein jüdisches Wort, das einzige, das ich aus ihrem Munde hörte: nebbich. Sowohl für Jessasmarandjosef wie für nebbich waren bei uns stets gute Gründe vorhanden: Wir waren proletarisierte Mittelstandsleute, nebbich, und weder Jesus noch Maria noch Josef wollten sich unser erbarmen«.[4]

### *Herkunft*

Daß *nebbich* aus dem Jiddischen ins Deutsche gekommen ist, gilt als unstrittig. Wie das Wort ins Jiddische kam, ist für seine Verwendung im Deutschen zweitrangig. Die Herkunft ist umstritten. Herleitungen wurden auf lautliche oder semantische Ähnlichkeiten gegründet, manchmal auch nur rein spekulativ behauptet.

Dabei wurden der Entlehnungsweg und die Entlehnungszone aus den Erwägungen oft ausgeklammert. Das erklärt, warum die etymologischen Annahmen stark divergieren und eine Herkunft aus dem Polnischen, Tschechischen und Ukrainischen, aber auch aus dem Hebräischen erwogen worden ist.[5] *Nebbich* wurde auch als deutsche Lehnübersetzung eines hebr. Ausdrucks angesehen.[6] Ganz abwegig ist die Herleitung aus dem Mittelhochdeutschen.[7] Das Vorkommen in älteren Texten macht eine Herkunft aus tschech. *nýbrž* ›ja, fürwahr, wirklich, wahrlich‹ wahrscheinlich.[8]

## *Relikt der jüdischen Alltagssprache*

*Nebbich* wurde als Relikt der jüdischen Ausdrucksweise im Familienkreis gebraucht und so an die nächste Generation weitergegeben. Gershom Scholem erinnerte sich, das Wort nach 1900 von einer Tante als »besonders gefühlsbetonten Ausdruck des Bedauerns« gehört zu haben: »Gerhardchen ist nebbich so anständig.« Das war ihm noch im hohen Alter gegenwärtig: »Solch einen Satz konnte man nicht leicht vergessen.«[9] Die Partikel *nebbich* wurde nahezu ausschließlich von Juden verwendet. Nichtjuden war sie aus jüdischen Witzen geläufig. Mit dem folgenden reagierten deutsche Juden ihre Aversion gegen Glaubensbrüder ab: »Der ertrinkende Ostjude: ›Nebbich ich verschwimm!‹«[10] Wozu das Wort tauglich war, erkennt man erst im differenzierenden Gebrauch. Wenn es jedoch nicht tausendfach belegt und seit langem in deutschen Wörterbüchern gebucht ist, liegt das daran, daß es vor allem der spontanen Mündlichkeit vorbehalten war. In diesem Sinne benutzte es Fritz Mauthner 1882, um Äußerungen als typisch jüdisch erscheinen zu lassen: »Schimpft man uns, weil wir Juden sind, so wollen wir nebbich stolz sein.«[11]

Mit *nebbich* wurden Äußerungen im familiären Briefverkehr gewürzt. Gershom Scholem berichtete seinen Eltern, die das Studium finanzierten, über Studienfortschritte und listete seine Aktivitäten auf: »Was tut Gerhard Scholem für sein Studium? Mathematik diesmal nischt! das nächste Mal keine Zeit! nebbich.«[12] Das kommentierende *nebbich* sollte offenbar damit versöhnen, daß der Student die eigentlich verabredeten Studieninhalte zugunsten anderer Themen vernachlässigt hatte. In weiteren Briefen war von einer *Kohlenrechnung, nebbich* die Rede, von einer *Nora nebbich*, die bei einer Erbschaft leer ausgegangen war, und von einer Dame in den Dreißigern: »Hübsch ist sie auch nicht mehr, nebbich«. Mit dem Ausdruck wurden allerpersönlichste Belange ironisch, resignierend oder auch schicksalergeben kommentiert. Einmal hieß es: »nebbich oder, wenn Du willst, Gott sei Dank«.

Victor Klemperer benutzte das Wort *nebbich*, wenn er im Tagebuch besondere Nuancen ausdrücken wollte. Überraschung spricht aus einer Notiz im Sommer 1926, als er seine Vorlesung wegen zu geringen Besuchs vorzeitig beenden wollte und zur nächsten Stunde feststellen konnte, daß seine Hörer vollzählig erschienen waren: »nebbich, alle! etwa 15«.[13] Das Wort konnte auch Ausdruck der Überheblichkeit sein, so bei einem jüdischen Offizier des Ersten Weltkriegs, der 1940 im Dresdner Judenhaus interniert war. Er antwortete auf die Frage nach den Auswirkungen der englischen Politik: »Nebbich die Blockade!«[14] Peter Altenberg notierte, Karl Kraus habe ihn dem Verleger S. Fischer empfohlen: »ich sei ein Original, ein Genie, Einer, der anders sei, nebbich«.[15] Das Wort wurde aber auch verwendet, wenn jemanden das Schicksal hart getroffen hatte. »Er kam nebbich nicht mit«, sagte ein Überlebender 1962 im hessischen Merzhausen.[16]

## *Ausdruck der Stadtdialekte*

In den deutschen Bauernmundarten ist *nebbich* nahezu unbekannt.[17] Dagegen ist es aus den Stadtdialekten von Frankfurt am Main, Berlin und Wien belegt.[18] In Frankfurt sagte man im 19. Jh.: *Der Mann hat newwich sei(n) ganz Vermeeche* ›Vermögen‹ *verlore.*[19] In Wien wurde *nebbich* im Kontext erklärt: *Ein Erdbeben – no, da möcht ich nebbich nicht dort sein!*[20] Bis 1933 war *nebbich* ein Kennwort, das als Relikt des jüdischen Sonderwortschatzes in der Binnenkommunikation deutschsprachiger Juden gebraucht, wie die anderen Wörter dieses Teilwortschatzes jedoch öffentlich mehr und mehr vermieden wurde.[21] Die Behauptung, *nebbich* komme etwa seit 1830 in der deutschen Umgangssprache vor,[22] trifft für die Alltagssprache der deutschen Juden nicht zu. Von ihnen wurde das bereits seit der frühen Neuzeit belegte jiddische Wort auch nach dem Sprachwechsel vom Jiddischen zum Deutschen als Teil der deutschen Umgangssprache beibehalten und nicht erst im 19. Jh. in ihre Verkehrssprache aufgenommen.

In jidd. Sprachresten und jüdischen Stadtmundarten hat sich *nebbich* deshalb ganz selbstverständlich erhalten. Wo jüdische Ausdrücke in spezielle Großstadtjargons Eingang fanden,[23] haben sich Kenntnis und Gebrauch des Wortes *nebbich* auch über jüdische Kreise hinaus verbreitet. In den ersten Jahrzehnten des 20. Jh.s gehörte *nebbich* zum sprachlichen Repertoire der Berliner und Wiener Halbwelt.[24] Jüdische Wörter wurden auch gern von Künstlern und Intellektuellen benutzt. Nachdem sich Juden nach 1933 bemühten, alles zu vermeiden, was ihre Identität hätte preisgeben können,[25] geriet *nebbich* wie andere jiddische Ausdrücke der deutschen Sprache außer Gebrauch.

## *Wort der Literatur*

Den sehr persönlichen jüdischen Sprachgebrauch machte Karl Kraus immer wieder öffentlich. Als ihn Franz Werfel in seinem Drama »Spiegelmensch« einen östlichen Winkeladvokaten genannt hatte, antwortete Kraus mit der Satire »Literatur oder Man wird doch da sehn«.[26] Er bezeichnete Werfel als Goethe-Epigonen und ließ den Vater die Zusammenhänge ahnen: »Ja, jetzt versteh ich! Aber sagt mir nur, / mein Wolfgang sagt, daß alles was von dir ist / und nicht von dir, sondern von Sonnenschein, / zurückzuführen ist auf Ehrenstein, / ders ohne Zweifel nebbich von sich selbst hat«.[27] Albert Ehrenstein reagierte darauf in der zu seinen Lebzeiten unveröffentlichten Skizze »Im Café Plagiat« mit dem Satz: »Ehrenstein hat nebbich den Kraus erschlagen.«[28] Kraus aber rechnete nicht nur mit Werfel, sondern mit der ganzen »Rasse der Neu-, Nach- und Nebbichtöner« ab.[29] Mit *nebbich* konnte er seine Gegner ganz besonders treffen. Beleidigender als die Geringschätzung war das mitleidige Bedauern, das hier anklang.

Schon im 19. Jh. wurde das Wort zu einem Stilmittel der deutschen Literatur. Fritz Mauthner verwendete es 1878 in seiner Parodie auf Richard Wagners »Ring des Nibelungen« mit besonderer

Sprengkraft für Ahasverus, in dem man Züge des Alberich erkennen kann: »Nebbich, die Nornen! / Furchtbarer Fluch läßt mich leben / Endlos elend, ewig eklig.«[30] Das Subversive dieses parodistischen Sprachgebrauchs zeigt sich darin, daß sich Ahasverus durch das Wort selbst entlarvt und zugleich Wagner als den Schöpfer des parodierten Werks sprachlich decouvriert. Scherze lassen sich mit jidd. Wörtern nur machen, wenn deren Bedeutung bekannt ist. Bei seinem Gedicht »Immer um die Litfaßsäule rum...« konnte Kurt Tucholsky 1920 darauf bauen, daß Leser und vor allem Hörer das Wortspiel erkennen würden: »Kinder hört mal zu: Was klebt da alles dran: / ›Ausverkauf von einem Teppich‹. / Eine Bar zeigt die Eröffnungsfeier an, / da sag ich nichts, als: Nepp ich!«[31] Wer bei *nepp ich* nicht *nebbich* mithörte, war um den Witz betrogen.

### *Entwicklung der Wortfamilie*

Im jüdischen Sprachgebrauch erscheint *nebbich* als Partikel, Adverb oder Einwortsatz, unflektiert wie das deutsche *leider*. Auf die substantivierte Form *Nebbich* griff Carl Sternheim 1922 zurück, als er den Titel für ein Lustspiel suchte. Den *Nebbich* hatte bereits Karl Kraus als typischen Versager charakterisiert.[32] Auf Charlie Chaplin münzte Anton Kuh 1926 die Bezeichnung *Hans Nebbich im Glück*.[33] Die jungen Schriftsteller, die Kraus als *Nebbichtöner* verspottete, hätte Gottfried August Bürger als *Schofellieferanten* abgetan. Ein skurriler Privatgelehrter schätzte sich selbst als *Nebbich-Philologen* ein.[34] Eine Steigerung des *Nebbichs* waren der *Nebbochant* und der *Nebbichthiosaurus*.[35] 1955 attestierte sich Gottfried Benn nach einer Selbstdiagnose *Nebbichkeit*.[36]

**Der Nebbich**

### *Verlust der Jüdischkeit*

In der Gegenwart hat sich das Verhältnis zu diesem Wort verändert. Wie alles Jüdische wurde es nach dem Untergang des Dritten Reichs zunächst tabuisiert. Klemperer chiffrierte das Werturteil *nebbich* im Tagebuch sogar mit griechischen Buchstaben.[37] Die Distanzierung deutet einen Bruch in der Wortgeschichte an, der sich auch bei anderen Wörtern aus dem Jiddischen zeigt. Unter das Tabu fielen nach 1945 nicht nur die politischen Phrasen und die vom Regime mißbrauchten Wörter, sondern es betraf auch den Wortschatz der Verfolgten.[38] Stefan Andres behielt das Wort aber im Gedächtnis und kommentierte 1967 die Frage ägyptischer Studenten, was er zu der These »Gott ist tot« sage, mit den Worten: »Ich kenne jemand, der bei dieser Frage zunächst einmal ›nebbich‹ gesagt hätte.«[39] Um diese Zeit wurde das Wort erneut in Gebrauch genommen. Georg Kreisler leistete damit Trauerarbeit: »Und meine Eltern mögen sie in Frieden ruhn / Ich will sie ehren, doch was soll ich nebbich tun?«[40] Zur Verbreitung des Wortes trugen Übersetzungen der jidd. Literatur bei. Deren Duktus klang dann im Deutschen so: »Sie arbeitet nebbich sehr treu, die Arme.«[41] Dagegen schimmerte in Wolf Biermanns Übertragung eines jidd. Liedes der Liederton des Nachdichters unverkennbar durch: »Greint das Kälbchen, grinst der Bauer / Tja, nun bistu nebbich ein Kalb!«[42]

Der Verzicht auf das Tabu jiddischer Wörter seit den sechziger Jahren des 20. Jh.s und deren Wiederbelebung in der deutschen Umgangssprache gehört zu den überraschendsten Entwicklungen der neueren Sprachgeschichte. Im Zuge dieser Entwicklung ist auch *nebbich* zurückgekehrt, wird aber nun deutlich anders verwendet als früher. Auch ist es jetzt kein jüdisches Wort mehr, sondern ein eher modischer Ausdruck, der den Sprecher oder Schreiber als einen Menschen erscheinen lassen soll, dem sich der Zeitgeist offenbart hat. Da der Ausdruck nun nicht mehr aus jüdischem Sprachgebrauch erlernt, sondern als Modewort isoliert aufgenommen wird, sind die Feinheiten des Gebrauchs nicht übernommen worden.

**benebbicht**

Auch als Kennzeichen der Jüdischkeit wird *nebbich* neuerdings den Regeln der deutschen Sprache unterworfen. Dadurch kann es als Eigenschaftswort flektiert werden, so daß eine *nebbiche Hauptspeise*, ein *nebbicher Pensionist* und ein *nebbiches Bild* nicht mehr als ungrammatische Verstöße gegen den Geist der Sprache angesehen werden.[43] Auch ein *benebbichter Handwerker* und *natürlich auch die kleinen be-*

*nebbichten Jobber* tummeln sich nun auf dem Felde der jüdischen Alltagssprache.[44]

Die Kenntnis dieses Ausdrucks schafft ein Gefühl der Überlegenheit. Sein Gebrauch wirkt als Statussymbol und dient der Imagearbeit. Daß das syntaktische und stilistische Repertoire heute fast ausschließlich auf die isolierte Verwendung als Interjektion und Einwortausdruck reduziert ist, hängt mit den Umständen zusammen, unter denen das Wort reaktiviert worden ist. Gelegentlich wird es erklärt. So glaubte ein jüdischer Journalist die Machtlosigkeit des Vorsitzenden des Zentralrats der Juden in Deutschland »am treffendsten mit dem jiddischen Ausdruck ›nebbich‹« charakterisieren zu können.[45] Von solcher Didaktisierung unterscheidet sich ein nostalgischer Gebrauch, bei dem die jüdische Konnotation noch einmal aufgerufen wird. Aufs Ganze gesehen ist *nebbich* heute ein Wort der deutschen Sprache, bei dem nur noch wenig an seine Herkunft und Geschichte erinnert.

## *Utopisches Finale*

Welche Wirkung dem so unscheinbaren Wörtchen *nebbich* innewohnt, hat der Schriftsteller und Kabarettist Werner Finck deutlich gemacht, als er versuchte, sich einen anderen Verlauf der Geschichte des 20. Jh.s auszudenken. Zu Ben Witters Maulwürfen »Nebbich oder Löcher im Lachen«[46] schrieb er: »Wir müssen uns einmal vorstellen, wie anders alles angelaufen wäre, wenn der jetzt langsam wieder ins Gespräch kommende Verführer des deutschen Volkes sein berühmt berüchtigtes Buch nicht ›Mein Kampf‹ genannt hätte, sondern ›Nebbich – Mein Kampf‹.«[47] Möglicherweise wäre dann alles anders gekommen.

**Nebbich – Mein Kampf**

## 9. Floskelhaftes

Wenn sich das Kalenderjahr dem Ende zuneigt, hört man alle Jahre wieder den Wunsch, man möge mit einem *Guten Rutsch* ins neue Jahr hinübergleiten. Erschweren Eis und Schnee den Straßenverkehr, nehmen die Anbieter von Winterreifen den Ausdruck wörtlich und versprechen einen *guten Rutsch*, wenn man sich auf ihr Produkt verläßt. Dann ist die Zeit gekommen, in der sich kenntnisreiche Leute und ehrwürdige Fernsehmoderatoren fragen, woher der Ausdruck wohl kommen möge. Da das Publikum die Antwort meist schuldig bleiben muß, wird ihm ein Licht aufgesteckt, der Wunsch *Guten Rutsch* habe mit *rutschen* nichts zu tun und komme von hebr. *rosch haschana* ›Anfang des Jahres‹, der Bezeichnung des jüdischen Neujahrsfestes.

**Guten Rutsch**

### *Neujahrsgrüße*

Die Bezeichnung ist jedem Juden bekannt und wurde in Formen wie *Roscheschone* oder *Rauscheschone* von deutschen Juden gebraucht. »Ich muß noch meine ganze Rausch-haschono-Post erledigen«[1], ist ein Stoßseufzer, den man gut nachempfinden kann. Zwischen den Varianten des Festtagsnamens in der sephard. und aschkenas. Aussprache des Hebräischen und volkstümlichen Lautungen konnte man leicht abwechseln. Betty Scholem, die Mutter Gershom Scholems, schrieb in ihren Familienbriefen sowohl mit sephard. Lautung *Roschhaschanah* als auch mit aschkenas. Aussprache *Roschhaschonoh*.[2] »Am Roschhaschanah war bei uns Familiengans«, hieß es einmal, man möge den Sohn »zum Gästemahl laden mit Weib u. Kind auf Roschhaschonoh«, ein andermal.[3] Heute wird die sephard. Lautung *Rosch Ha-Schana* bevorzugt, die auch der Duden aufführt.[4]

Obwohl der jüdische Festtagsname überall dort, wo Juden und Christen in enger Nachbarschaft lebten, auch der christlichen Bevölkerung bekannt war, ist er doch im Gegensatz zu anderen Wörtern in die Mundarten fast gar nicht übernommen worden. Er gehörte zum passiven Wortschatz und bot keinen Anlaß zur Anverwandlung, wie man sie bei zahlreichen anderen Ausdrücken beobachten kann. Es ist daher eine Besonderheit, daß die Bezeichnung *Roschhaschone* für ›jüdisches Neujahr‹ einmal aus dem Mecklenburgischen belegt ist.[5] Nur die Frankfurter, denen die jüdischen Wörter geläufig waren, machen eine Ausnahme. Daß sie jüdischen Mitbürgern in besseren Zeiten mit dem Satz *Ich gratulier der ze Rescheschone* Glück gewünscht hatten, wußten sie noch 1941.[6] Auch die Bezeichnung *Rosch chodesch* ›Neumond‹ für den ersten Tag des jüd. Monats kannte man.[7] Wenn Frankfurter Juden einen Bittsteller vertrösten wollten, sagten sie: *Kumm Rosch-Choodesch wieder*. Und wenn sie ein ungebührliches Begehren endgültig zurückweisen wollten, hieß es: *Wenn drei Tag Rosch-Choodesch is!*[8] Das entspricht der christlichen Wendung, *wenn Weihnachten und Ostern auf einen Tag fallen*. Als Grußformel war in der Pfalz *Schone towe* ›ein gutes Jahr‹ bekannt.[9] Sie ist mit beiden Wörtern rein jiddisch.

Woher nun die Auffassung kommt, daß der Wunsch *Guten Rutsch ins neue Jahr* eine Verballhornung des jüdischen Festtagsnamens *Roschhaschone* darstelle, ist nicht ganz klar. Siegmund A. Wolf behauptete es 1956 in einer Bemerkung seines Wörterbuchs des Rotwelschen,[10] und andere Lexikographen erzählten es nach. Zur Begründung führte Wolf an, die Floskel *Guten Rutsch* sei sonst sinnlos. Walter Röll und Simon Neuberg prüften die Behauptung und bemängelten das Fehlen aller Belege. Sie konnten jedoch zeigen, daß Postkarten aus dem Kaiserreich einen Zusammenhang zwischen dem Rutschen auf Skiern und dem Hinübergleiten ins neue Jahr herstellten.[11] Der Neujahrswunsch *Guten Rutsch* wäre dann als Ausdruck erklärt, der dem *Rutschen* eine metaphorische Bedeutung unterlegt. Dagegen hält Hansjörg Roth weiterhin für möglich, daß der jüdische Neujahrsname durch das Rotwelsche verkürzt als *Rutsch* ins Deutsche gekommen sei.[12] Zwar seien Belege dafür nicht zu finden, doch sei die lautliche Veränderung jidd. Ausdrücke im Rotwelschen so groß, daß aus *Rosch* oder *Rausch* in *Roscheschone* oder *Rauscheschone* durchaus *Rutsch* habe werden können.

Man muß aus dieser Kontroverse den Schluß ziehen, daß etymologische Angaben auf diesem Gebiet oft auf schwankendem Grund stehen. Reine Mutmaßungen aufgrund lautlicher Ähnlichkeiten werden, wenn sie einmal irgendwo gedruckt worden sind, leicht für bare Münze genommen und von Wörterbuch zu Wörterbuch weitergegeben. Dann erscheint als lexikographische Dichtung, was doch eher dem Tatsachenbericht verpflichtet sein sollte. Wenn das Volk sich die Ausdrücke ohne Rücksicht auf sprachliche Zusammenhänge zurechtlegt, spricht die Wissenschaft von Volksetymologie. Bei der Deutung scheinbar aus dem Jiddischen stammender Ausdrücke sind auch die Fachleute nicht immer davor gefeit.

## *Volksetymologie*

Wie die volksetymologische Umdeutung funktioniert, läßt sich an dem Ausdruck *damit ist's Essig* beobachten. Der Duden umschreibt die Bedeutung mit den Worten ›es ist vorbei/aus mit etwas; es kommt nicht mehr zustande‹.[13] Obwohl die Wendung der Umgangssprache angehört, wird sie auch manchen Mundarten zugerechnet. Berlinisch ist *det is Essig* ›schlecht, unangenehm‹ bereits 1887 belegt.[14] In Frankfurt am Main sagte man: *es war awwer Essig* ›es war nichts, es war umsonst‹.[15] Die Pfälzer, dem Wein besonders verbunden, deuteten sich den Ausdruck schon durch die Formulierung *des is zu Essich worre* als Metapher aus dem Weinbau.[16] Wenn der Wein umschlägt, wird er zu Essig. Deshalb gibt die Bedeutung dieser Phrase, ›damit ist es vorbei, daraus wird nichts‹, nur die Sicht des Weinliebhabers wieder. Ein Koch würde vielleicht nicht so darüber denken.

**damit ist's Essig**

Aus jüdischer Sicht stellt sich der Ursprung des Ausdrucks ganz anders dar. Das jidd. Wort *hesek* ›Schaden, Nachteil, Verlust‹ gebrauchten auch die deutschen Juden.[17] Das Elsässer Jiddisch kannte die Lautform *Hessig*,[18] die dem deutschen *Essig* bis auf den Anlaut entspricht. Jüdischen Geschäftsleuten stand der *Hessek* immer drohend vor Augen. Ein Sprichwort kleidete eine Grunderfahrung aus dem Geschäftsleben in folgende Worte: *E Soocher* ›Handelsmann‹ *ohne Verstand, Da liegt der Hessik uf der Hand.*[19] Die frankfurterische Wendung *des is kaa Essig net*[20] zeigt, daß

Aspekte des Geschäftslebens, nicht des Weinbaus den Sprachgebrauch bestimmen. Wenn sich die Sprecher den Ausdruck passend zurechtlegen, verschmelzen wie hier das jidd. und das deutsche Wort.

### *Glückwünsche*

*Massel und Broche* ist ein jüdischer Glückwunsch, der die jidd. Wörter *Massel* ›Glück‹ und *Broche* ›Segen‹ unverändert bewahrt. Er war unter Juden ganz üblich. Geschäftspartner wünschten sich mit diesen Worten beim Abschluß von Geschäften gegenseitig Glück.[21] Gelegentlich wurde die Wendung auch in anderen Kreisen benutzt. In Frankfurt entboten Christen jüdischen Freunden zur Hochzeit ihren Gruß mit der Formel *Massel un Broche der ganzen Mischboge*,[22] wobei das Wort *Mischpoche* für ›Familie‹ und ›Verwandtschaft‹ stand. Im Rheinhessischen sagte man: *Ich wünsch dir gut Massel unn Broche uf die Dirach* ›Glück und Segen auf den Weg‹.[23] *Masselbroche* war dort ein Ausruf, den man auch im Badischen kannte, wo er ›Glück zum Geschäft‹ bedeutete.[24]

**Massel und Broche**

Wie er genauer zu verstehen ist, wird aus Oberhessen berichtet. Dort war die jüdische Wendung als Zitat gekennzeichnet und in eine Redensart eingebettet: *Massele brouche, seed de Jid* ›Massel und Broche, sagt der Jude‹.[25] Sie zeigt, daß jüdische Händler auch im Umgang mit christlichen Bauern an ihren sprachlichen Gepflogenheiten festhielten. Die Umschreibungen der Bedeutung mit ›Glück und Segen‹ und ›viel Glück auf den Weg‹ zeigen auch, daß Christen die Wendung genau kannten.[26] Wenn aber 1962 die Bedeutung der Formulierung *ka Massel un ka Brouche dro* mit ›kein Glück und keine Qualität daran‹ erklärt wird, zeigt der Sprecher durch die Gleichsetzung von *Brouche* und ›Qualität‹, daß ihm zwar der Ausdruck bekannt ist, die Bedeutung aber nicht. Von daher erklärt sich auch, warum ›meinetwegen, ich bin es zufrieden‹ 1908 als Bedeutung der Wendung *Massele brouche, seed de Jid* angegeben worden ist. Damals gehörten Handelsgeschäfte zwischen Juden und Christen in Hessen auf dem Lande zum Alltag. Christliche Kunden hatten den

**Massel und Broche, sagt der Jude**

Eindruck, jüdische Geschäftspartner würden nach langem Handeln auch ein vermeintlich schlechtes Geschäft am Ende mit den Worten *Massel und Broche* besiegeln. Das mußte ihnen wie eine jüdische Variante zur Kaufmannsregel *fort mit Schaden* vorkommen. In Berlin wünschten sich die Schausteller mit *Masel un Brooche* ›viel Glück‹.[27]

Die Wendung *Massel und Broche, sagt der Jude*, hier in mundartlicher Gestalt zitiert, hat ein jüdisches Pendant. Es lautet: *Oser sagt Schiller*. Das dem Dichter in den Mund gelegte jüdische Wort *osser* ist ein verneinender Ausruf, wie ihn die deutschen Juden gebrauchten.[28] Es geht auf jidd. *ossur* ›verboten, unerlaubt‹ zurück.

**Oser sagt Schiller**

Der merkwürdige Satz erklärt sich als Spiel mit einem Zitat aus Schillers »Jungfrau von Orleans«: »O Sire! Euch wohnt ein Engel an der Seite.«[29] Er nimmt die Begeisterung der deutschen Juden für das Werk des Dichters dadurch aufs Korn, daß ein Zitat ins Jüdische transponiert wird.[30] Durch das jüdische Wort erscheint Schiller aus Sicht der Juden als einer der ihren. Die Verballhornung ist in dieser jüdischen Redensart selbstironisch. Ähnliche Zitatabwandlungen haben im 19. Jh. aber durchaus karikierenden Charakter.[31]

Auch die im Abstand mehrerer Jahrzehnte aus Frankfurt bezeugte Zwillingsformel *Massel un Massematte* enthält zwei Wörter jüdischer Herkunft,[32] neben *Massel* auch *Massematten* ›Handel‹. Es ist fraglich, ob die vom Lexikographen 1941 notierte Bedeutung ›Glück und Unglück‹ wirklich stimmt. Vielleicht spielt die Zwillingsformel *Massel und Schlamassel* mit hinein. Ein deutscher Verlag hat sie 1988 für die Übersetzung eines Bandes mit jiddischen Kindergeschichten gewählt.[33] Schließlich wirkt der Ausspruch *Sie haben mehr Massel als Verstand*, den Stefanie Zweig 1996 einer Romanfigur in den Mund gelegt hat,[34] wie eine Übersetzung der Wendung *mehr Glück als Verstand* aus dem Hochdeutschen in die Alltagssprache deutscher Juden.

Anders als in den zuletzt genannten Wendungen erkennt man den jidd. Hintergrund bei *Hals- und Beinbruch* kaum. Der Duden umschreibt die Wendung mit ›viel Glück‹.[35] Daß es sich um einen Glück- und Segenswunsch handelt, muß man eigentlich dazusagen, denn der Wortlaut der Wendung verheißt ja etwas anderes. Als Ironie ließe sich auch das verstehen. Aber wer wünscht jemandem schon ironisch Glück, wenn er es aufrichtig meint? Also müssen wir nach anderen Gründen für die merkwürdige Formulierung forschen und werden möglicherweise wieder bei den deutschen Juden fündig. Jidd. *hazlocho* ›Glückseligkeit‹[36] kannten die deutschen Juden als *Hazloche*, auch *Zloche* und *Zeloche* mit der Bedeutung ›Erfolg‹.[37] Weinberg hat aus diesem Sprachgebrauch die Wendungen *keine Broche und Zeloche* und *keine Broche wa-Zeloche* mit der Bedeutung ›kein Segen und kein Erfolg‹ festgehalten. Eine andere Fassung, etwa *Hazloche und Broche* ›Erfolg und Segen‹, ließe sich als Folie für eine deutsche Fassung denken, in der sich die Sprecher den unverständlichen Spruch als *Hals- und Beinbruch* sprachlich faßlicher gemacht hätten.[38] Auch diese Umdeutung wäre dann wieder volksetymologisch motiviert.

**Hals- und Beinbruch**

## *Wertermittlungen*

Eine Wendung, die von Juden und Christen zur Bezeichnung schlechter Verhältnisse gebraucht wurde, war *Bruch und Dalles*.[39] Sie beschrieb Situationen, für die das Wort *Dalles* allein nicht ausreichte. Neben der Wendung *Bruch und Dalles* gab es auch andere, etwa *Schlamassel und Dalles*,[40] wenn Ausweglosigkeit, Not, Armut und Unglück festzustellen waren. Dennoch war keine so verbreitet wie die Zwillingsformel *Bruch und Dalles*. Wie die überlieferten Bedeutungsangaben zeigen, empfanden Christen die Wendung als Bezeichnung von Zuständen, die man mit einem Wort allein nicht fassen konnte. Eine Äußerung wie *Do isch Bruch un Dalles*, die man so auch in Hessen hören konnte, deutete in der Pfalz auf üble Zustände im Geschäft und in den familiären Verhältnissen.[41] Die Hessen verstanden den Satz *'s iß alles Bruch unn Dalles* als Hinweis auf ›Geldverlegenheit, Bankrott, Armut‹ und ›Elend‹.[42] Zwischen *Bruch* und *Dalles* wird kein Unterschied gemacht, sondern die Wendung als ein Ganzes begriffen.

**Bruch und Dalles**

Weinberg hat den Ausdruck jedoch in seine Bestandteile zerlegt und für den familiären Sprachgebrauch deutscher Juden *Bruch* mit ›Unordentlichkeit (Schäbigkeit, Schmutz, Leid)‹ und *Dalles* mit

›Armut‹ gleichgesetzt.[43] *Bruch* wird dabei als Wort verstanden, das zu dt. *brechen* gehört. Zu Beginn des 20. Jh.s wurde *Bruch* in Gaunerkreisen gelegentlich als Bezeichnung für ›schlechte Kleidung‹ oder für einen ›ehrlosen Gesellen‹ verstanden.[44] Das dürfte die Wendung *Bruch und Dalles* aber nicht erklären. Näher kommt man ihr, wenn man *Bruch* als Wort für ›Schund‹[45] und ›Bankrott‹ betrachtet, wie es aus der thüringischen Wendung *hä giehet in der Bruch* ›er macht geschäftlich bankrott‹ hervorgeht.[46]

Damit wird der Blick auf die wirtschaftlichen Verhältnisse gelenkt, mit denen *Bruch und Dalles* vor allem in Verbindung gebracht wird. Das zeigt sich noch deutlicher in Formulierungen, die Firmennamen imitieren. *Dalles & Co.*, in Küppers' Schreibung *Dalles und Kompagnie*, hat der Lexikograph als Ausdruck für ›Geldmangel‹ und ›Verschuldung‹ festgehalten.[47] Noch größer ist offenbar die Not, wenn nicht nur die namentlich genannten Firmeninhaber, sondern auch stille Teilhaber in den Ruin gezogen wurden. Der Ausdruck *Bruch, Dalles & Co.*, der aus Hessen und dem Rheinland überliefert ist,[48] läßt auf ein größeres Unternehmen schließen, das mindestens drei Familien Arbeit und Brot gab. Die Not war darum umso größer, so daß die Wendung als besonders starker Ausdruck empfunden werden mußte. *Bruch, Dalles unn Kompagnie* stand in Südhessen für ›Bankrott‹ und ›Elend‹,[49] in der Pfalz jedoch für ›Krankheit‹ und ›Altersschwäche‹.[50]

**Bruch, Dalles & Co.**

Wie stark das Vorbild der Firmennamen hier hineinwirkt, zeigt die Frankfurter *Bruchdallesgesellschaft*. Ihr wurde ein Schwesterunternehmen an die Seite gestellt, das sich *Chaddes, Dalfen und Co.* nannte.[51] Diesmal waren beide namentlich genannten Gesellschafter jidd. Wörter, *Chattes* ein ›Lump‹ und *Dalfen* ein ›Armer‹. Daß solche Gesellschafter kein florierendes Unternehmen auf die Beine stellen würden, verstand sich für diejenigen, die von *Bruch, Dalles & Co.* oder von *Chattes, Dalfen & Co.* redeten, natürlich von selbst.

Vier kurze Floskeln lassen einen jidd. Hintergrund nur teilweise erkennen. Am deutlichsten tritt er noch bei der Wendung *aus Daffke* in Erscheinung, die auf jidd. *davko* ›gewiß, sicher, durchaus, absolut‹ zurückgeht und bei deutschen Juden als *dawke, daffka* ›nun erst recht‹ oder ›aus Trotz‹ bedeutete. Die grammatische Struktur des Ausdrucks *aus Daffke* hat Siegmund A. Wolf als Nachbildung der Wendung *aus Trotz* erklärt.[52] Die Floskel wird allgemein als berlinisch bezeichnet.[53] Das Wort kam aber auch als *Taffke* ›Ulk, Neckerei, Spaß‹ in der Breslauer Stadtsprache vor.[54] In erster Linie war es ein jüdischer Ausdruck, der deshalb auch von Leuten, die nicht aus Berlin stammten, gebraucht werden konnte. Victor Klemperer notierte sich *»dawke«-Vorsätze*,[55] wobei er das jüdische Wort durch Anführungszeichen hervorhob. Robert Neumann fand die Formulierung vom »Protestbürger aus Daffke gegen sich selbst«.[56] Anders als in anderen Gegenden ist die Floskel in Berlin so allgemein bekannt geworden, daß sie mit Recht als berlinisch angesehen werden kann. *Ick je aba doch hin – aus Daffke!*, umschrieb »Der richtige Berliner« 1965 die typische Trotzhaltung.[57] Sie hatte schon Juden im Überlebenskampf geholfen. Den Nonkonformisten und Querkopf, der sich nicht unterkriegen läßt, nannten sie *Dafkinist*.[58] Mitten im Kalten Krieg wurde die Haltung als *Dafkinismus* ›gutartige Frechheit‹ nochmals für die Berliner reklamiert.[59] Da das Wort, das klanglich und nach seiner Bildung an den Ausdruck *Stalinismus* erinnert und deswegen auch eine ironisch-subversive Note enthält, sonst nicht wieder in Erscheinung getreten ist, war hier vielleicht der Wunsch der Vater des Gedankens.

**aus Daffke**

Typisch berlinisch ist der Ausruf *Ja Kuchen!* Der Komponist Carl Friedrich Zelter berichtete 1828 seinem Freund Goethe, wie eine Berliner Dame in einen Porzellankeller gefallen war und von der Hökerin angeherrscht wurde: »Denkt Sie, ick habe meine Töppe Un Kannen an de Kellertreppe Man hingestellt, um solche Zöppe, Wie Sie mich dreht, daraus zu lösen? Ja Kuchen!«[60] Dieser kommentierende Ausruf entspricht dem heutigen *Pustekuchen!*, das der Duden mit den Be-

**Ja Kuchen!**

deutungen ›Aber nein!‹ und ›Das Gegenteil!‹ aufführt.[61] Die Lexikographen vermuten, der Ausdruck könnte von der Wendung *jemandem etwas pusten* abgeleitet worden sein, was *jemandem etwas husten* entsprechen soll.[62] Küpper erwägt einen Zusammenhang mit *Pustekuchen* als »Bezeichnung für ein Lockergebäck« und hält für möglich, daß »der Angesprochene Pustekuchen haben« möchte, man ihm das Gebäck aber verweigert.[63] *Kuchen* im Ausruf *Ja Kuchen!* soll nach Küpper »beschönigend soviel wie ›Kot‹« und weiter ›Minderwertiges, Enttäuschendes‹ meinen.[64] Derartige Überlegungen zur Erklärung sprachlicher Ausdrücke wurden oben als Dichtung bezeichnet, die jedoch nach Goethe neben der Wahrheit ihren Platz beanspruchen darf. Dennoch möchte man sich lieber auf Tatsachen einlassen, wenn sie auch in diesem Fall nur schwer zu ermitteln sind.

*Ja Kuchen!*, ironisch als Verneinung und zur Zurückweisung gebraucht, ist im 19. Jh. ein modischer Ausdruck der Berliner. Er lautet 1818 *ja Kuchen, nich London*, 1842 *ja Kuchen, aberscht nich London!* und 1873 *ja Kuchen und nicht London.*[65] Meist aber wird von Hoch und Niedrig die Kurzform *(ja) Kuchen!* gebraucht, auch von Theodor Fontane.[66] Sogar die Ausrufe *ja Apfelkuchen, ja Kirschkuchen* und *ja Kuchenkrümel* kommen vor, daneben auch *Pustekuchen.*[67] Bemerkenswert ist, daß der Ausruf *ja Kuchen* ganz ähnlich auch in Frankfurt üblich war und dort Ausdrücken wie *ja Pfeifedeckel* und *ja, Prosdemahlzeit* zur Seite stand.[68] Der Gebrauch ist also belegt. Bleibt die Erklärung.

**Ja Kuchen, nicht London**

Mit den Langfassungen aus der Frühzeit dieser Wendung kommt man ihr auf die Spur. Wenn man sich hinter der Formulierung *ja Kuchen, aber nicht London* eine Fassung mit jidd. Wörtern denkt, könnte sie *ja chochom, aber nicht lamdon* lauten.[69] Jidd. *chochom*, in der Volksaussprache *chochem*, bedeutete bei den deutschen Juden ›klug‹, in der Gaunersprache mit den Formen *chochem* und *kochem* ›klug im gaunerischen Sinne‹, also ›gerissen‹. Jidd. *lamdon* ist der ›Gelehrte‹; bei den deutschen Juden lautet das Wort *Lamdon* oder *Lamden.*[70] Im Rotwelsch der Gauner ist der *Lamdon, Lamden* ein Gelehrter im gaunerischen Sinne, also ein ›verschlagener Mensch‹, ein ›Erzgauner‹.[71] *Ja chochom, aber nicht lamdon* würde als jüdischer Satz etwa bedeuten: ›zwar klug, aber kein Gelehrter‹. Als Rotwelschsatz hätte man ihn ›schlau, aber nicht schlau genug‹ zu übersetzen. Von der Bedeutung her paßt das zur Verwendung der Fügung *ja Kuchen, aber nicht London*, die als Ausdruck einer ironischen Verneinung und Abwehr verwendet wurde. Und auch die Lautähnlichkeiten von *Kuchen* und *kochem* sowie von *Lamdon* und *London* sind groß genug, um den Satz mit den jidd. Wörtern als die Folie des berlinischen Ausdrucks erscheinen zu lassen. Bleibt schließlich noch die Frage, ob in Berlin auch die sozialen Voraussetzungen für die Übernahme einer jidd. Wendung in die Stadtmundart und den Jargon des Milieus gegeben waren. Sie kann ohne Einschränkung bejaht werden.

Alle diese Voraussetzungen für eine gesicherte etymologische Hypothese fehlen bei der Behauptung, die Wendung *trübe Tasse* gehe auf das Jiddische zurück. Als Schimpfwort steht dieser Ausdruck neben anderen wie *alte Tasse, dämliche Tasse* und *müde Tasse*.[72] Auch das Schimpfwort *trüber Eimer* ist vergleichbar.[73] Wolf hatte 1956 behauptet, in den Wendungen *trübe Tasse* und *nicht alle Tassen im Schrank haben* sei ein »verquatschtes oder mißverstandenes jidd. *toschia*« enthalten.[74] Heidi Stern hielt *Tasse* in diesen Ausdrücken dagegen für ein Wort, das auf das aschkenasisch ausgesprochene hebr. *da'as* ›Erkenntnis, Wissen‹ zurückgehe. Die lautlichen und semantischen Unterschiede zwischen *da'as* und *Tasse* erklärte sie durch volksetymologische Umdeutung.[75]

**trübe Tasse**

Das von Wolf für die Herleitung vorgeschlagene und von Röhrich 1992 nochmals erwogene jidd. *toschia* leidet nach Stern an dem Mangel, in keinem neueren Wörterbuch des Jiddischen enthalten zu sein.[76] Allerdings war es 1862 noch aufgeführt und wurde damals mit den Ausdrücken ›Klugheit, Verstand, Anschlag, Plan, Heil, Hülfe, Rettung, Wesentliches‹ und ›Quintessenz‹ erklärt.[77] Dennoch ist der Versuch, die Wendung *trübe Tasse* als Entlehnung aus dem Jiddischen zu erklären, bis heute nicht gelungen. Am Anfang steht eine bloße Vermutung aufgrund einer ganz vagen lautlichen Nähe. Das genügte, um eine lexikographische Legende zu begründen. Belege für die Behauptung gibt es nicht, und auch semantisch paßt wenig zusammen. Bis zum Erweis des Gegenteils darf daher behauptet werden: Die *trübe Tasse* stammt nicht aus dem Jiddischen.

Dagegen geht der Ausdruck *für lau* ›umsonst‹ eindeutig auf das Jiddische zurück. *Lau* ist die bibl. hebr. Verneinung *lo* in aschkenasischer Aussprache. Sie wurde so im Westjiddischen gebraucht und erhielt sich in dieser Form in der Alltagssprache deutscher Juden. Die Wendung *für lau* gelangte von dort in die deutschen

**für lau**

Mundarten sowie in die Umgangssprache und steht überall für ›gratis‹.[78] Das läßt vermuten, daß der Ausdruck aus der Handelssprache stammt. Obwohl die Verneinung *lau* im Rotwelschen weit verbreitet war, scheint dort der Ausdruck *für lau* zu fehlen.[79] Das ist nicht weiter überraschend, weil die Gauner grundsätzlich auf den unredlichen Erwerb aus waren und sich deshalb für kleine Vorteile wie Zugaben und Nachlässe nicht interessierten. Heute hat die Werbung den Ausdruck entdeckt und verheißt als Geschenkidee aus dem Friseursalon: »Gutscheine für Sie und Ihn + Kopfmassage für lau«.[80] Etwas *für lau* zu bekommen, ist unter jungen Leuten fast schon ein Sport. Deshalb hat die Wendung Chancen, Lieblingsausdruck einer kosten- und preisbewußten Generation zu werden. In manchen Gegenden wie dem Rheinland und angrenzenden Gebieten, in denen der Ausdruck aus früheren Zeiten bekannt ist,[81] scheint es schon soweit zu sein.

## *Feste Fügungen*

Unter den festen Fügungen der deutschen Sprache sind etliche uneigentliche Ausdrücke, denen man nicht ansieht, daß das Jiddische bei ihnen Pate gestanden hat. Dazu gehört die Wendung *eine Meise haben* ›leicht verrückt sein‹, die durch den Satz *bei dir piept's wohl* zusätzlich als Bild von dem Vogel, der sich im Kopf eines

**eine Meise haben**

Menschen eingenistet hat, bekräftigt wird. Die Wendung *einen Vogel haben* und die Geste, *den Vogel zu zeigen*, unterlegen das metaphorische Feld.[82] Das Bild ändert sich, wenn die Wendung *eine Meise haben* im Zusammenhang ähnlicher Ausdrücke betrachtet wird. In Hessen, wo Juden und Christen in Dörfern und kleinen Städten auf dem Lande oftmals eng beieinander wohnten, waren Ausdrücke wie *Mase machen, ein Mase machen* ›Aufhebens machen‹ und *Maaserchern verzähle* ›Schnurren erzählen‹ bekannt.[83] Man muß sie aus ihren mundartlichen Lautformen ins Hochdeutsche übertragen, um Wendungen wie *eine Meise machen* und *Meiserchen verzählen* zu bekommen.

Sie enthalten mit jidd. *maase, maise* ein Wort, das ›Tat, Handlung, Werk‹, besonders aber ›Dichtung, Geschichte, Erzählung‹ bedeutet.[84] Bei den deutschen Juden wurde daraus ›überflüssiges Gerede, Getue‹ und ›faule Sachen‹.[85] Der Ausruf *keine Meises!* bedeutete in der jüdischen Alltagssprache ›mach keine Geschichten‹.[86] Die aus Halle an der Saale belegte Wendung *Maise wissen* ›Bescheid wissen, schlau sein‹[87] ist nur durch das jidd. Wort zu erklären. Wenn auch denkbar ist, daß in der Wendung *eine Meise haben* die Vorstellung von einem Tier im Kopf mitspielt, so ist doch auch gewiß, daß erst die jüdischen Wendungen alle Schattierungen des Ausdrucks erklären.

Auch bei *flöten gehen* ist der jidd. Hintergrund des Ausdrucks nicht auf den ersten Blick ersichtlich und von der Wissenschaft sogar bestritten worden.[88] Im ganzen ist *flöten gehen* ›verlorengehen, abhanden kommen‹[89] der Fügung *pleite gehen* ähnlich. Eine Notiz aus dem jüdischen Geschäftsleben kann verdeutlichen, was gemeint ist: »Onkel Moritz, genannt Möhrchen, einst Papas Sozius, verachteter Sklave und Buchhalter, war über achtzig auf der Höhe seiner ziegenbärtigen Senilität. Fünfundfünfzig Prozent seines Vermögens waren im Geschäft flöten gegangen.«[90]

**flöten gehen**

Die Bedeutungen sind in den Mundarten etwas differenzierter als in der Umgangs- und Standardsprache. Für *pleite gehen* reichen sie vom allgemein bekannten ›bankrott gehen‹ über ›verlorengehen‹ bis zu verschiedenen Arten des Weggehens: ›flüchten, davonlaufen, beschämt davongehen, den Dienst verlassen‹ und ›sterben‹.[91] Entsprechend heißt *flöten gehen* in den Mundarten außer ›verlorengehen, zugrundegehen‹ und ›bankrott gehen‹ auch ›sterben‹.[92] Das Problem liegt also nicht auf semantischem Gebiet, sondern auf lautlichem. Tatsächlich ist der lautliche Unterschied von *pleite gehen* und *flöten gehen* groß. Er verringert sich jedoch, wenn man nicht von der ostjidd., sondern von der westjidd. Form des Wortes ausgeht. Jidd. *pleto* ›Flucht, Entrinnen, Bankrott‹[93] wurde aus dem Westjiddischen als *plete, blede* und aus dem Ostjiddischen als *pleite* ins Deutsche entlehnt. Die ältere, westjidd. Form findet sich noch in vielen deutschen Mundarten als *plete, plede, blede* und sogar *fleede*.[94] Der Wechsel vom stimmlosen Verschlußlaut *p* zum stimmhaften *b* und weiter zum entsprechenden Reibelaut *f* gehört in der lebendigen Mundart zu den häufig vorkommenden Erscheinungen, ebenso der Wechsel vom entrundeten *e* zum gerundeten *ö*. Lautliche und semantische Übereinstimmungen machen es zumindest nicht unmöglich, die Wendung *flöten gehen* als Variante von *plete/pleite gehen* anzusehen.

Auch die Wendung *auf Nile gehen*, die den Frankfurtern bekannt war, stand für ›sterben‹.[95] Noch 1941 wurde sie in der Formulierung *mit dem geht's uff Nile* notiert. *Ne'ilo, Ne'ile, Nilo* und *Nile* nannten die deutschen Juden den Schlußgottesdienst am Versöhnungstag. Die Bezeichnung war von der in aschkenasischer

**auf Nile gehen**

Aussprache lautenden hebr. Formulierung *ne'ilas hascha'ar* ›Schließen der Tempelpforten am Abend‹ abgeleitet.[96] *Es geht auf Niele* oder *es geht mit ihm zu Niele* lautete in der jüdischen Alltagssprache eine Umschreibung für ›es geht zu Ende‹.[97] Von den vielen Metaphern für das Sterben, die vom burschikosen *den Löffel abgeben* bis zum gefaßten *heimgehen* reichen, ist dies eine, in der das Ende des menschlichen Lebens mit dem Schlußgottesdienst an Jom Kippur, dem höchsten Feiertag des jüdischen Jahres, gleichgesetzt wird. Daß man dies in Frankfurt wußte, darf bei der jahrhundertelangen Wohn- und Lebensgemeinschaft nicht wundernehmen.

Auch hinter der allgemein bekannten Wendung *Saures geben* ›verprügeln‹ läßt sich die jidd. Herkunft der Formulierung nicht auf den ersten Blick erkennen. Zu einfach kann man sich den Ausdruck als Übertragung einer wörtlich genommenen Zuführung saurer Speisen oder Getränke erklären, die jedermann unange-

**Saures geben**

nehm aufstoßen. Es gibt allerdings eine Erklärung, die die Wendung auf einen jiddischen Ausdruck zurückführt. Jidd. *zoro*, Plural *zoros*, gehörte bei deutschen Juden als *Zore* ›Sorge‹ und *Zores* ›Not, Bedrängnis, Leiden, Unglück‹ zum Grundwortschatz.[98] Ungeachtet ihrer Herkunft wurden *o*-Laute, sowohl aus dem Hebräischen als auch aus dem Deutschen, von manchen deutschen Juden *ou* ausgesprochen.[99] Auch die jüdische Aussprache von *s* und *z* am Silben- oder Wortanfang fiel aufmerksamen Zuhörern auf. Fritz Reuter schrieb darum, wenn er die Aussprache eines Juden wiedergeben wollte, *geßaigt* statt *gezeigt* und *geßogen* statt *gezogen*.[100] Das jidd. Wort *Zores* muß man sich daher in jüdischem Mund als *Zoures* vorstellen, das auf christliche Zuhörer wie *Ssoures* wirkte. Von da ist es bis zu einer hochdeutsch richtig geschriebenen Form *Saures* nur noch ein winziger Schritt. *Saures geben* bedeutet daher ursprünglich ›Ärger machen‹ oder ›Schmerz zufügen‹. Mit dem Verprügeln wird dies allemal erreicht.

Ähnliches wie für *Saures geben* gilt auch für die Fügung *Schmiere stehen*, deren Bedeutung der Duden präzise mit den Worten umschreibt: ›bei einer unerlaubten, ungesetzlichen Handlung die Aufgabe haben, aufzupassen und zu warnen, wenn Gefahr besteht, entdeckt zu werden‹.[101] Was gemeint ist, weiß jeder, so daß die Anonyma, die ihr Überleben im besetzten Berlin 1945 einem Tagebuch anvertraut hat, schreiben konnte: »Na, von mir aus mag er den Einbruch wagen. Ich will gern Schmiere stehen.«[102] Im Rotwelschen ist die Wendung seit dem frühen 18. Jh. belegt. 1753 wird *Schmire stehen* als ›Schildwacht stehen beym Stehlen‹ erklärt.[103] Die Wendung steht in der Gaunersprache in einem Umfeld, das vom jidd. *schmiro* ›Wache, Aufpasser‹ bestimmt ist.[104] Neben *Schmiere* und *Schmiere stehen* gehören auch *Schmiere halten* und *betuch Schmier* ›verdeckt aufgestellter Wachtposten‹, *Schmiermann* ›Nachtwächter‹, *Schmiermichel* ›Kriminalbeamter‹ sowie *Schmiertopf* ›Polizeigewahrsam‹ zu diesem Wortfeld.[105] Die Wendung *Schmiere stehen* ist ein Beispiel dafür, daß jidd. Ausdrücke nicht immer direkt aus der Alltagssprache deutscher Juden entlehnt wurden, sondern einen anderen Weg genommen haben können.

**Schmiere stehen**

## *Redensarten*

Nicht nur Ausrufe und kleinere feste Fügungen, sondern auch umfangreichere Redensarten der deutschen Sprache gehen auf das Jiddische zurück. Der Ausdruck *wissen, wo Barthel den Most holt*, ist allgemein bekannt.[106] Daß er nicht bedeutet, zu zeigen, wo Bartholomäus Obstsaft holt, lehrt ein Blick auf das Niederländische. Dort lautet eine ähnliche Redensart *weten waar Abraham de mosterd haalt* ›wissen, wo Abraham den Mostrich holt‹. *Most* ist also weder Fruchtsaft noch Senf, sondern *Moos*. Das erkennt man, wenn zwischen *Barthel* und *Moos* ein sinnvoller Zusammenhang hergestellt wird. Dann zeigt sich auch, was *Barthel* und *Moos* wirklich bedeuten.

**wissen, wo Barthel den Most holt**

Werden beide Wörter nach ihrem rotwelschen Gebrauch verstanden, erscheint *Bartel* als eine Form des jidd. *barsel* ›Eisen‹ und bedeutet ›Brecheisen‹. *Moos, mous* ist Mehrzahl des jidd. *moo* ›Pfennig‹ mit der Bedeutung ›Geld‹.[107] Jidd. *barsel* kommt nur sehr selten und sehr verändert in den deutschen Mundarten vor,[108] gehört aber mit verschiedenen Lautformen und Bedeutungen zum gaunerischen Grundwortschatz. *Moos* ›Geld‹, von Juden auch zweisilbig *Mo'es* und *Mei'es* ausgesprochen,[109] ist in Umgangssprache, Mundarten und Rotwelsch überall bekannt. Die Bezeichnung *Mäuse* ›Geld‹ geht auf die jüd. Lautform *Mei'es* zurück. Die Redensart *wissen, wo Barthel den Most holt* bedeutet also, die Gelegenheit zu kennen, ›wo man mit dem Brecheisen Geld stehlen‹ kann. Diese alte Verbrecherweisheit ist als Redensart bereits im 17. Jh. nachgewiesen.[110]

Kaum bekannt ist eine Redensart, die nur aus Frankfurt am Main überliefert ist. Sie lautet *komme wie die Srores unn gehn wie die Maurer* und bedeutet ›unpünktlich kommen, aber pünktlich gehen‹.[111] Die deutsche Redensart *pünktlich wie die Maurer* steht für ›sehr pünktlich‹. Daß damit nicht die Höflichkeit der Könige und vor allem nicht das Kommen, sondern nur das Gehen gemeint ist, verdeutlicht die Notiz aus Frankfurt. Das in der Wendung enthaltene jüdische Wort geht auf jidd. *serore* ›Herrschaft‹ zurück.

**kommen wie die Srores und gehen wie die Maurer**

*Serore* gehört zu jidd. *sar* ›Oberster, Befehlshaber, Herr, Fürst‹.[112] Die deutschen Juden verstanden unter *Serore, Srore, Zrore* vor allem ›vornehme Leute‹ und den ›Adel‹.[113] Da die Gauner Bedarf an unverständlichen Bezeichnungen für jede Art von Obrigkeit hatten, war der Ausdruck seit dem frühen 18. Jh. im Rotwelschen geläufig.[114] In den deutschen Mundarten fehlt er so gut wie ganz.[115]

Hinter der Redensart *jemandem zureden wie einem lahmen Gaul* ›jemandem auf eindringliche Weise gut zureden‹[116] würde

**zureden wie einem lahmen Gaul**

man wohl kaum etwas Jiddisches vermuten. Ein einfühlsamer Umgang mit Pferden kann durchaus bewirken, daß auch erschöpfte Tiere sich noch einmal aufraffen. Ein Esel reagiert da oftmals anders. Allerdings bekommt der Satz noch einen tieferen Sinn, wenn man *Gaul* mit jidd. *chole* ›krank‹ in Verbindung bringt.[117] In der westjidd. Form heißt *Chaule* ›Kranker‹. Das Adjektiv *chaule* kommt in Mundarten und Rotwelsch nicht eben häufig vor, das Substantiv *Chaule* gar nicht. Das vermindert die Wahrscheinlichkeit, daß der *Gaul* der Redensart eigentlich als *Chaule* zu verstehen ist. Auch passen beide Wörter im Anlaut nicht so zusammen, daß der Vorschlag wirklich überzeugt. Belege, die die Vermutung stützen könnten, fehlen.

**zeigen, was eine Harke ist**

Ähnliches gilt für die Redensart *jemandem zeigen, was eine Harke ist.* Der Duden umschreibt sie mit den Worten ›jemandem nachdrücklich und unmißverständlich die Meinung sagen; jemanden deutlich belehren‹.[118] Wolf war 1956 der Meinung, daß die Redensart nicht das Gerät der Bauern meine, sondern daß *Harke* eine volksetymologische Umdeutung darstelle[119] und auf jidd. *hariga* ›Töten, Totschlag, Mord‹ zurückgehe.[120] Die These konnte seither nicht weiter erhärtet werden.[121] Belege zur Stützung der Vermutung sind nicht aufgetaucht, so daß auch diese These einstweilen auf Wiedervorlage zu legen ist.

**es zieht wie Hechtsuppe**

Ganz anders sieht es mit der Erklärung der Redensart *es zieht wie Hechtsuppe* aus.[122] Sie wird gebraucht, wenn man auf einen starken Luftzug hinweisen will. Beim Nachdenken über die Wendung stellt sich die Frage, ob es Hechtsuppen gibt. In der feinen Küche werden jüngere Hechte vorzugsweise gedünstet oder gedämpft. Ältere werden wegen ihres festen, grobfaserigen Fleischs zu Farcen, Klößen oder Pasteten verarbeitet. Selbst wenn es Fischsuppe mit Hechtfleisch gibt, ist das mit einem starken Luftzug nur schwer in Verbindung zu bringen. Immerhin könnte *ziehen* auch ›garziehen‹ meinen. Wie man es jedoch dreht und wendet, wörtlich genommen ist der Vergleich *es zieht wie Hechtsuppe* unverständlich. Er wird jedoch klar, wenn man jidd. Wörter unterlegt. Jidd. *hech* ›wie‹ und *supha* ›Orkan, Windsbraut‹[123] ergeben *hech supha*

›wie ein Orkan‹. Das erklärt überzeugend die deutsche Redensart.[124] Jidd. *supha* ist Teil einer Wortfamilie, der auch die Ausdrücke *suph* ›Schilf, Seegras, Meertang‹ und *jam suph* ›Schilfmeer, Rotes Meer‹ angehören.[125] Außer der Redensart gibt es allerdings kein Zeugnis dieser Wörter in der deutschen Sprache.

## *Rätsel*

Eine der merkwürdigsten Wendungen, die einen jidd. Ausdruck enthalten, ist *Schlamassel auf Wachstuch*. Daß diese Formulierung gebraucht wurde, ist bezeugt. Über ihre Bedeutung waren sich auch Juden in den 1960er Jahren schon nicht mehr einig. Sammy Gronemann erzählt in seinen Erinnerungen, in Hannover

**Schlamassel auf Wachstuch**

habe es am Ende des 19. Jh.s inmitten der Großstadt Jahrmärkte *mit Schaubuden, Karussels und »Schlamassel auf Wachstuch«* gegeben.[126] Weinberg erklärte die Wendung *Schlamassel auf Wachstuch* 1969, allerdings ohne Bezug auf Gronemanns Erzählung, als Ausruf mit der Bedeutung ›Unglück, das nicht so schlimm ist‹ und als ›Unglückssträhne‹.[127] Da Gronemann in seinen Erinnerungen kaum Jahrmarktsfreuden mit kleinen Unglücksfällen in einem Atemzug genannt haben dürfte, ist für seine Angaben nach einer anderen Erklärung zu suchen. Weinberg hat sie als Deutung seiner Gewährsleute notiert. Danach gab es auf den Jahrmärkten Moritaten zu hören, die der Erzähler mit Bildern auf Wachstuch illustrierte. Dieser Erklärung pflichtete Simon Neuberg 2002 im Hinblick auf die zitierte Stelle bei und erklärte *Schlamassel auf Wachstuch* als Vorläufer des Kinos. Schauernachrichten seien »in der Art eines Bänkelgesangs vorgetragen und dabei grelle Bilder auf eine improvisierte Leinwand (das ›Wachstuch‹) projiziert« worden.[128]

Weinberg nennt jedoch auch noch eine dritte Erklärung, die er von seinen Gewährsleuten gehört hat. Danach habe man den Ausdruck *Schlamassel auf Wachstuch* gebraucht, wenn Essen auf die abwischbare Tischdecke und nicht auf kostbares Leinen verschüttet worden sei. Diese Interpretation seiner Gewährspersonen hielt Weinberg für volksetymologisch. Aus dem Sprachschatz der nassauischen Juden hat Jehuda Leopold Frank den Ausruf *Schlemassel af Wachstuch* mit der Bedeutung ›offenkundiges Pech‹ festgehalten.[129] Sie verallgemeinert, was Weinberg von seinen Informanten mitgeteilt worden war. Hans Ludwig Rauh hat 1941 bei Befragungen in Frankfurt am Main eine vierte Erklärung gefunden. Danach ist *Schlamassel uff Wachsduch* wie *Tinnef mit Lakritz* ›Schund‹ und ›unbrauchbare Ware‹.[130] Das würde gut zu Jahrmärkten und Sonderverkäufen passen. Da in beiden Formulierungen das Negative mit dem Positiven verbunden ist wie in *Quatsch mit Soße*, könnte zumindest *Tinnef mit Lakritz*, vielleicht aber auch *Schlamassel uff Wachsduch* so etwas sein wie Unsinn, der in unangemessener Form präsentiert wird.

Aus der Sammlung von Zeugnissen für den konkreten Sprachgebrauch und der Sammlung von Erklärungen und Deutungen sind bis jetzt nur Vermutungen zur Bedeutung der Wendung hervorgegangen. Daß hier in Zukunft noch Entdeckungen zur Sprache deutscher Juden und zu den Verhältnissen, in denen sie gesprochen wurde, zu machen sind, mögen die vorstehenden Ausführungen gezeigt haben.

# Anmerkungen

## *1. Unerwartetes*

[1] Greve 14. [2] Scholem J 19f. [3] Greve 14f.; Maimon 16. [4] Ah. Z passim. [5] F 679, 23; Scholem J 19f. [6] Stefan Zweig 2002, 127. [7] Ah. L 87; s. Art. *Galut*, in JL 2, 880ff. [8] Greve 15. [9] Ostwald 354. [10] Vgl. unten Kap. 8. [11] Ah. M passim. [12] Ah. Z 102. [13] Wei. R 90. [14] St. 163. [15] FWb. 360. [16] Ebd. [17] Wei. R 60. [18] Ebd. 98. [19] Klu. R 236. [20] Wo. R 5167; St. 209. [21] DuWb. 2500. [22] Belege nach Schulz-Basler 2, 153f. [23] St. 150. [24] Ah. L 147. [25] FWb. 2064. [26] Ebd. 2064. [27] Ah. L 21. [28] Kerr 7.2, 139; 142. [29] Lexer 1, 1312f. [30] Wörtl. »das stationäre Deutsch der russischen Juden«: Ah. M 121. [31] Ko. 2, 79. [32] Ebd. 100. [33] Weinreich 1968, 391; 683. [34] Kretschmer 1918, 491ff. [35] Ko. 5, 25. [36] Lexer 2, 1184f. [37] Wappenbuch 1870. [38] Ah. M 360. [39] Degen 29. [40] Menasse 486. [41] FAZ, 23. Juli 1987, 20. [42] *Schtetl* als Nebenform zu *Stetl*: $^{2}$DuWb. 3002; 3247. [43] Beller 1989. [44] Franzos 8. [45] Ah. Z 115. [46] Wei. R 62. [47] DuWb. 2313f. [48] St. 180ff.; Wo. R 4830; DuWb. 2314. [49] Ki. 1265. [50] Wei. R 85. [51] Maas 305. [52] Wo. R 3637. [53] St. 142. [54] Wei. R 85. [55] Ebd. [56] DuWb. 1816. [57] Kluge-Seebold $^{24}$2002, 630. [58] Harkavy 1928, 308. [59] Wo. R 3677. [60] Kluge-Seebold $^{24}$2002, 630. [61] BBWb. 3, 411. [62] Wo. R 3811. [63] Belege ebd. [64] BBWb. 3, 411. [65] Belege bei Stammler 1954, 168. Paul $^{10}$2002, 693: wohl von *naß* ›betrunken, trunksüchtig‹. [66] Te. 600. [67] St. 119. [68] HB. [69] Wo. R 3131. [70] BadWb. 3, 475; ShWb. 4, 405. Ah. L 117. [71] Wei. R 74. [72] Wo. R 3695. [73] St. 130. [74] Kluge-Seebold $^{24}$2002, 646. [75] Stammler 1954, 167ff.; hier auch das Folgende. [76] Kluge-Seebold $^{24}$2002, 646. [77] Rettinger 1985, 40. [78] MrhG 1924/3. [79] Stadtchronik Cochem, Bl. 299f. [80] Wo. R 2814. [81] Ebd. [82] St. 76. [83] Alle Nachweise bei AL 4, 560. [84] Wo. R 440. [85] Meyers Konversations-Lexikon $^{5}$X 316ff. [86] G. Reitz, MrhG 1924/3, 4; ebd. 1926/4, 4. [87] Ebd. 1926/4, 4. [88] Ah. He 109; 120. [89] HNWb., Zettel *Bonames*; vgl. Ah. He 120. [90] Ah. He 109. [91] Ebd. 132. [92] Benn SW 2, 162. [93] Wei. R 63. [94] FWb. 946. [95] Wei. R 63. [96] Schmitz-Berning 1998, 466f. [97] Wei. R 90. [98] Ki. 1264. [99] Ah. L 86f. [100] Wei. R 64. [101] Scholem Br 217. [102] Kle. 25-32, 412. [103] Ebd. 545; 555. [104] Adorno 401. [105] Sle. Wo 201. [106] Kunert 40f. [107] Ebd. 13. [108] Neu. V 82.

## *2. Religiöses*

[1] Wei. R. [2] Kle. 42-45, 569. [3] Wei. L 68f.; 194. [4] Scholem Br 127. [5] Ebd. 397. [6] Ebd. 397, Anm. 5. [7] Wei. L 224. [8] Scholem Br 176f., Transkription u. Übersetzung von Itta Shedletzky. [9] Ebd. 178. [10] Wei. L 166. [11] Ebd. 166. [12] Scholem Br 127. [13] Ebd. 137. [14] Ebd. 375. [15] Ebd. [16] Kunert 28. [17] Heine SW 7, 30; vgl. Ah. M 33ff. [18] FWb. 1982. [19] Wei. L 78; AL 4, 345. [20] FWb. 382; 1451. St. 69f. [21] Ah. He 121. [22] FWb. 382. [23] Scholem Br 420. [24] Ah. He 121. [25] Senger 25. [26] Greve 77. [27] Stefanie Zweig D, 261. [28] Hilf mit! 300.

[29] JL 1, 731 f. [30] Ebd. [31] Greve 77. [32] Stefanie Zweig D 261. [33] Se. S 51. [34] Kle. 25-32, 633. [35] Wei. L 81; Menasse 352: *schamasch*. [36] FWb. 435. [37] Fürst 91 f. [38] FWb. 435. [39] Greve 126. [40] Ebd. 40. [41] Ebd. 41 f.; 101. [42] Blu. 96. [43] Greve 40 f. [44] Kluge/Seebold [24]2002, 277 f. [45] Mo. 26. [46] Se. S 251. [47] Scholem Br 123. [48] Senger 16. [49] Te. 193. [50] Wei. R 91. [51] Te. 532. [52] Te. 193. [53] Te. 885. [54] Wei. R 13. [55] St. 164. [56] PfWb. 3, 208. [57] JL 4.2, 1009 ff. [58] Art. *Peot*, in JL 4.1, 848 ff. [59] Wei. L 208. [60] Franzos 105. [61] Ebd. 103. [62] Ebd. 106. [63] Fechner 68. [64] Senger 143; Koneffke 18. [65] Fürst 178. [66] Ko. 5, 31. [67] Ko. 9, 22 f. [68] Franzos 116 f. [69] Gro. E 42. [70] Paul [10]2002, 837. [71] Zur geschichtl. Entwicklung und religiösen Bedeutung s. JL 4.2, 1629 ff.; zu den hebr. Wortformen Wei. L 48; 259; 398; zu den jidd. Wortformen AL 4, 376; 441 f. [72] JL 4.2, 1630. [73] AL 4, 376. [74] Greve 81. [75] Ko. 1, 48. [76] Te. 314. [77] Wei. L 48. [78] AL 4, 441. [79] Ko. 1, 32. [80] Ko. 1, 31. [81] Ko. 1, 31. [82] Ah. M 181 f. [83] AL 4, 434. [84] Ko. 1, 273. [85] Franzos 12; Mo. 139. [86] Ko. 5, 57. [87] Morgenstern R 217 ff. [88] Böhm 34. [89] Blu. 65. [90] Hermann Br 94. [91] Neu. V 310. [92] Wei. L 224. [93] AL 4, 463. [94] Beranek 1965, Karte 33. [95] Avedisian 1963; Kluge/Seebold [24]2002, 784. [96] Ebd. [97] Ebd. 784; 857. [98] Ebd. 778. [99] Scholem Br 418. [100] Ko. 3, 204; 217. [101] Ko. 2, 26. [102] Wei. L 108. [103] Te. 465. [104] Ko. 3, 233. [105] Stefanie Zweig D 22. [106] Blu. 96. [107] Te. 815. [108] Te. 817. [109] Te. 658. [110] Te. 673. [111] Te. 618. [112] Te. 75. [113] Wei. R 94. [114] Te. 496. [115] Te. 1022. [116] AL 4, 359. [117] Te. 514. [118] Wei. R 94. [119] George/Gundolf 1962, 307. [120] F 679, 22. [121] Wei. L 143; Senger 16. [122] Ko. 1, 223. [123] JL 4.2, 1015. [124] FWb. 1875; 2621. [125] Ki. 1264. [126] St. 174. [127] Böhm 24. [128] Kle. 18-24, 781. [129] F 838, 40. [130] JL 3, 444. [131] JL 4.2, 792. [132] Wei. L 245. [133] Ko. 1, 20. [134] Ko. 9, 40. [135] Böhm 19. [136] Ebd. 20. [137] Scholem Br 111 f. [138] Ebd. 166. [139] Ko. 9, 49. [140] Ko. 1, 274. [141] Ko. 5, 200. [142] Böhm 16. [143] Ko. 1, 272. [144] Franzos 11. [145] Ebd. 10. [146] Wei. L 138. [147] Ko. 4, 10. [148] Bürger SW 460 f. [149] Menasse 336. [150] Se. S 174. [151] Kerr 7.2, 449. [152] Ebd. 142 f.

## *3. Geschäftliches*

[1] Ah M 38. [2] Ebd. 179 ff. [3] Wei. R 71. [4] Ebd. 89. [5] Ebd. 58. [6] Ebd. 93. [7] Ebd. 100. [8] Ebd. 93. [9] Ebd. 72. [10] Ebd. 106. [11] Ebd. 90. [12] Ebd. 90. [13] Wo. R 742. [14] ShWb. 1, 715. [15] Ah. He 119; St. 160. [16] Ebd. [17] Siewert 2003. [18] Kehrer 2002, bes. 38 f. [19] FAZ, 9. Jan. 2002, 29. [20] St. 130. [21] Ebd. [22] Ebd. [23] FWb. 1958. [24] AL 4, 571. [25] Wo. R 3442. [26] AL 4, 571. [27] FWb. 1959. [28] Wei. R 78; WfWb. 1, 437. [29] Wo. R 3442. [30] Wei. R 79. [31] FWb. 2043. [32] AL 4, 340; Wei. R 79; 105. [33] Ebd. 102. [34] Ebd. 51. [35] Ebd. 61. [36] Ki. 1263; Wei. R 80. [37] Ko. 1, 230 u. passim. [38] Wo. R 3502. [39] Wei. R 94. [40] Weinreich 1968, 522. [41] St. 171; Wo. R 4775. [42] Stieler 3, 1701 f. [43] Adelung 3, 1315. [44] Campe 4, 51. [45] WddG 3151. [46] Kluge-Seebold [24]2002, 789. [47] Ki. 1263; Wei. R 83. [48] Ebd. 97; [49] AL 4, 478. [50] Ebd. 367. [51] Wei. R 72. [52] Wei. R 72. [53] FWb. 1461 f. [54] Wo. R 2619 f. [55] Der Spiegel 1976; zitiert nach DuWb. 1468. [56] ShWb. 3, 1314 f. [57] Wei. R 101. [58] Ebd. 72; 100 ff. [59] AL 4, 384. [60] Wei. R 76. [61] Ebd. 83. [62] Blu. 414. [63] Ebd. 410. [64] Belege bei Ah. Sl. [65] F 679, 23. [66] F 108, 24. [67] F 120, 31. [68] F 787, 88. [69] F 595, 40. [70] F 561, 56. [71] F 345, 48. [72] F 445, 35. [73] Wei. R 76. [74] Wo. R 3353. [75] Wei. R 76. [76] St.

123. [77] TV, 8. Mai 1991, 25. [78] IB. [79] IB. [80] IB. wdr.de; 6. Sept. 2001. [81] taz, 6. Sept. 2001. [82] Bernstein 1969, 332. [83] Tucholsky GW 3, 34. [84] Ebd. 8, 32. [85] Se. M 66f. [86] Se. M 12. [87] FAZ, 8. Dez. 1997, 41. [88] FAZ, 19. Mai 2001, 41. [89] F 423, 10. [90] $^{2}$DuWb. 3395. [91] St. 213. [92] Wo. R 5830. [93] Ah. He 154; RhWb. 8, 1135. [94] $^{2}$DuWb. 3395; St. 213. [95] Wei. R 57. [96] Te. 826. [97] Vgl. Dornseiff 481. [98] Ehmann 94; 148. [99] Blu. 152. [100] Hilf mit! 377. [101] AL 4, 364; 405. [102] Wei. R 83; 85. [103] St. 142; 149. [104] Wo. R 3572, 3677. [105] Wei. R 83. [106] $^{2}$DuWb. 2714; 2737. [107] Ah. M 86; 91. [108] Wei. R 93. [109] Belege bei St. 166f. [110] RhWb. 8, 202. [111] LuWb. 2, 25; PfWb. 5, 424. [112] Hornung/Grüner 624; ÖWb. 306. [113] Wei. R 92. [114] $^{2}$DuWb. 2737; Ah. Z 50f. [115] Wo. R 4520. [116] Nestroy AW 743. [117] F 34, 9; F 418, 100; F 679, 70. [118] F 531, 18. [119] F 838, 21. [120] F 561, 88. [121] F 712, 44. [122] F 868, 5. [123] F 57, 29. [124] z.B. Der Spiegel 51/1953, 73. [125] FAZ, 26. Febr. 1985, 9. [126] TV, 10. Jan. 1990, 10. [127] TV, 23. Juli 1985, 14. [128] TV, 13. Juli 1991, 16. [129] Blu. 157. [130] AL 4, 389. [131] Frank 12; Wei. R 80. [132] FWb. 1889. [133] Kluge R 438. [134] Kü. 1823. [135] AL 4, 434. [136] Maas 305. [137] Naschér 91. [138] ThWb. 4, 1237f. [139] BBWb. 3, 654; Wo. R 4248. [140] Wo. R 4248. [141] F 885, 34. [142] F 868, 33. [143] F 613,27. [144] F 912, 36. [145] F 916, 6. [146] JRoth 1, 98. [147] Neu. V 242. [148] Die Pleite 1919-1924. [149] HB. ZDF, 3. Dez. 1996. [150] Kunert 107. [151] Kü. 2182f. [152] Kle. 50-59, 356.

## *4. Schicksalhaftes*

[1] AL 4, 369. [2] Wei. R 59. [3] Böhm 51. [4] Se. M 66f. [5] Koneffke 186f. [6] Naschér 17. [7] Koneffke 270. [8] Dies und die folgenden Beispiele nach Wei. R 59. [9] FWb. 1534. [10] Te. 828. [11] Te. 29. [12] Te. 46. [13] Te. 538. [14] Ki. 1267. [15] AL 4, 468. [16] Ah. L 195. [17] FWb. 2889. [18] Wei. R 102. [19] Ah. L 211f. [20] Wei. R 102. [21] Te. 137. [22] Te. 123. [23] Te. 116. [24] Te. 73. [25] Senger 109f. [26] FWb. 2889. [27] Pick 14. [28] F 622, 61. [29] ShWb. 2, 195. [30] AL 4, 327. [31] RhWb. 1, 86; Ah. He 124; St. 84f. [32] Ah. He 124. [33] AL 4, 383; Ki. 1262. [34] Böhm 54. [35] Kle. 42-45, 528. [36] Neu. V 311. [37] Ki. 1264. [38] Wei. R 91. [39] Te. 989. [40] Wei. R 91. [41] Te. 680. [42] Te. 749. [43] Kle. 42-45, 270. [44] Hermann Br 101. [45] Ebd. 201. [46] Te. 989. [47] HNWb. 2, 744. [48] FWb. 2412. [49] Kü. 2259. [50] Böhm 15. [51] F 679, 21. [52] Gro. E 164. [53] Zum Folgenden JL 1, 431f.; 446. [54] Wei. L 183. [55] AL 4, 396. [56] Ki. 1263; Wei. R 82. [57] Naschér 80. [58] Te. 799. [59] Te. 609. [60] St. 126ff. [61] Wo. R 3522. [62] Kluge R 218. [63] Ah. Z 42ff. [64] HB. ZDF, 27. Sept. 1998, 19.15 Uhr. [65] Das Parlament, 20. Nov. 1998, 2. [66] Der Tagesspiegel, 4. April 2000. [67] IB. [68] IB. [69] IB. [70] IB. [71] AL 4, 410. [72] Ebd.; JL 4.2, 227. [73] Wei. R 98. [74] Heym 174. [75] Senger 93. [76] Menasse 413. [77] Te. 468. [78] Te. 742. [79] Te. 741. [80] Te. 607; Stefanie Zweig D 90. [81] Te. 606. [82] Te. 606. [83] Te. 606. [84] Te. 790. [85] Wei. R 78. [86] Wei. R 78. [87] Mo. 36. [88] Mo. 187. [89] Wei. R 78. [90] Mo. 64. [91] Te. 469. [92] Te. 722. [93] Ko. 1, 59; 7, 191. [94] Te. 467. [95] Senger 109. [96] Wei. R 78. [97] Se. S 244; 269. [98] Die Welt, 22. März 2002. [99] Heym 101; 174. [100] FWb. 1961. [101] St. 188f. [102] FWb. 1961. [103] Te. 742. [104] Te. 1060. [105] Te. 749. [106] ThWb. 5, 633. [107] AL 4, 353. [108] Wei. R 61. [109] Ebd. [110] Te. 203. [111] Te. 203. [112] Te. 22. [113] Te. 257. [114] FWb. 453. [115] Ebd. [116] Ebd. 454. [117] Kraus W 7, 280. [118] Ebd. 352. [119] Kraus S 14, 284. [120] Kerr 2, 258.

[1] $^{2}$DuWb. 638; ÖWb. 147. [2] Kluge/Seebold $^{24}$2002, 172; St. 78. [3] Paul $^{10}$2002, 202. [4] Kunert 28. [5] Bundesminister Rudolf Scharping. HB. [6] Bundesminister Jürgen Trittin. [7] AL 4, 372. [8] Ki. 1258. [9] Te. 893. [10] Te. 894. [11] Te. 373. [12] Te. 893. [13] Cassel 1885. [14] Wei. R 60. [15] Gro. E 244. [16] Gro. E 118. [17] Böhm 54. [18] Neu. V 311. [19] Wolfskehl/Gundolf 2, 102. [20] z.B. F 59, 21; F 445, 134. [21] Morgenstern R 143. [22] Kle. 50-59, 527. [23] Senger 185. [24] Mahler-Werfel 639. [25] Ah. Z. [26] Abgeordneter Dr. Walter Schwimmer (ÖVP) am 20. Mai 1996. [27] Der Tagesspiegel, 9. Juli 2001. [28] IB. [29] Dershowitz 2000; Feilke 2001. [30] AL 4, 472. [31] Wei. R 99. [32] Ki. 1266. [33] Te. 84; 773. [34] Te. 108. [35] Te. 108. [36] AL 4, 472. [37] FWb. 2763. [38] FWb. 2763. [39] Wo. R 5039. [40] PfWb. 5, 1195. [41] St. 196. [42] $^{2}$DuWb. 2964. [43] St. 193f. [44] Ah L 190. [45] Mo. 76. [46] AL 4, 472. [47] Te. 107. [48] Scholem Br 180. [49] Ebd. 276. [50] F 384, 41. [51] F 457, 39. [52] F 890, 41. [53] Tucholsky GW 4, 342. [54] Kerr 3, 113ff., das Zitat S. 116. [55] Kle. 50-59, 60. [56] Morsbach 1998, 55. [57] Te. 114. [56] AL 4, 352. [57] Wei. R 62. [60] St. 83. [61] FWb. 816f. [62] St. 82. [63] Wei. R 62. [64] Scholem Br 98. [65] AL 4, 477. [66] Wei. R 96. [67] Naschér 106. [68] Te. 959. [69] Te. 320. [70] Te. 316. [71] Te. 318. [72] Te. 319. [73] Te. 322. [74] St. 177f. [75] $^{2}$DuWb. 2883. [76] AL 4, 369. [77] Kluge/Seebold $^{24}$2002, 791. [78] Kunert 130. [79] Kü. 1057; $^{2}$DuWb. 1310. [80] Wei. R 100. [81] FWb. 886. [82] Scholem Br 238. [83] St. 195. [84] Wei. R 100. [85] AL 4, 348. [86] Wei. R 64. [87] Te. 726. [88] Te. 753. [89] Wei. R 64. [90] Wei. R 64. [91] St. 91f. [92] Liebermann 50. [93] FWb. 891. [94] George/Gundolf 132. [95] Wolfskehl/Gundolf 2, 35. [96] Ringelnatz 65. [97] Gernhardt 409. [98] AL 4, 429. [99] JL 3, 1161: *Maissebuch*; JL 3, 1270: *Maassebuch*. [100] Naschér 69. [101] Wei. R 78. [102] Ki. 1262. [103] Wei. R 78. [104] Naschér 69. [105] Wei. R 78. [106] Te. 253. [107] Reitzer GS. [108] Sle. B 268. [109] Ko. 1, 44. [110] Wei. R 78. [111] Ko. 1, 38. [112] Senger 106. [113] Ebd. 19. [114] Koneffke 144. [115] Ebd. 186f. [116] Wei. R 94. [117] Neu. L 108ff.; Neu. V 495. [118] Neu. L 109. [119] Neu. L 108. [120] Neu. V 495. [121] Morgenstern R 108. [122] Gro. S 19. [123] Gro. S 22. [124] Gro. S 25. [125] AL 4, 406. [126] Wei. R 85. [127] FWb. 2068. [128] Scholem Br 375f. [129] Naschér 81. [130] Ah. M. [131] Reitzer SA. [132] Pressburg 1905. [133] CL. [134] Torberg PPP 264. [135] Gro. S 24. [136] AL 4, 397. [137] Naschér 63. [138] Ebd. 66. [139] Ebd. 66. [140] Reitzer R. [141] Wehle 202. [142] Hornung/Grüner 571. [143] Böhm 27. [144] Sle. L 180. [145] F 622, 63. [146] F 622, 57ff. [147] F 622, 58. [148] F 622, 59. [149] Zitiert nach: F 622, 60f. [150] Zitiert nach: F 622, 62. [151] Vgl. Reitzer R. [152] F 679, 19; vgl. Ah Sl, 168. [153] Gundolf 2002. [154] Ebd. 67. [155] Ah. M. [156] AL 4, 382. [157] Ki. 1258f. [158] Te. 57. [159] Te. 57. [160] Te. 912. [161] Scholem Br 197. [162] FWb. 628. [163] Pick 16. [164] Hornung/Grüner 347. [165] Biermann 1992. [166] Ah. Z. [167] AL 4, 389. [168] Ki. 1267; Wei. R 104. [169] Mo. 127. [170] Ki. 1267. [171] Te. 1068. [172] FWb. 3129. [173] Kle. 45-49, 468. [174] Ah. Z. [175] Dies und zum Folgenden: IB. [176] HB. ZDF, 16. Dez. 1998, 22.15 Uhr. [177] Norbert Blüm, IB. [178] AL 4, 467. [179] Maas 305. [180] Mo. 137. [181] Mo. 121; 188. [182] Te. 822. [183] Mack 67. [184] Wei. R 103. [185] Kerr 3, 127. [186] Mo. 188.

## *6. Positives*

[1] Vgl. zum Folgenden Ah. L. [2] Wei. L 153. [3] Wei. L 169; 204. [4] Ebd. 152. [5] Mo. 91. [6] Frank 28. [7] Mo. 172. [8] JL 3, 645. [9] Vgl. Te. 510; Wei. L 153. [10] Te. 510. [11] Rö. 770f. [12] Te. 548. [13] Böhm 34. [14] Wei. R 75. [15] Ebd. 75. [16] Ah. He 132. [17] St. 122. [18] $^{2}$DuWb. 1971. [19] Wei. L 155. [20] Ebd. [21] Guggenheim-Grünberg 1973, Karte 18. [22] Ah. He 131. [23] Te. 313. [24] Wei. R 73. [25] Degen 197f. [26] Zuckmayer 2002, 181. [27] Ki. 1261. [28] Te. 313. [29] FWb. 949. [30] Wei. R 73. [31] Se. S 253. [32] Stefanie Zweig D, 76. [33] Gro. E 143. [34] Greve 164. [35] Scholem J 12. [36] Koneffke 90. [37] Maimon 20. [38] Gro. S 66f. [39] Ebd. 93. [40] Scholem J 13. [41] Ebd. [42] Kle. 25-32, 633. [43] Scholem J 111. [44] Mahler-Werfel 290. [45] Schudt IV/2 173. [46] Hauff 2, 141. [47] Mo. 116. [48] Ebd. 116. [49] Degen 78. [50] Menasse 327. [51] Ah. He 131. [52] Ebd. 391. [53] Menasse 326f. [54] Gro. E 71. [55] Tucholsky GW 3, 41. [56] Tucholsky GA 5, 12. [57] Kerr 7.2, 139. [58] Kerr 2, 312. [59] Ebd. [60] St. 116. [61] Ebd. [62] FWb. 1579. [63] Wo. R 2884. [64] AL 4, 562. [65] Ki. 1261. [66] Hilf mit! 377. [67] Andres 1967, 17. [68] Der Tagesspiegel, 27. Mai 2001. [69] IB. [70] IB. [71] Wei. R 58f. [72] Mo. 112. [73] Wei. R 59. [74] Ebd. [75] FWb. 1534. [76] St. 75. [77] AL 4, 560; Wo. R 2814. [78] Wo. R 2814. [79] Tucholsky GW 4, 289. [80] Hilf mit! 378. [81] AL 4, 530; Wo. R 2580. [82] Ebd. [83] AL 4, 530. [84] Wo. R 2580. [85] $^{2}$DuWb. 1842. [86] BBWb. 2, 940. [87] Ebd. [88] Tucholsky GW 4, 333. [89] Benn SW 2, 62. [90] Kerr 2, 123. [91] Wo. R 2431. [92] Wei. R 52. [93] Wo. R 5849. [94] Klu. R 437; 485. [95] St. 66f. [96] Dies und das Folgende: IB. [97] AL 4, 469. [98] Ki. 1265. [99] MuS 128f. [100] Ebd. 32. [101] Ko. 1, 104. [102] Reitzer SA 105. [103] Reitzer GS 101. [104] Te. 98. [105] Te. 115. [106] Te. 3. [107] Te. 775. [108] Te. 980. [109] Kunert 28; ähnlich Eichner 105. [110] Blu. 40. [111] F 546, 19. [112] TL 83. [113] St. 185. [114] $^{2}$DuWb. 490. [115] DuWb. 360. [116] Kunert 151. [117] Rökk 127. [118] $^{2}$DuWb. 2916. [119] St. 185. [120] ShWb. 5, 271; PfWb. 5, 952. [121] ShWb. 5, 271; HNWb. 3, 146. [122] Wei. R 89; St. 156. [123] Wo. R 4076. [124] Ah. He 142. [125] ShWb. 1, 611. [126] Lasch 175. [127] Wei. R 105. [128] Wo. R 5828. [129] AL 4, 375. [130] Wei. R 105. [131] Blu. 154. [132] Wei. R 105. [133] FWb. 3196. [134] Frankfurter Zeitung, 17. Jan. 1943; zitiert nach FWb. 3261. [135] FWb. 3261. [136] Wo. R 5849. [137] Belege bei St. 83. [138] Ebd. [139] BBWb. 4, 432. [140] Lasch 175. [141] BBWb. 4, 432. [142] Meyer/Kiaulehn 90. [143] BBWb. 1, 1064. [144] Meyer/Kiaulehn 125. [145] BBWb. 1, 1064. [146] Tucholsky GW 1, 274. [147] IB. [148] Ah. Z 116f. [149] FAZ, 26. Aug. 1995, 28. [150] FAZ, 5. Sept. 1996, 35. [151] TV, 24. Dez. 1997; 20. April 2001, 8. [152] TV, 15. Aug. 1997, 9.

## *7. Negatives*

[1] AL 4, 467; Ki. 1265. [2] ShWb. 5, 737. [3] RhWb. 7, 982. [4] ShWb. 5, 737. [5] St. 182. [6] HNWb. 4, 583; PfWb. 6, 1157f. [7] AL 4, 463f. [8] Weiteres bei Ah. Z, 21ff. [9] Mo. 146. [10] Ebd. 141. [11] Ostwald 288. [12] IB. [13] IB. [14] F 622, 203. [15] Wei. R 83. [16] Böhm 54. [17] Naschér 49. [18] Ostwald 180; vgl. Nuél 40, Nikolaus 160. [19] Kafka H 124. [20] Menasse 165. [21] Heym 218. [22] Ostwald 205. [23] AL 4, 389. [24] Blu. 157. [25] Wei. R 80. [26] Te. 201. [27] Ebd. 915. [28] Ebd. 205. [29] Ebd. 626. [30] FWb. 1889. [31] St. 136f. [32] FWb. 1889. [33] Wo. R 3498. [34] $^{2}$DuWb. 2173. [35] AL 4, 434. [36] Röll 1986, 62. [37] AL 4, 434. [38] Wei. R 90. [39]

Reitzer R 18. [40] FWb. 2332f. Hier auch Nachweise für das Folgende. [41] Ebd. 2333. [42] St. 162. [43] ThWb. 4, 1237f. [44] Wo. R 4248. [45] Ah. M 91. [46] F 86, 14. [47] taz, 22. Jan. 2002. [48] F 357, 31. [49] Kerr 2, 76. [50] F 857, 117. [51] $^{2}$DuWb. 1802. [52] AL 4, 392. [53] Dies und das Folgende nach JL 3, 587f. Vgl. Wei. L 143. [54] Wei. L 143. [55] AL 4, 392. [56] Wei. R 70. [57] Naschér 51. [58] Te. 198. [59] FWb. 1389. [60] Te. 635. [61] AL 4, 392. [62] Wei. R 70. [63] AL 4, 392. [64] Te. 438. [65] Andres 1953, 27. [66] St. 106. [67] Wo. R 2496. [68] Bürger SW 193. [69] Zitiert nach FWb. 1389. [70] FAZ, 4. Mai 1991. [71] AL 4, 377. [72] Wei. R 107. [73] Ko. 1, 73. [74] Kle. 25-32, 372. [75] Senger 11. [76] Kle. 25-32, 349. [77] Gro. E 143. [78] Mo. 70. [79] Te. 289. [80] Ki. 1268. [81] Kle. 18-24, 843. [82] Scholem Br 215. [83] Te. 289. [84] Wei. R 107. [85] Te. 289. [86] FWb. 2021. [87] FWb. 3230. [88] Torberg J 213. [89] Kle. 33-41, 123. [90] $^{2}$DuWb. 3438. [91] St. 215. [92] ShWb. 1, 1692. [93] AL 4, 616. [94] Ebd. [95] Ki. 1268. [96] Hilf mit! 377. [97] AL 4, 475. [98] Wei. R 100. [99] Ki. 1266. [100] Scholem Br 402. [101] St. 202f. [102] $^{2}$DuWb. 2983. [103] Wo. R 5116. [104] St. 202. [105] Adelung 3, 1618. [106] Bürger SW 731f. [107] Ebd. 336. [108] Bürger Br 61. [109] Ebd. 72. [110] Bürger SW 741. [111] Ulrich Joost, in: Bürger Br 208. [112] Bürger SW 478. [113] Bürger Br 208; vgl. Kindleben 1781. [114] Heine SW 2, 185. [115] Kotzebue 1964, 67. [116] Seume 2, 99. [117] Keller 7, 355. [118] B. von Arnim 3, 1000. [119] Nestroy SW 6, 341. [120] Eichendorff 4, 589. [121] Keller 1, 596. [122] F 735, 159f. [123] Benn SW 1, 30. [124] AL 4, 401. [125] Ki. 1263; Wei. R 83. [126] Ki. 1263. [127] Wo. R 258. [128] Ki. 1263. [129] Neu. V 234. [130] Sle. B 182. [131] Neu. V 575. [132] Mahler-Werfel 419. [133] Hermann Br 105. [134] Neu. L 431.; Sle. L 194. [135] Schulze 293; Sle. B 22. [136] Sle. B 16. [137] Benn Z 303. [138] Neu. V 135. [139] Kraus W 1, 199. [140] Neu. V 523. [141] Hermann Br 98. [142] Kle. 42-45, 440. [143] Padover 97. [144] Sle. B 36. [145] Mo. 128. [146] Sle. Wo 175f. [147] CL 59. [148] Neu. V 460. [149] Sle. We 21; Sle. B 18. [150] CL 55. [151] Ostwald 114. [152] Sle. B 57. [153] Hermann Br 159. [154] AL 4, 343. [155] JL 1, 639. [156] Bernstein 1908, XXXIX*. [157] Wo. R 258. [158] Pick 12; Kisch 1983, 53. [159] Kraus W 5, 418. [160] F 852, 78. [161] F 613, 93. [162] F 873, 33. [163] Tucholsky GW 7, 92. [164] Sle. We 130. [165] Kle. 42-45, 602. [166] Rökk 162. [167] Ah. M 178ff. [168] Kle. 33-41, 105. [169] Padover 231. [170] ZTJ 302. [171] Neue Saarbrücker Zeitung, 3. März 1944; jetzt in ZTJ 305. [172] Schulze 258. [173] Berndorf R 36. [174] Berndorf E 121. [175] Gernhardt 494f. [176] Hermann Br 191. [177] Ostwald 326. [178] Sle. L 193. [179] Kerr 2, 188. [180] Gernhardt 539f.

### *8. Einzigartiges*

[1] Quellennachweise und Belege bei Ah. Ne. [2] Te. 633. [3] Ah. Ne, in: JM 22, 5f. [4] Ebd., 5. [5] Ah. Ne, in: JM 23, 18. [6] Guggenheim-Grünberg 1973, 90f. [7] Zuletzt bei Landmann $^{13}$1988, 663. [8] AL 4, 577. [9] Scholem J 19f. [10] Blu. 32. [11] Mauthner A 1, 281. [12] Scholem Br 57. [13] Kle. 25-32, 282. [14] Kle. 33-41, 532. [15] Altenberg 35f. [16] Ah. He 141. [17] Fehlt bei St. [18] FWb. 2137; BBWb. 3, 415; Wehle 63. [19] FWb. 2137. [20] Wehle 63. [21] Ah. Ne. [22] Kü. 2021. [23] FWb. 2137; BBWb. 3, 415; Wehle 63. [24] Meyer/Kiaulehn 141; Wehle 63. [25] Kle. 42-45, 444. [26] Kraus L. [27] Ebd. 23. [28] Ebd. 207. [29] F 561, 53-68. [30] Mauthner M 185. [31] Tucholsky GA 4, 18. [32] Kraus L, 40. [33] Kuh M 192ff. [34] Scholem J 165. [35] Ah. L 151; Blu. 90. [36] Benn Z 213. [37] Kle. 45-49, 84. [38] Ah. M

357ff. [39] Andres 1967, 216. [40] Ah. Ne, in: JM 23, 11. [41] Scholem Alejchem 1984, 78. [42] Biermann 1994, 12. [43] Menasse 127; 322; 352. [44] Landsberger 54; 203. [45] Ah. Ne, in: JM 23, 20. [46] Witter 1979. [47] Ebd. 10.

## *9. Floskelhaftes*

[1] Belege nach Wei. L 217. [2] Scholem Br 16, 81 u.ö. [3] Ebd. 16 u. 114. [4] $^{2}$DuWb. 2806. [5] Wossidlo/Teuchert 5, 988. [6] FWb. 2535. [7] Ebd. [8] Te. 67f. [9] PfWb. 5, 1406. [10] Wo. R 4633. [11] Röll 2002; Neuberg/Röll 2002. [12] HJRoth 2002. [13] $^{2}$DuWb. 987; Rö. 403. [14] BBWb. 1, 1233. [15] FWb. 621. [16] PfWb. 2, 980. [17] Wei. R 66. [18] Zivy 56. [19] Te. 826. [20] FWb. 621. [21] Bernstein 1908, LXXIII*. [22] FWb. 2032. [23] ShWb. 4, 561. [24] BadWb. 3, 572. [25] HNWb. 2, 270. Vgl. Ah. He 134. [26] Dies und das Folgende: Ah. He 1334. [27] BBWb. 1, 746. [28] Ah. He 142. [29] Schiller 219; Frank 23; Wei. R 88. [30] Ah. Sch. [31] Ah. M 53f. [32] FWb. 1959. [33] Singer 1988. [34] Stefanie Zweig D 90. [35] $^{2}$DuWb. 454. [36] AL 4, 442. [37] Wei. R 66. [38] Rö. 633. [39] Ah. He 123; Rö. 301. [40] FWb. 453. [41] PfWb. 1, 1265. [42] ShWb. 1, 1332. [43] Wei. R 61. [44] Wo. R 718. [45] FWb. 393. [46] ThWb. 1, 1016. [47] Kü. 559; Rö. 301. [48] ShWb. 1, 1332; RhWb. 1, 1228. [49] ShWb. 1, 1332. [50] PfWb. 2, 58. [51] FWb. 437. [52] S. A. Wolf, in: Mu 66, 28; Wo. R 934; Rö. 300. [53] BBWb. 1, 905; $^{2}$DuWb. 655. [54] Mitzka 1358. [55] Kle. 33-41, 89. [56] Neu. L 82. [57] Meyer/Kiaulehn 84. [58] Ki. 1258; Wei. R 61. [59] Meyer/Kiaulehn 84. [60] Zitiert nach Lasch 189. [61] $^{2}$DuWb. 2663. [62] Ebd. [63] Kü. 2238. [64] Kü. 1669. [65] BBWb. 2, 1226f.; S. A. Wolf, in: Mu 64, 468f. [66] BBWb. 2, 1226f. [67] Ebd. 1, 232; 2, 974 u. 1227; 3, 736. [68] FWb. 1642. [69] BBWb. 2, 1227. [70] AL 4, 398; Wei. L 158. [71] AL 2, 398 u. 564f.; vgl. Wo. R 3070. [72] S. A. Wolf, in: Mu 66, 28; Kü. 2827; Rö. 1601. [73] Pfeiffer 1996, 434. [74] Wo. R 5765. [75] St. 212. [76] Wo. R 5765; Rö. 1601. [77] AL 4, 384. [78] Wei. R 74. [79] Wo. R 3131. [80] TV, 28. Nov. 2003, A1. [81] RhWb. 5, 166; ShWb. 4, 361; FWb. 1733; PfWb. 4, 1004f.; LuWb. Nachtr. 140. [82] Rö. 1020. [83] HNWb. 2, 201. [84] AL 4, 429. [85] Ki. 1262. [86] Wei. R 78. [87] OsWb. 3, 138. [88] Vgl. Röll 1986, 62. [89] $^{2}$DuWb. 1119. [90] Blu. 158. [91] Belege bei St. 162. [92] Belege bei St. 161; Rö. 463f. [93] AL 4, 434. [94] FWb. 2332f.; HNWb. 2, 662; ShWb. 1, 938; PfWb. 1, 1013; u. a. [95] FWb. 2174. [96] Wei. L 198f. [97] Wei. R 87. [98] Ki. 1268; Wei. R 110. [99] Guggenheim-Grünberg 1973. [100] Reuter 12, 71ff. [101] $^{2}$DuWb. 2961; Rö. 1376. [102] Anonyma 2003, 270. [103] Kluge R 231. [104] AL 4, 472. [105] Wo. R 5020. [106] $^{2}$DuWb. 411; Rö. 155; 1053. [107] AL 4, 405. [108] St. 64. [109] Wei. R 85. [110] DWb. 1, 1145. [111] FWb. 2889. [112] Ki. 1267; AL 4, 466 u. 477. [113] Wei. R 102. [114] Kluge R 205; Wo. R 5394. [115] St. 208f. [116] $^{2}$DuWb. 1223. [117] Rö. 1781; St. 72. [118] $^{2}$DuWb. 1476; Rö. 665. [119] Wo. R 2069. [120] AL 4, 359. [121] St. 94. [122] $^{2}$DuWb. 1501; Rö. 686. [123] AL 4, 358 u. 417. [124] So bereits Wo. R 2106; auch BBWb. 2, 548. [125] AL 4, 417. [126] Gro. E 71. [127] Wei. R 98. [128] Gro. E 348. [129] Frank 24. [130]FWb. 3186.

# Literatur


Adelung, Johann Christoph: Grammatisch-kritisches Wörterbuch der Hochdeutschen Mundart, mit beständiger Vergleichung der übrigen Mundarten, besonders aber der Oberdeutschen. 2. verm. u. verb. Ausg. 4 Tle. Leipzig 1798–1801.

Adorno, Theodor W.: Briefe an die Eltern. 1939–1951. Hrsg. von Christoph Gödde u. Henri Lonitz. Frankfurt a. M. 2003. (Briefe u. Briefwechsel. 5).

Ah. = Althaus, Hans Peter (A): Ansichten vom Jiddischen in Literatur und Presse. Trier 1993.

– (He): Jüdisch-hessische Sprachbeziehungen. In: Zeitschrift für Mundartforschung 30 (1963/64), 104–156.

– (Ho): Jüdisch-deutsche Hochzeitscarmina. Gelehrtes Spiel und parodistischer Scherz im 18. Jahrhundert. In: Jiddische Philologie. Festschrift für Erika Timm. Hrsg. von Walter Röll und Simon Neuberg. Tübingen 1999, 285–314.

– (L): Kleines Lexikon deutscher Wörter jiddischer Herkunft. München 2003. (Beck'sche Reihe. 1518).

– (M): Mauscheln. Ein Wort als Waffe. Berlin, New York 2002.

– (Ne): nebbich. In: JM 22 (1999), 5–16; JM 23 (2000), 10–25.

– (Sch): Humor und Polemik in jüdisch-deutschen Schillerparodien. In: Das Röllwagenbüchlein. Festschrift für Walter Röll. Hrsg. von Jürgen Jährling, Uwe Mewes u. Erika Timm. Tübingen 2002, 465–485.

– (Sl): »Schleeschaak«. Ein Tenor im Visier von Karl Kraus. In: Sprache im Leben der Zeit. Helmut Henne zum 65. Geburtstag. Hrsg. von Arnim Burkhardt u. Dieter Cherubim. Tübingen 2001, 147–173.

– (Z): Zocker, Zoff & Zores. Jiddische Wörter im Deutschen. München [2]2003. (Beck'sche Reihe. 1476).

AL = Avé-Lallemant, Friedrich Christian Benedict: Das Deutsche Gaunerthum in seiner social-politischen, literarischen und linguistischen Ausbildung zu seinem heutigen Bestande. 4 Tle. Leipzig 1858–1862 [darin Tl 4, 319–512: Jüdischdeutsches Wörterbuch].

Altenberg, Peter: »Semmering 1912«. Berlin 1913.

Andres, Stefan (K): Der Knabe im Brunnen. Roman. München 1953.

– (Ä): Ägyptisches Tagebuch. München 1967.

Anonyma: Eine Frau in Berlin. Tagebuchaufzeichnungen vom 20. April bis 22. Juni 1945. Frankfurt a. M. 2003. (Die Andere Bibliothek. 221).

Arnim, Bettine von: Politische Schriften. Frankfurt a. M. 1995. (Werke und Briefe. 3).

Avedisian, Arthur D.: Zur Wortgeographie und Geschichte von *Samstag/Sonnabend*. In: Deutsche Wortforschung in europäischen Bezügen. Hrsg. von Ludwig Erich Schmitt. Bd 2. Gießen 1963, 231–264.

BadWb. = Badisches Wörterbuch. Bd 1 ff. Lahr/Schwarzwald 1942 ff.

BBWb. = Brandenburg-Berlinisches Wörterbuch. 4 Bde. Berlin 1976–2001.

Beller, Ilex: Das Leben im Schtetl. Tecklenburg 1989.

Benn, Gottfried (SW): Sämtliche Werke. 7 in 8 Bdn. Stuttgart 1986–2003.
– (Z): Hernach. Gottfried Benns Briefe an Ursula Ziebarth. Mit Nachschriften zu diesen Briefen von Ursula Ziebarth und einem Kommentar von Jochen Meyer. Göttingen 2002.
Beranek, Franz J.: Westjiddischer Sprachatlas. Marburg 1965.
Berndorf, Jacques (E): Eifel-Schnee. Kriminalroman. Dortmund 1996.
– (R): Eine Reise nach Genf. München 2001.
Bernstein, Ignaz: Jüdische Sprichwörter und Redensarten. Gesammelt und erklärt unter Mitwirkung von B. W. Segel. 2., verm. u. verb. Aufl. Warschau 1908. Neudruck. Hildesheim 1969.
Biermann, Wolf: Der Sturz des Dädalus oder Eizes für die Eingeborenen der Fidschi-Inseln über den IM Judas Ischariot und den Kuddelmuddel in Deutschland seit dem Golfkrieg. Köln 1992.
– Jizchak Katzenelson, Dos lied vunem ojsgehargeten jidischn volk. Wolf Biermann, Großer Gesang vom ausgerotteten jüdischen Volk. Köln 1994.
Blumenfeld, Erich: Einbildungsroman. Frankfurt (Main) 1998.
Böhm, Louis: Lieder eines fahrenden Choßid. Humoristische Dichtungen für jüdische Geselligkeit. Hildesheim 1910.
Bürger, Gottfried August (SW): Sämtliche Werke. Hrsg. von Günter und Hiltrud Häntzschel. München, Wien 1987.
– (Br): Mein scharmantes Geldmännchen. Gottfried August Bürgers Briefwechsel mit seinem Verleger Dieterich. Hrsg. von Ulrich Joost. Göttingen 1988.
Campe, Johann Heinrich: Wörterbuch der deutschen Sprache. Veranstaltet u. hrsg. 5 Tle. Braunschweig 1809–1811.
Cassel, Paulus: Aus dem Lande des Sonnenaufgangs. Berlin 1885.
CL = Csocolade Lotzelech für Damen und Herren. Sammlung alter und neuer Schmonzes. 1. 2. Hrsg. von Josef Alkalay. Wien o. J.
Das Parlament. Berlin.
Degen, Michael: Nicht alle waren Mörder. Eine Kindheit in Berlin. München 1999.
Der Spiegel. Das deutsche Nachrichtenmagazin. Hamburg.
Dershowitz, Alan M.: Chuzpe. Autobiographie. Hamburg 2000.
Der Tagesspiegel. Berlin.
Die Pleite. Fotomechanischer Neudruck der Originalausgaben 1919–24 mit einer Einleitung von Wieland Herzfelde. Frankfurt/Main 1986.
Die Welt. Berlin.
Dornseiff, Franz: Der deutsche Wortschatz nach Sachgruppen. 7. Aufl. Berlin 1970.
DuWb. = Duden. Das große Wörterbuch der deutschen Sprache. 6 Bde. Wien, Zürich 1976–1981. 2. Aufl. 8 Bde. Mannheim, Leipzig, Wien, Zürich 1993–1995.
DWb. = Grimm, Jacob, und Grimm, Wilhelm: Deutsches Wörterbuch. 16 in 33 Bdn. Leipzig 1854–1971.
Ehmann, Hermann: Voll konkret. Das neueste Lexikon der Jugendsprache. München 2001. (Beck'sche Reihe. 1406.)
von Eichendorff, Joseph: Werke. Bd 4. Frankfurt a. M. 1988.
Eichner, Hans: Kahn & Engelmann. Eine Familien-Saga. Reinbek b. Hamburg 2002. (rororo. 23227).
F = Die Fackel. Nr. 1 (1899) – Nr. 917–922 (1936). Neudruck. 12 Bde. Frankfurt a. M. o. J.

FAZ = Frankfurter Allgemeine. Zeitung für Deutschland. Frankfurt a. M.

Fechner, Eberhard: Die Comedian Harmonists. Sechs Lebensläufe. 2. durchges. Aufl. Weinheim u. Berlin 1996.

Feilke, Mania: »Mit Lust und Chuzpe«. Ein Portrait im Spiegel der Zeit. Aufgeschrieben von Steffen Damm. Berlin 2001.

Frank, Jehuda Leopold: »Loschen Hakodesch«. Jüdisch-deutsche Ausdrücke, Sprichwörter und Redensarten der Nassauischen Landsjuden. 3. Aufl. Cholon 1993.

Frankl = Libanon. Ein poetisches Familienbuch. Hrsg. von L. A. Frankl. Wien 1855.

Franzos, Karl Emil: Das Kind der Sühne. Erzählungen. Berlin 1965.

Fürst, Max: Gefilte Fisch. Eine Jugend in Königsberg. Mit einem Nachwort von Helmut Heißenbüttel. München 1973.

FWb. = Frankfurter Wörterbuch. 6 Bde. Frankfurt a. M. 1971–1985.

George, Stefan; Friedrich Gundolf: Briefwechsel. Hrsg. von Robert Boehringer mit Georg Peter Landmann. München u. Düsseldorf 1962.

Gernhardt, Robert: Gedichte. 1954–1997. Zürich 1999.

Greve, Ludwig: Wo gehörte ich hin? Geschichte einer Jugend. Frankfurt a. M. 1994.

Gronemann, Sammy (E): Erinnerungen. Aus dem Nachlaß hrsg. von Joachim Schlör. Berlin, Wien 2002.

– (S): Schalet. Beiträge zur Philosophie des »Wenn schon«. Mit einem Nachwort von Joachim Schlör. Leipzig 1998. (Reclam Bibliothek. 1619).

Guggenheim-Grünberg, Florence: Jiddisch auf alemannischem Sprachgebiet. 56 Karten zur Sprach- und Sachgeographie. Zürich 1973. (Beiträge zur Geschichte und Volkskunde der Juden in der Schweiz. 10).

Gundolf, Friedrich: Die deutsche Literärgeschicht. Reimweis kurz fasslich hergericht. Hrsg. und mit einem Nachwort versehen von Ernst Osterkamp. Heidelberg 2002.

Harkavy, Alexander: Yiddish-English-Hebrew Dictionary. 4th ed. New York 1928.

Hauff, Wilhelm: Sämtliche Werke. 2 Bde. Leipzig o. J.

HB = Hörbeleg.

Heine, Heinrich (SW): Sämtliche Werke. Hrsg. von Ernst Elster. 7 Bde. Leipzig u. Wien o. J.

Hermann, Georg (Br): Unvorhanden und stumm, doch zu Menschen noch zu reden. Hrsg. von Laureeen Nussbaum. Mannheim 1991.

Heym, Stefan: Immer sind die Männer schuld. Erzählungen. München 2002.

Hilf mit! Illustrierte deutsche Schülerzeitung. Jg. 5. Berlin 1937/38.

HNWb. = Hessen-Nassauisches Volkswörterbuch. Bd 2 ff. Marburg 1927 ff.

Hornung, Maria; Grüner, Sigmar: Wörterbuch der Wiener Mundart. 2., erw. u. verb. Aufl. Wien 2002.

IB = Internetbeleg.

JL = Jüdisches Lexikon. Ein enzyklopädisches Handbuch des jüdischen Wissens. Begr. von Georg Herlitz und Bruno Kirchner. 4 in 5 Bdn. Berlin 1927–1930.

JM = Jiddistik-Mitteilungen. Trier.

Kafka, Franz (H): Hochzeitsvorbereitungen auf dem Lande und andere Prosa aus dem Nachlaß. Stuttgart [u. a.] o. J.

Kehrer, Jürgen: Wilsberg und der tote Professor. Kriminalroman. Dortmund 2002.

Keller: Sämtliche Werke. Bd 1 ff. Frankfurt a. M. 1995 ff.

Kerr, Alfred (2): Liebes Deutschland. Gedichte. Hrsg. von Thomas Koebner. Berlin 1991. (Werke. 2).
– (3): Essays. Theater, Film. Hrsg. von Hermann Haarmann u. Klaus Siebenhaar. Berlin 1991. (Werke. 3).
– (7.2): »So liegt der Fall«. Theaterkritiken 1919–1933 und im Exil. Hrsg. von Günther Rühle. Frankfurt a. M. 2001. (Werke. 7.2).
Kindleben, Christian Wilhelm: Studenten-Lexicon. Halle 1781.
Kirschner, Bruno: Vulgärausdrücke. In: Jüdisches Lexikon. Bd 4.2. Berlin 1930, Sp. 1254–1268.
Kisch, Egon Erwin: Mein Leben für die Zeitung. 1926–1947. Journalistische Texte 2. Berlin u. Weimar 1983. (Gesammelte Werke. 9).
Kle. = Klemperer, Victor (18–24, 25–32): Leben sammeln, nicht fragen wozu und warum. Tagebücher 1918–1924. 1925–1932. Hrsg. von Walter Nowojski unter Mitarbeit von Christian Löser. 2 Bde. Berlin 1996.
– (33–41, 42–45): Ich will Zeugnis ablegen bis zum letzten. Tagebücher 1933–1941. 1942–1945. Hrsg. von Walter Nowojski unter Mitarbeit von Hadwig Klemperer. 2 Bde. Berlin 1995.
– (45–49, 50–59): So sitze ich denn zwischen allen Stühlen. Tagebücher 1945–1949. 1950–1959. Hrsg. von Walter Nowojski unter Mitarbeit von Christian Löser. 2 Bde. Berlin 1996.
Klu. = Kluge, Friedrich (R): Rotwelsch. Quellen und Wortschatz der Gaunersprache und der verwandten Geheimsprachen. I. Rotwelsches Quellenbuch. Straßburg 1901.
Kluge/Seebold = Kluge, Friedrich: Etymologisches Wörterbuch der deutschen Sprache. Bearb. von Elmar Seebold. 24., durchges. u. erw. Aufl. Berlin, New York 2002.
Ko. = Kompert, Leopold: Sämtliche Werke. 10 Bde. Leipzig o. J.
Koneffke, Jan: Paul Schatz im Uhrenkasten. Roman. Köln 2000.
Kotzebue, August von: Die deutschen Kleinstädter. Ein Lustspiel in vier Akten. 1803. Text und Materialien zur Interpretation besorgt von Hans Schumacher. Berlin 1964. (Komedia. 5).
Kraus, Karl (L): Karl Kraus' »Literatur oder Man wird doch da sehn«. Genetische Ausgabe und Kommentar. Hrsg. von Martin Leubner. Göttingen 1996.
– (S): Schriften. Hrsg. von Christian Wagenknecht. Bd 14. Frankfurt a. M. 1992.
– (W): Werke. Hrsg. von Heinrich Fischer. Bd 1, 5, 7, 14. München 1952–67.
Kretschmer, Paul: Wortgeographie der hochdeutschen Umgangssprache. Göttingen 1918.
Kü. = Küpper, Heinz: Illustriertes Lexikon der deutschen Umgangssprache. 8 Bde. Stuttgart 1982–1984.
Kuh, Anton (M): Metaphysik und Würstel. Feuilletons, Essays und Publizistik. Hrsg. und mit einem Nachwort von Ruth Greuner. Zürich 1987. (Diogenes Taschenbücher. [2]1455).
Kunert, Günter: Erwachsenenspiele. Erinnerungen. München, Wien 1997.
Landmann, Salcia: Der jüdische Witz. 13. Aufl. o. O. 1988.
Landsberger, Artur: Berlin ohne Juden. Hrsg. und mit einem Nachw. v. Werner Fuld. Bonn 1998.
Lasch, Agathe: »Berlinisch«. Eine berlinische Sprachgeschichte. Berlin 1928. (Berlinische Forschungen. 2).

Lexer, Matthias: Mittelhochdeutsches Handwörterbuch. 3 Bde. Leipzig 1872–1878.

Liebermann, Max: Briefe. Auswahl von Franz Landsberger. Ergänzte Neuausg. von Ernst Volker Braun. Stuttgart 1994. (Korrespondenzen. 5).

LuWb. = Luxemburger Wörterbuch. 5 Bde. Luxemburg 1950–1977.

Maas, Wolf: Ein schön Schir. Frankfurt a. M. 1766. Wiederabgedruckt in: Jiddische Philologie. Festschrift für Erika Timm. Hrsg. von Walter Röll und Simon Neuberg. Tübingen 1999, 303–306.

Mack, Fritz: Schmus und Stuss. Allerlei Schmonzes. Leipzig o. J.

Mahler-Werfel, Alma: Tagebuch-Suiten 1898–1902. Hrsg. von Antony Beaumont u. Susanne Rode-Bergmann. Frankfurt a. M. 1997.

Maimon, Arye: Wanderungen und Wandlungen. Die Geschichte meines Lebens. Trier 1998.

Mauthner, Fritz (A): Der neue Ahasver. Roman aus Jung-Berlin. 2. Aufl. Dresden u. Leipzig 1886.

– (M): Nach berühmten Mustern. Parodistische Studien. Gesamtausgabe. Stuttgart, Berlin, Leipzig 1897.

Mein Judentum. Hrsg. von Hans Jürgen Schultz. 2. Aufl. Stuttgart, Berlin 1979.

Menasse, Robert: Die Vertreibung aus der Hölle. Roman. Frankfurt a. M. 2001. (st. 3493).

Meyer/Kiaulehn = Der richtige Berliner in Wörtern und Redensarten. 10. Aufl. bearb. u. erg. von Walther Kiaulehn. München, Berlin 1965.

Meyers Großes Konversations-Lexikon. 5. Aufl. Bd 10. Leipzig u. Wien 1897.

Mitzka, Walther: Schlesisches Wörterbuch. 3 Bde. Berlin 1963–65.

Mo. = Mosenthal, Salomon Hermann: Erzählungen aus dem jüdischen Familienleben. Mit einem Nachwort hrsg. von Ruth Klüger. Göttingen 2001.

Morgenstern, Soma (R): Joseph Roths Flucht und Ende. Erinnerungen. Lüneburg 1994.

Morsbach, Petra: Opernroman. Frankfurt a. M. 1998. (Die Andere Bibliothek. 164).

MrhG = Mittelrheinische Geschichtsblätter. Coblenz.

Mu. = Muttersprache. Zeitschrift zur Pflege und Erforschung der deutschen Sprache. Bd 64, 66. Lüneburg 1954, 1956.

MuS = Meisses und Schnohkes. Rituelle Scherze und koschere Schmonzes für's auserwählte Volk. Budapest o. J.

Naschér, Ed.: Das Buch des jüdischen Jargons. Wien, Leipzig 1910.

Nestroy, Johann (SW): Sämtliche Werke. Hist.-krit. Gesamtausgabe. Hrsg. von Fritz Brukner u. Otto Rommel unter Mitwirkung von Adolf Hoffmann. Bd 6. Wien 1926

– (AW): Ausgewählte Werke. Hrsg. von Fritz Brukner. Leipzig o. J.

Neuberg, Simon; Röll, Walter: Anmerkungen zum ›guten Rutsch‹. In: JM 28 (2002), 16–19.

Neumann, Robert (L): Ein leichtes Leben. Bericht über mich selbst und Zeitgenossen. München, Wien, Basel 1963.

– (V): Vielleicht das Heitere. Tagebuch aus einem anderen Jahr. München 1968.

Nikolaus, Paul: Jüdische Miniaturen. Schnurren und Schwänke. Hannover u. Leipzig 1924.

Nuél, M.: Das Buch der jüdischen Witze. Berlin 1907.

Ostwald, Hans: Frisch, gesund und meschugge. Schnurren und Anekdoten. Berlin 1928.
OsWb. = Wörterbuch der obersächsischen Mundarten. Begr. von Theodor Frings und Rudolf Große. 4 Bde. Berlin 1994–2003.
ÖWb. = Österreichisches Wörterbuch. 36., überarb. Aufl. Wien 1985.
Padover, Saul K.: Lügendetektor. Vernehmungen im besiegten Deutschland 1944/45. Aus dem Amerikanischen von Matthias Fienbork. Frankfurt a.M. 1999. (Die Andere Bibliothek. 174).
Paul, Hermann: Deutsches Wörterbuch. 10., überarb. u. erw. Aufl. von Helmut Henne, Heidrun Kämper u. Georg Objartel. Tübingen 2002.
Pfeiffer, Herbert: Das große Schimpfwörterbuch. Frankfurt a.M. 1996.
PfWb. = Pfälzisches Wörterbuch. 6 Bde. Wiesbaden, Stuttgart 1965–1997.
Pick, Rudolf: Die Nelkenburg. Ein ritterlich Spiel. Mit einem Geleitwort von A.F. Seligmann. Wien 1923.
Reitzer, Avrom (GS): Gut Schabbes. Eine Sammlung von Lozelech, Schmonzes und Meisses für ünsere Leit. 3. Aufl. Wien u. Leipzig o.J.
– (R): Rebbach. Rituelle Scherze, Lozelech, Meisses und koschere Schmonzes für ünsere Leut. 2. Aufl. Pressburg o.J.
– (SA): Solem Alechem. Nix für Kinder. E Waggon feiner, rescher saftiger Lozelech, Schmonzes takef pickfeiner Schmüs für ünsere Leit. 4. Aufl. Wien u. Leipzig o.J.
Rettinger = Historisches Ortsnamenlexikon Rheinland-Pfalz. Bd 1. Ehemaliger Landkreis Cochem. Bearb. von Elmar Rettinger. Stuttgart 1985.
Reuter, Fritz: Sämtliche Werke. Hrsg. von Carl Friedrich Müller. 18 Bde. Leipzig o.J.
RhWb. = Rheinisches Wörterbuch. 9 Bde. Bonn, Berlin 1928–1971.
Ringelnatz, Joachim: Und auf einmal steht es neben dir. Gesammelte Gedichte. Berlin 1975.
Rö. = Röhrich, Lutz: Das große Lexikon der sprichwörtlichen Redensarten. 3 Bde. Freiburg, Basel, Wien 1991f.
Rökk, Marika: Herz mit Paprika. Berlin 1974.
Röll, Walter (1986): Bestandteile des deutschen Gegenwartwortschatzes jiddischer und hebräischer Herkunft. In: Akten des VII. Internationalen Germanisten-Kongresses. Bd 5. Hrsg. von Walter Röll, Hans-Peter Bayerdörfer. Tübingen 1986, 54–62.
– (2002): Guten Rutsch? In: JM 27 (2002), 14–16.
Roth, Hansjörg: ›Guten Rutsch!‹ In: JM 27 (2002), 12–15.
Roth, Joseph: Werke. 1. Das journalistische Werk 1915–1923. Hrsg. von Klaus Westermann. Köln 1989.
Schiller, Friedrich: Dramen IV. Hrsg. von Martin Luserke. Frankfurt a.M. 1996. (Werke u. Briefe. 5).
Schmitz-Berning, Cornelia: Vokabular des Nationalsozialismus. Berlin, New York 1998.
Scholem, Betty; Scholem, Gershom (Br): Mutter und Sohn im Briefwechsel 1917–1946. Hrsg. von Itta Shedlitzky in Verbindung mit Thomas Sparr. München 1989.
Scholem, Gershom (J): Von Berlin nach Jerusalem. Jugenderinnerungen. Frankfurt a.M. 1977. (Bibliothek Suhrkamp. 555).

Scholem Alejchem: Das bessere Jenseits. Aus dem Jidd. übertr. von Emanuel Hacken u. Sonya Panner. Stuttgart 1984.
Schudt, Johann Jacob: Jüdischer Merkwürdigkeiten IV. Theiles Die II. Continuation. Frankfurt a. M. 1717.
Schulz/Basler = Deutsches Fremdwörterbuch. Begonnen von Hans Schulz, fortgeführt von Otto Basler. Bd 2. Berlin 1942.
Schulze, Ingo: Simple Storys. Ein Roman aus der ostdeutschen Provinz. Berlin 1998.
Se. = Seligmann, Rafael (M): Der Musterjude. Roman. Hildesheim 1997.
– (S): Schalom meine Liebe. Roman. München 1998.
Senger, Valentin: Kaiserhofstraße 12. Darmstadt u. Neuwied 1978.
Seume, Johann Gottfried Seume: Werke. Bd 2. Frankfurt a. M. 1993.
ShWb. = Südhessisches Wörterbuch. Bd 1 ff. Marburg 1965 ff.
Siewert, Klaus: Grundlagen und Methoden der Sondersprachenforschung. Mit einem Wörterbuch der Massematte aus Sprecherbefragungen und den schriftlichen Quellen. Wiesbaden 2003. (Sondersprachenforschung. 8).
Singer, Isaac B.: Massel & Schlamassel und andere Kindergeschichten. München 1988.
Sle. = Slezak, Leo (B): Mein lieber Bub. Briefe eines besorgten Vaters. Hrsg. von Walter Slezak. München 1966.
– (L): Mein Lebensmärchen. München 1948.
– (We): Meine sämtlichen Werke. Berlin 1922.
– (Wo): Der Wortbruch. Berlin 1927. (Wo).
St. = Stern, Heidi: Wörterbuch zum jiddischen Lehnwortschatz in den deutschen Dialekten. Tübingen 2000. (Lexikographica. Series Maior. 102).
Stadtchronik von Cochem aus dem Jahr 1950. Stadtarchiv Cochem [masch.].
Stammler, Wolfgang: Kleine Schriften zur Sprachgeschichte. Berlin 1954.
Stieler, Kaspar: Der Teutschen Sprache Stammbaum und Fortwachs oder Teutscher Sprachschatz. Mit einer Einführung u. Bibliographie von Gerhard Ising. [Neudruck]. 3 Bde. Hildesheim 1968.
taz = Die Tageszeitung. Berlin.
Te. = Tendlau, Abraham: Sprichwörter und Redensarten deutsch-jüdischer Vorzeit. Frankfurt a. M. 1860.
TL = Tausendundein Lozelech für Herren. Pressburg 1905.
Torberg, Friedrich (J): Die Tante Jolesch oder Der Untergang des Abendlandes in Anekdoten. München o. J. (Gesammelte Werke. 8).
– PPP. Pamphlete, Parodien, Post Scripta. München 1976. (Gesammelte Werke. 3).
Tucholsky, Kurt (GA): Gesamtausgabe. Texte und Briefe. Bd 4, 5. Reinbek b. Hamburg 1996, 1999.
– (GW): Gesammelte Werke. 10 Bde. Reinbek b. Hamburg 1975.
TV = Trierischer Volksfreund. Trier.
Wappenbuch der schlesischen Städte und Städtel. Hrsg. von Hugo Saurma v. u. z. d. Jeltsch. Berlin 1870.
WddG = Wörterbuch der deutschen Gegenwartssprache. Hrsg. von Ruth Klappenbach u. Wolfgang Steinitz. 6 Bde. Berlin 1964–1977.
Wehle, Peter: Sprechen Sie Wienerisch? von Adaxl bis Zwutschkerl. Erw. u. bearb. Neuausgabe. Wien, Heidelberg 1980.
Wei. = Weinberg, Werner (L): Lexikon zum religiösen Wortschatz und Brauchtum der deutschen Juden. Hrsg. von Walter Röll. Stuttgart-Bad Cannstatt 1994.

– (R): Die Reste des Jüdischdeutschen. Stuttgart [u.a.] 1969. 2. erw. Aufl. 1973. (Studia Delitzschiana. 12).
Weinreich, Uriel: Modern English-Yiddish Yiddish English Dictionary. New York 1968.
WfWb. = Westfälisches Wörterbuch. Bd 1 ff. Neumünster 1973 ff.
Witter, Ben: Nebbich oder Löcher im Lachen. Mit einem Vorwort von Werner Finck. Frankfurt a. M. 1979.
Wo. = Wolf, Siegmund A. (R): Wörterbuch des Rotwelschen. Deutsche Gaunersprache. Mannheim 1956.
Wolfskehl, Karl, und Hanna: Briefwechsel mit Friedrich Gundolf. 1899–1931. Hrsg. von Karlhans Kluncker. 2 Bde. Amsterdam 1977.
Wossidlo/Teuchert. Mecklenburgisches Wörterbuch. 7 Bde. Neumünster 1996.
Zivy, Arthur: Elsässer Jiddisch. Jüdisch-deutsche Sprichwörter und Redensarten. Basel 1966.
ZTJ = Zehn statt tausend Jahre. Die Zeit des Nationalsozialismus an der Saar. 1935–1945. Saarbrücken 1988.
Zuckmayer, Carl: Geheimreport. Hrsg. von Gunther Nickel u. Johanna Schrön. Göttingen 2002.
Zweig, Stefan: Die Welt von Gestern. Erinnerungen eines Europäers. Düsseldorf u. Zürich 2002.
Zweig, Stefanie (D): Irgendwo in Deutschland. Roman. München 1996. (Heyne. 10590).

# Abkürzungen

| | | | |
|---|---|---|---|
| amerikan. | amerikanisch | hebr. | hebräisch |
| aram. | aramäisch | jidd. | jiddisch |
| aschkenas. | aschkenasisch | lat. | lateinisch |
| engl. | englisch | ostjidd. | ostjiddisch |
| frz. | französisch | sephard. | sephardisch |
| griech. | griechisch | westjidd. | westjiddisch |

# Register